研究資金

獲得法の最前線

科研費採択とイノベーション資金活用のフロント

How to obtain research funds

塩満 典子【著】

学 文 社

はじめに

審査委員マインドを想像してみよう。

審査委員の多くは，研究まっただ中の多忙な研究者である。

審査委員は，資金配分機関から高い評価と信頼を得て任命されている。審査事務局からは，審査対象の資金制度の趣旨，審査基準の説明を受けている。制度趣旨に合わせて審査を行うことが期待されている。

日常では，研究者として，実験，国際学会発表や論文執筆で忙しい日々を送っている。研究が優先で，審査は二の次にならざるを得ない。教員の場合，授業や事務業務に多くの時間を割かなければいけない。タイム・マネジメントは，とても大切だ。

審査会は，アカデミック界の重鎮・中堅・若手，分野の専門家・非専門家など多様なメンバーで構成される。提案書の評点づけ，評価理由の説明や合議には，結構，時間がかかる。時間の制約の中で，他の審査委員からかけ離れた特異な評点をつけることには，ためらいもある。平均的な点数を予想して評価した方が良いだろうか。自己主張が強い，協調性が足りないという評判も作りたくない。審議時間は，短い方がありがたい。

このような状況の中では，大多数の審査委員が「頭に抵抗なく入る」「わかりやすい」と感じ，「優れていることがすぐわかる」「他の審査員にも自信をもって優位性を説明できる」提案が採択される可能性が高い。「制度趣旨」と「審査基準」によく沿っているものが採択されるため，公募要領の深い理解と提案書の良さの伝え方が重要になる。

本書では，学術研究の科研費に加えて，政策課題対応型研究開発である戦略的創造研究推進事業（CREST，さきがけ），未来社会創造事業，研究成果展開事業（A-STEP），国際科学技術共同研究推進事業（SATREPS）等のプロジェクト採択のポイントを紹介する。科研費については，採択された研究計画調書をもとに優れていると印象づける書き方について解説する。

本書は，『研究資金獲得法』（平成 20（2008）年，室伏きみ子先生との共著，丸善），『科研費採択に向けた効果的なアプローチ』（平成 28（2016）年，北川慶子先生との共著，学文社）の改訂版に当たる。特に，自然科学系の科研費研究計画調書の具体例を新たに加えた。採択研究計画調書の解説に当たっては，国立大学法人お茶の水女子大学名誉教授　大塚譲先生，国立大学法人山梨大学名誉教授　鳥養映子先生のご厚意を賜り，貴重な採択研究計画調書の一部を引用させていただいたことを深く感謝申し上げる。また，重要かつ多大な公募関連データの紹介に，ご多忙の中，ご協力いただいた独立行政法人日本学術振興会（JSPS）および国立研究開発法人科学技術振興機構（JST）の関係者の皆様に厚く御礼申し上げる。

筆者は，これまで科学技術庁・文部科学省・内閣府で政策立案・施策推進を行い，科学技術振興機構（JST，旧科学技術振興事業団）で審査・評価事務局の経験を積んできた。また，奈良先端科学技術大学院大学，お茶の水女子大学，宇宙航空研究開発機構（JAXA），理化学研究所（RIKEN）等で，研究計画や人材育成プロジェクトの提案支援に当たり，実績を挙げてきた。

わが国の政府系競争的資金制度には，毎年度，約 4,300 億円の予算が充てられている。本書をお読みいただくことにより，研究者・技術者・経営者の方々のための資金制度の効果的な活用のサポートとともに，新たな科学・学術領域の開拓，技術・システム開発，実用化・市場化，新産業創出，人材育成など社会的な価値創造（イノベーション）を加速する一助になることを期待している。

令和元（2019）年 7 月

塩満　典子

目　次

第3章 文部科学省予算による競争的資金制度

第1章

研究者と研究資金

1. 研究者1人当たりの研究費

研究者が1年間に使う研究費の額は1人平均2,197万円（2017年度）という統計があります。総務省統計局データ「科学技術研究調査報告」をご覧ください（図1-1）。所属別に見ると，一人当たり平均，企業で2,767万円，公的機関で4,470万円，大学等でも1,106万円の研究費が使われています（表1-1）。

これらの統計をご覧になり，「こんなに自分は研究費を使っていない，この統計はまちがっ

図1-1　研究者数及び研究者1人当たり研究費の推移

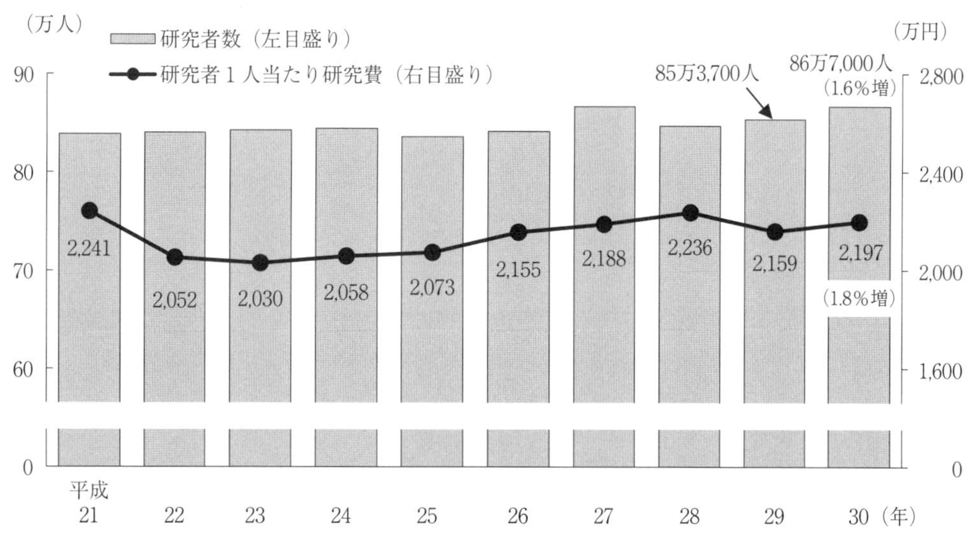

（注1）企業及び非営利団体・公的機関の研究者については，実際に研究関係業務に従事した割合であん分して算出した人数とし，大学等の研究者は，実数を計上
（注2）研究者数は各年3月31日現在の値
（注3）研究者1人当たりの研究費は，各年3月31日現在の研究者数（注1のとおり計上した人数）で，当該年度の研究費を除した値
（出典）総務省統計局「平成30年科学技術研究調査結果　報道資料」（平成30年12月14日）
（https://www.stat.go.jp/data/kagaku/kekka/youyaku/pdf/30youyak.pdf）

表 1-1　研究者 1 人当たり研究費

平成 17 年度	全体	企業等	非営利団体	公的機関	大学等
内部使用研究費（百万円）	17,845,224	12,745,840	309,775	1,382,200	3,407,410
研究者数	819,931	481,496	8,924	34,035	295,476
研究者一人当たり研究費（万円）	2,176	2,647	3,471	4,061	1,153

平成 29 年度	全体	企業等	非営利団体	公的機関	大学等
内部使用研究費（百万円）	19,050,400	13,798,898	241,322	1,368,366	3,641,813
研究者数	866,950	498,732	8,253	30,610	329,355
研究者一人当たり研究費（万円）	2,197	2,767	2,924	4,470	1,106

（注）研究者 1 人当たりの研究費は，各年 3 月 31 日現在の研究者数で，当該年度の研究費を除した値。
（出典）総務省統計局「科学技術研究調査統計表　第 1 表及び第 2 表（平成 30 年及び平成 18 年）」
（https://www.stat.go.jp/data/kagaku/kekka/index.html）に基づき作成

てないか」と思われた研究者もいらっしゃるでしょう。

研究者には人文・社会科学や自然科学の理論系の分野の研究者も含まれますが，この分野の多くは規模の大きな研究費を必要としません。このため，一人当たりの研究費では，実験系の研究者が研究費総額の真の分母となると考えられます。実験系では，一人当たりの平均額はさらに上がることになり，大学でも 2,000 万円以上の研究資金を得て，世界と競っている教員

図 1-2　競争的資金の予算額と制度数の推移

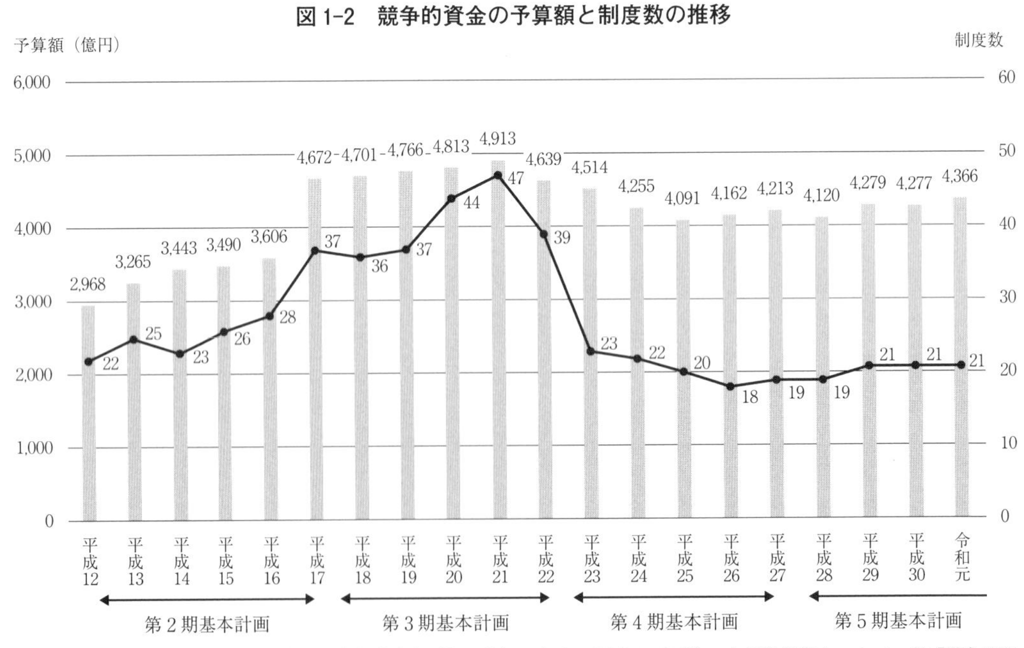

（出典）内閣府ホームページ「競争的資金制度」（予算，平成 27 年度～平成 31 年度），文部科学省ホームページ「競争的研究費改革に関する検討会（第 8 回）　資料 1　関係データ集（2）競争的研究費関係」（平成 27 年 6 月 10 日）
（http://www.mext.go.jp/b_menu/shingi/chousa/shinkou/039/shiryo/__icsFiles/afieldfile/2015/06/12/1358882_2_1.pdf）より作成

が多くいらっしゃることがわかります。では，どこからその多額の研究資金を用意するのでしょう。その財源のひとつに，政府の競争的資金があります。

2. 競争的資金の予算規模と制度数の推移

政府の競争的資金は，2019年度予算で約4,400億円が計上されています（図1-2）。研究費をひとり1,000万円割り振ったとすると，4万4,000人が研究できる計算となります。大学等の研究者が約29.5万人，国立研究開発法人等の公的研究機関の研究者が約3.4万人，合わせて約33万人となりますので，全員には行き渡りません。

本書は，政府の競争的資金の種類・規模・応募方法を紹介するものです。実力がありながら，公募情報，審査方法を知らないために，また，申請書の書き方のコツを知らないために，チャンスを逃すことのないようにしていただきたいと思います。

政府の競争的資金は，公募情報やノウハウを適切に理解することにより，今までなかなか申請書が採択されなかった人でも採択される可能性が高くなります。情報量による差をなくし，優れた研究計画が多く採択されることが重要と考えています。

第2章

政府の競争的資金
～どのような資金がいくらあるか

1. 政府の競争的資金制度

競争的資金とは，資源配分主体が広く研究開発課題を募り，提案された課題の中から，複数の専門家等による審査の結果，採択課題が決定され，その課題を行う研究者等に配分される研究開発資金を指します。

2019 年度の政府の競争的資金は 4,366 億円，そのうちの約 8 割の 3,532 億円が文部科学省に割り振られた予算です。このうち，約半分が科学研究費助成事業（科研費）（2,372 億円），そして，科学技術振興機構（JST）と日本医療研究開発機構（AMED）が運営する戦略的創造研究推進事業（574 億円），研究成果展開事業（246 億円）が続きます。

表 2-1　競争的資金制度（平成 31（2019）年度）

平成 31 年 4 月現在

府省名	担当機関	制度名	平成31年度予算額（百万円）
内閣府	食品安全委員会	食品健康影響評価技術研究	193
	小　計		193
総務省	本省	戦略的情報通信研究開発推進事業	2,435
		ICT イノベーション創出チャレンジプログラム	101
		デジタル・ディバイド解消に向けた技術等研究開発	54
	消防庁	消防防災科学技術研究推進制度	142
	小　計		2,732
文部科学省	本省／日本医療研究開発機構	国家課題対応型研究開発推進事業	23,747
	日本学術振興会	科学研究費助成事業（科研費）	237,150
	科学技術振興機構	未来社会創造事業	6,500
	科学技術振興機構	戦略的創造研究推進事業	48,623
	日本医療研究開発機構		8,796
	科学技術振興機構	研究成果展開事業	21,226
	日本医療研究開発機構		3,408
	科学技術振興機構	国際科学技術共同研究推進事業	2,811
	日本医療研究開発機構		917
	小　計		353,178

（次ページに続く）

厚生労働省	本省	厚生労働科学研究費補助金	5,770
	日本医療研究開発機構	医療研究開発推進事業費補助金	35,500
	日本医療研究開発機構	保健衛生医療調査等推進事業費補助金	7,766
	小　計		49,036
農林水産省	農業・食品産業技術総合研究機構	イノベーション創出強化研究推進事業	4,080
	小　計		4,080
経済産業省	本省	戦略的基盤技術高度化・連携支援事業	10,904
	小　計		10,904
国土交通省	本省	建設技術研究開発助成制度	142
		交通運輸技術開発推進制度	131
	小　計		273
環境省	本省／環境再生保全機構	環境研究総合推進費	5,836
	原子力規制庁	放射線安全規制研究戦略的推進事業費	316
	小　計		6,152
防衛省	防衛装備庁	安全保障技術研究推進制度 ※金額は契約ベース（当該年度の歳出分及び翌年度以降における国債の債務負担限度額の合計）	10,002
	小　計		10,002
合　計（21 制度）			436,550

※四捨五入の関係で，小計，合計額が一致しないことがある。
（出典）内閣府ホームページ（https://www8.cao.go.jp/cstp/compefund/kyoukin31.pdf）

また，この他に約 834 億円は，内閣府，総務省，厚生労働省，農林水産省，経済産業省，国土交通省，環境省および防衛省により配分されています。

筆者がもともと科学技術庁（文部科学省の前身）の出身で，異動先である科学技術振興機構，大学，国立研究開発法人などで，文部科学省の研究資金の申請書を見てきた経緯から，本書では主に文部科学省の競争的資金について解説していきます。

2. 研究のビジョンと応募準備―まず何をすればよいでしょうか。

巻末 171 ページ「競争的資金制度」（内閣府ホームページ：https://www8.cao.go.jp/cstp/compefund/kyoukin31_seido_ichiran.pdf）をご覧ください。本表には，制度の概要，募集対象，1 件当たりの研究費額及び研究開発期間，申請書の受付期間，関係ホームページと問い合わせ先が掲載されているので，基本情報の分析・活用には有用です。

資金制度の概要を見て，ご自身が行いたい研究のビジョンを描いたら，次に以下の応募準備を開始します。

① 参加したい研究プロジェクト・資金規模を考える。準備期間に配慮。

② どの府省の政策に近いか，対応しているかを検討する。

③ 関係府省・機関のホームページ等で適当と考えられる公募内容をチェックする。
④ 制度の趣旨や採択状況などを確認し，先行例や審査委員の構成を分析する。
⑤ 公募要領，提案書（研究計画調書）の作成要領をよく読む。

上記の準備を進めながら，具体的な研究計画の作成に取りかかります。

(1) 研究メンバーの選定と応募スケジュールの設定

まず申請書に名前を連ねるメンバーの選定，準備期間にどのくらいかかるか逆算して準備をはじめます。論文など実績を作ったり，実験設備を整える必要があったり，共同研究者を選定するなど３カ月から半年ほどかかることもあります。特に論文を書くことは一朝一夕にはできません。論文実績のあるパートナーを見つけて共同研究者になってもらえるよう，依頼することが必要な場合もあります。自分の研究実績が少なければ，業績のあるチームリーダーや共同研究者を探してみましょう。

申請書の作成は，募集時期を考え，締め切りに間に合うこと，十分な準備ができることが大事です。締め切りぎりぎりに間に合わせようとすると，万が一のことが起こり間に合わなくなってしまうこともあり得るので，余裕を持って提出できるように応募スケジュールを練りましょう。

(2) 自分の研究内容・水準のポジション・マッピング分析

競争的資金に応募するときは，まず，自分の研究がどのような政策分野に近いか，おおよそのイメージを持ち，制度趣旨を関係府省・機関のホームページで確認することが重要です。また，自分が行いたい研究に金額規模は合っているか，応募は機関が行うのか，個人で行うのか，補助金（補助率に応じて自己負担）か委託費（全額支給）なのかを確認します。

特に，前年度からの継続募集の場合は，先行例や採択状況（倍率）と審査委員会の構成を見ます。この準備を通じて，ご自身の研究の相対的水準・優位性や制度との適合度を分析します。

新規募集の研究資金の場合も，類似した先行制度が過去にあることの方が多いです。それらを参考にすれば，新規募集であってもある程度の傾向が把握できます。実際に応募する際には，制度設立の趣旨や経緯など，担当者や先行研究者，制度を知っていそうな知人に聞いて情報を集めることも重要です。

研究計画の構想を練ったり，応募書類のイメージを作ったりする際には，過去採択例の分析に基づき，審査委員の専門領域を想像しながら準備を行うと，方向が大きくずれることなく効率的に応募準備を行うことができます。たとえば，同じ分野の専門家の割合は多いか，異分野は多いか，学会で知己の審査委員か，大学教員，民間研究者，マスメディアなどの参加割合はどうか，などです。もし審査委員にマスコミや一般の人がいるならば，専門用語には簡単な解説をつけ，わかりやすいことばで書くことを意識します。無理に専門用語を削る必要はありません。

大学教員のみの構成であっても誰もがあなたの研究分野を深く知っているとも限らないので，読みやすく書くことは非常に重要です。

過去の審査委員と面識のある場合は，その研究資金の傾向について直接聞いてみるのもよいでしょう。過去に研究資金を獲得した先輩に相談できればよいのですが，身近にそのような人がいないときは，学会などでの情報収集が重要になります。メンターを紹介してくれる学会もありますので，勇気を出して，質問してみましょう。

(3) 制度趣旨・提案書様式の注意書きに留意

公募要領，提案書（研究計画調書）の作成要領をよく読み，決められた形式に沿って書きましょう。書類作成のポイントも書かれているので，素直に従います。普段，自分が慣れた書き方でないかもしれませんが，先方の求める形式に合わせることがとても重要です。

孫子の兵法のとおり，「多算なれば勝ち，少算なれば勝たず」なのです。相手（研究資金を出す省庁や団体）をまず知ることから始まります。

このようなことは当たり前と思えるかもしれませんが，これができていない提案書を筆者は頻繁に目にしていました。自分の研究を熱い思いで書くのはよいのですが，相手が望むような形に提案書を合わせることが重要です。

あなたの研究内容との関連について，競争的資金制度の研究分野を見てください。また，採択状況（件数，採択率，資金額）にも注目してください。巻末資料に複数の資金制度の分野・課題テーマを掲載します。近年，研究分野が学際的・融合的になることも多く，複数分野にまたがる研究も増えてきています。具体的な分野として，一見では，自分の分野がなさそうに見える場合も，関連する分野があることが多いので，注意して見てください。

以下に，筆者が，日本学術振興会や科学技術振興機構などの資料をもとに作成した，応募する研究内容のチェック・リスト例を紹介します。参考にして見てください。

チェック・リスト

□　研究課題の重要性

□　研究計画・方法の適切性，明確性

□　研究内容の独創性，革新性，先駆性，萌芽性

□　研究組織・体制の合理性，役割分担の明確化

□　構成員の業績（論文等）

□　研究経費の妥当性（費用対効果）

□　当該分野及び関連分野への貢献度，波及効果

□　研究費目・審査区分としての適切性

□　文字の見やすさ，文章の推敲，図表・チャート化

（日本学術振興会，科学技術振興機構などの資料を参考に作成）

第3章 文部科学省予算による競争的資金制度

それでは，実例として，文部科学省予算による競争的資金制度を見てみましょう。

第1節❖科学研究費補助金制度

1．制度の概要

科学研究費助成事業（学術研究助成基金助成金／科学研究費補助金）は，文部科学省の競争的資金制度であり，人文・社会科学から自然科学まで全ての分野にわたり，基礎から応用までのあらゆる「学術研究」（研究者の自由な発想に基づく研究）を格段に発展させることを目的としています。その審査は，専門家のピア・レビューにより行われ，独創的・先駆的な研究に対して助成が行われます。

2019年度の予算規模は2,372億円であり，政府全体の科学技術関係経費（4.2兆円）の約6％，政府の競争的資金4,366億円の約54％を占めています。政府財政の厳しい中で伸びの鈍化や微減はありますが，国の最大規模の研究資金となっています。

表3-1　わが国の科学技術・学術振興方策における「科研費」の位置づけ

研究の性格 資金の性格	研究者の自由な発想に基づく研究（学術研究）	政策課題対応型研究開発
競争的資金等（公募・審査による課題選定）	科研費による研究の推進	府省がそれぞれ定める目的のための公募型研究の実施
運営費交付金等	大学・大学共同機関等における研究の推進	政府主導の国家プロジェクトの実施や研究開発法人等における戦略的な研究開発の推進

（出典）「科研費パンフレット2018」（文部科学省，独立行政法人日本学術振興会）をもとに作成

研究助成の対象分野・研究ステージは，人文・社会科学から自然科学のあらゆる分野の，萌芽期から最先端の研究に至るまで幅広く，その研究成果は，ノーベル賞をはじめ，研究者の国内外での様々な受賞につながっています。

例えば小柴昌俊東京大学名誉教授が行った「“超高エネルギーμ中間子束”現象の研究」において超新星爆発で放出されたニュートリノを観測しています。この研究は，ノーベル物理学賞（2002年），ベンジャミンフランクリンメダル（2003年），ウルフ賞（2000年）につながりました。

また，最近の大きな成果では，平成28（2016）年の元旦に新聞一面を飾った，日本発・アジア初の原子番号113番の新元素「ニホニウム」の合成研究があります。理化学研究所仁科加速器研究センターの森田浩介超重元素研究グループディレクター（九州大学教授）らが「新元素の探索と超重元素の化学」の研究課題で特別推進研究を進められました。

2. 予算額の推移

科研費の予算額は，政府が定める第1期・第2期の科学技術基本計画期間には，競争的資金倍増計画もあり，大きく伸びましたが，平成18（2006）年度から始まる第3期科学技術基本計画期間中においては，厳しい財政事情の中，ゆるやかな伸びとなりました。平成23（2011）年度には採択率の大幅な改善と基金化の改革が行われ，予算額は対前年度633億円増の2,633億円になっています。平成23（2011）年度以降の予算額は基金化により，次年度以降に執行予定の研究費を含んでいます。令和元（2019）年度の予算額は2,372億円（対前年度比86億円増）です。

図3-1　予算額の推移と前年度伸び率

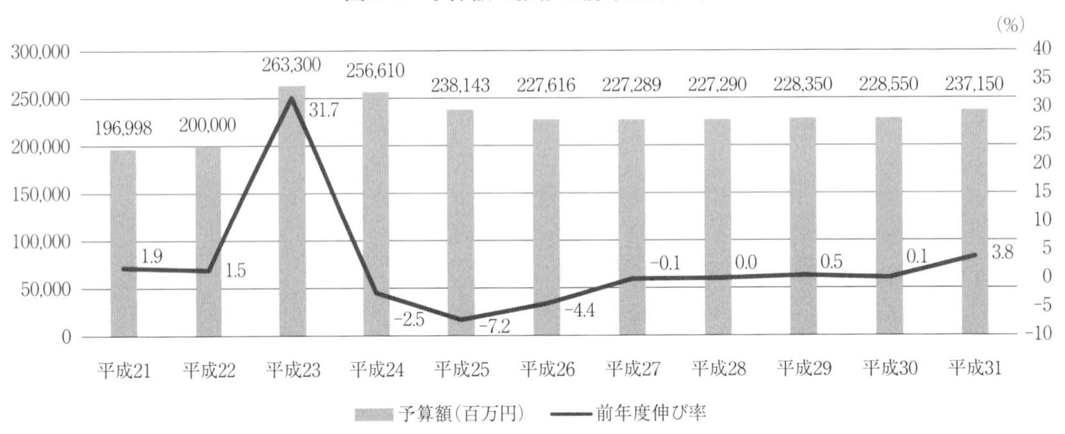

（出典）「競争的資金制度一覧」（内閣府，平成21～平成31年度）より作成

3. 応募・採択の状況

図 3-2　科研費応募・採択の状況

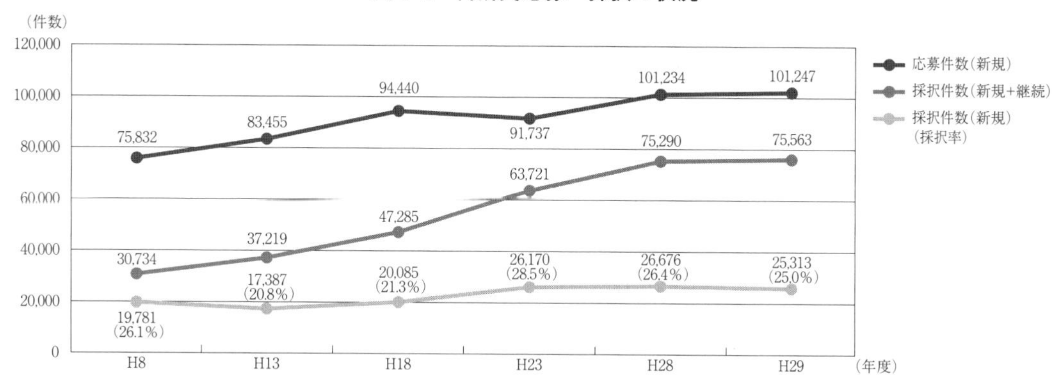

※1　主要種目について集計しています。
※2　平成 29 年度から新たに創設した「挑戦的研究」は，政策目標の新規採択率 30%にとらわれず，研究種目の趣旨に沿った研究課題を厳選して採択しており，当該研究種目を除くと，新規採択率は 27.6%となります。
（出典）「科研費パンフレット 2018」（文部科学省，独立行政法人日本学術振興会）

科学研究費の応募件数は過去 20 年間，増え続けています。一方，新規採択率は，ここ十数年は 20%台前半でほぼ横ばいとなっていましたが，平成 23 年度に小規模な研究種目について採択率の大幅な改善が図られ，全体の新規採択率は平成 23 年度に 28.5%になって以降，減少が続いています。

平成 30 年度は，新規応募 10.4 万件に対し，採択は 2.6 万件（平均採択率 24.9%，約 4 倍の倍率）でした。新規採択と継続分を合わせると 7.5 万件の研究課題に補助金を交付しています。

男女別で比較すると，採択率では，男性 24.7%，女性 26.0%とほとんど差がありませんが，採択件数の割合では，男性 78.8%，女性 21.2%，配分額では，男性 86.5%，女性 13.5%と差があります。

研究種目別・分野（審査区分）別では，採択率や 1 採択課題当たりの平均配分額の幅が大きい場合もあるので，巻末表を参考に，どの種目・区分を選択するか，よく分析して選択することが重要です。

種目別の採択率の幅は，平成 30 年度では 10%から 31%，令和元年度（速報値）は 11%から 40%であり，種目で大きな差があります。例年，特別推進研究，基盤研究（S），挑戦的研究の採択率が低く，若手研究と基盤研究（C）が比較的高い傾向にあります。採択件数は基盤研究（C）が 1.2 万件を超えて最も多く，特別推進研究が 12 件，基盤研究（S）が 80 件と少なくなっています。

1 課題当たりの配分額の規模（平均）は，新学術領域研究（研究領域提案型）が最も大きく，特別推進研究，基盤研究（S），基盤研究（A）が続きます。

表 3-2　科研費（補助金分・基金分）配分状況一覧（平成 30 年度　新規採択分）

平成 31 年 3 月現在

研究種目	研究課題数			配分額（千円）	1 課題当たりの配分額(千円)	
	応募	採択	採択率		平均	最高
特別推進研究	105	12	11.4%	1,123,500	93,625	145,100
新学術領域研究(研究領域提案型)(平成 30 年度採択領域) 研究領域	198	18	9.1%	4,104,500	228,028	245,900
計画研究	1,736	154	8.9%	4,104,500	26,653	139,400
新学術領域研究(研究領域提案型)(平成 27 年度及び 29 年度採択領域) 公募研究	4,422	857	19.4%	2,279,000	2,659	9,000
基盤研究(S)	704	80	11.4%	3,279,800	40,998	105,100
基盤研究(A)	2,454	605	24.7%	7,310,100	12,083	32,900
基盤研究(B)	11,577	2,965	25.6%	15,170,200	5,116	12,800
基盤研究(C)*[1]	43,587	12,175	27.9%	15,004,500	1,232	3,200
挑戦的研究(開拓)	823	82	10.0%	595,500	7,262	17,500
挑戦的研究(萌芽)	11,811	1,426	12.1%	3,236,600	2,270	4,500
若手研究*[1,2]	20,369	6,256	30.7%	8,273,100	1,322	3,100
研究活動スタート支援	3,749	950	25.3%	1,040,600	1,095	1,200
奨励研究	3,657	561	15.3%	268,046	478	580

（注 1）＊ 1 は，基金化研究種目であるため，「配分額」欄及び「1 課題当たりの配分額」欄には平成 30 年度の当初計画に対する配分額を計上。
（注 2）＊ 2 は，平成 30 年度から新規募集開始。
（出典）文部科学省ホームページ　「平成 30 年度科学研究費助成事業の配分について（第 2 回）」より作成。
http://www.mext.go.jpa_menushinkouhojyo__icsFilesafieldfile201903291414298_01.pdf

4. 研究種目の目的と資金規模

研究種目の目的・内容，研究費の規模は，以下の図表のとおりです。 前項で説明した採択率の比較分析やご自身の研究計画と合わせて，応募対象をご検討ください。

図 3-3　平成 30 年度助成における研究種目体系のイメージ

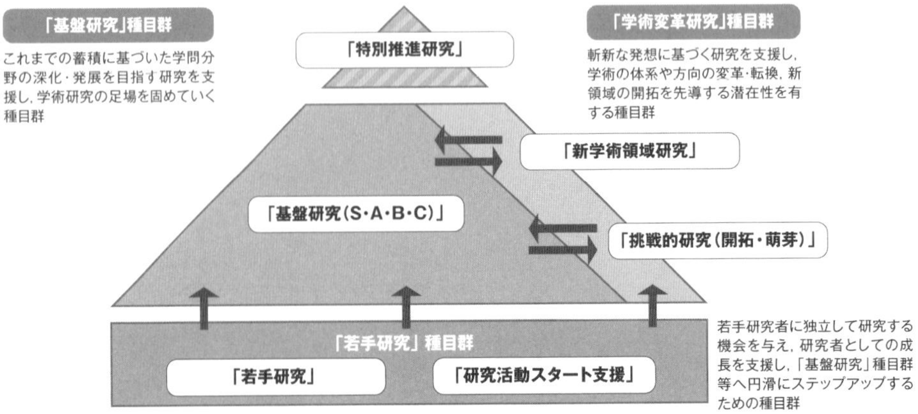

「基盤研究」種目群
これまでの蓄積に基づいた学問分野の深化・発展を目指す研究を支援し，学術研究の足場を固めていく種目群
「特別推進研究」
「学術変革研究」種目群
斬新な発想に基づく研究を支援し，学術の体系や方向の変革・転換，新領域の開拓を先導する潜在性を有する種目群
「新学術領域研究」
「基盤研究（S・A・B・C）」
「挑戦的研究（開拓・萌芽）」
「若手研究」種目群
「若手研究」
「研究活動スタート支援」
若手研究者に独立して研究する機会を与え，研究者としての成長を支援し，「基盤研究」種目群等へ円滑にステップアップするための種目群

※本図は，助成上限額の大きい研究種目を上位に記し，助成件数に応じたおよその規模感を表したもの。各研究種目の役割，支援対象とする研究課題の意義の大小を表すものではない。
※科学研究費の主要種目を対象としてイメージを作成したもの。

（出典）「科研費パンフレット 2018」（文部科学省，独立行政法人日本学術振興会）

表 3-3　科研費研究種目の目的・内容

※平成 30 年 9 月現在

研究種目等	研究種目の目的・内容
科学研究費	
特別推進研究	新しい学術を切り拓く真に優れた独自性のある研究であって，格段に優れた研究成果が期待される 1 人又は比較的少人数の研究者で行う研究 （期間 3 ～ 5 年（真に必要な場合は最長 7 年）1 課題 2 億円以上 5 億円まで（真に必要な場合は 5 億円を超える応募も可能））
新学術領域研究	（研究領域提案型） 多様な研究者グループにより提案された，我が国の学術水準の向上・強化につながる新たな研究領域について，共同研究や研究人材の育成，設備の共用化等の取組を通じて発展させる（期間 5 年，1 領域単年度当たり 1,000 万円～ 3 億円程度を原則とする）
基盤研究	（S）1 人又は比較的少人数の研究者が行う独創的・先駆的な研究 （期間　原則 5 年，1 課題 5,000 万円以上 2 億円以下） （A）（B）（C）1 人又は複数の研究者が共同して行う独創的・先駆的な研究 （A）3 ～ 5 年間　2,000 万円以上 5,000 万円以下 （B）3 ～ 5 年間　500 万円以上 2,000 万円以下 （C）3 ～ 5 年間　500 万円以下　※応募総額により A・B・C に区分
挑戦的萌芽研究	【平成 28 年度公募分まで】 1 人又は複数の研究者で組織する研究計画であって，独創的な発想に基づく，挑戦的で高い目標設定を掲げた芽生え期の研究 （期間 1 ～ 3 年，1 課題 500 万円以下）
挑戦的研究	（開拓）（萌芽） 1 人又は複数の研究者で組織する研究計画であって，これまでの学術の体系や方向を大きく変革・転換させることを志向し，飛躍的に発展する潜在性を有する研究 なお，（萌芽）については，探索的性質の強い，あるいは芽生え期の研究も対象とする （開拓）3 ～ 6 年間　500 万円以上 2,000 万円以下 （萌芽）2 ～ 3 年間　500 万円以下
若手研究	【平成 29 年度公募分まで】 （A）（B）39 歳以下の研究者が 1 人で行う研究 （A）2 ～ 4 年間　500 万円以上 3,000 万円以下 （B）2 ～ 4 年間　500 万円以下　※応募総額により A・B に区分 【平成 30 年度公募以降】 博士の学位取得後 8 年未満の研究者（※）が一人で行う研究 なお，経過措置として 39 歳以下の博士の学位を未取得の研究者が 1 人で行う研究も対象 （※）博士の学位を取得見込みの者及び博士の学位を取得後に取得した産前・産後の休暇，育児休業の期間を除くと博士の学位取得後 8 年未満となる者を含む（期間 2 ～ 4 年，1 課題　500 万円以下）
研究活動スタート支援	研究機関に採用されたばかりの研究者や育児休業等から復帰する研究者等が 1 人で行う研究 （期間 2 年以内，単年度当たり 150 万円以下）
奨励研究	教育・研究機関や企業等に所属する者で，学術の振興に寄与する研究を行っている者が 1 人で行う研究 （期間 1 年，1 課題　10 万円以上 100 万円以下）
特別研究促進費	緊急かつ重要な研究
研究成果公開促進費	
研究成果公開発表	学会等による学術的価値が高い研究成果の社会への公開や国際発信の助成
国際情報発信強化	学協会等の学術団体等が学術の国際交流に資するため，更なる国際情報発信の強化を行う取組への助成
学術図書	個人又は研究者グループ等が，学術研究の成果を公開するために刊行する学術図書の助成
データベース	個人又は研究者グループ等が作成するデータベースで，公開利用を目的とするものの助成
特別研究員奨励費	日本学術振興会特別研究員（外国人特別研究員を含む）が行う研究（期間 3 年以内）
国際共同研究加速基金	
国際共同研究強化	（A）科研費に採択された研究者が半年から 1 年程度海外の大学や研究機関で行う国際共同研究。基課題の研究計画を格段に発展させるとともに，国際的に活躍できる，独立した研究者の養成にも資することを目指す（1,200 万円以下） （B）複数の日本側研究者と海外の研究機関に所属する研究者との国際共同研究。学術研究の発展とともに，国際共同研究の基盤の構築や更なる強化，国際的に活躍できる研究者の養成も目指す（期間 3 ～ 6 年間 2,000 万円以下）
国際活動支援班	新学術領域研究における国際活動支援への助成（領域の設定期間，単年度当たり 1,500 万円以下） ※平成 30 年度公募以降，国際活動支援班を新学術領域研究の総括班に組み込んで公募
帰国発展研究	海外の日本人研究者の帰国後に予定される研究（期間 3 年以内，5,000 万円以下）
特設分野研究基金	最新の学術動向を踏まえ，基盤研究（B），（C）に特設分野を設定（応募年度により応募可能な研究期間が異なる） ※平成 30 年度公募以降，新規分野の設定を停止（平成 31 年度は，平成 29 年度に設定した 3 分野で公募）

（出典）「平成 31 年度科学研究費助成事業　科研費公募要領」（独立行政法人日本学術振興会）

5. 公募から内定までの流れ

科研費の研究種目により，公募・審査業務（公募要領の作成主体・応募書類の提出先）の実施機関が異なります。「新学術領域研究」等の業務は文部科学省，「特別推進研究」，「基盤研究（S・A・B・C）」，「挑戦的研究（開拓・萌芽）」，「若手研究」，「研究活動スタート支援」等の業務は，日本学術振興会（JSPS）により行われます。

まず，「基盤研究（A・B・C）（一般）」と「若手研究」の流れを見ていきましょう。これらの研究種目では，前年9月上旬より公募が開始され，11月初旬に研究計画調書の受付が日本学術振興会で行われます。また，大学や研究機関においては，所内の提出期限もあるので，申請の準備期間を十分確保することが重要です。

申請書の提出が終わったあと，その後，「基盤研究（A）」では「総合審査」，「基盤研究（B・C）（一般）」と「若手研究」では「2段階書面審査」が行われます（前年12月～3月）。審査で採否が決定した後，速やかに交付内定通知が各研究機関に送付されます（4月上旬）。

「基盤研究（B・C）（特設分野研究）」と「挑戦的研究」では「総合審査」が行われ（前年12月～6月），それぞれ7月中旬，7月上旬に交付内定が行われます。

資金額の規模の大きい「特別推進研究」と「基盤研究（S）」では，研究計画調書に加えて，専門分野が近い研究者が作成する「審査意見書」に基づき，書面審査と合議審査が行われ，ヒアリング審査も行われます。交付内定は，それぞれ4月下旬と6月下旬に行われます。

表 3-4 「基盤研究（A・B・C）（一般）」と「若手研究」の公募から内定の流れ

9月上旬	9月上中旬	11月上旬	12月上旬～3月中旬	4月1日	4月上旬
公募開始	公募要領等 説明会	提出期限 （研究計画調書 の受付）	総合審査 （基盤研究（A）） 2段階書面審査 （基盤研究（B・C），若手研究）	交付内定日	研究機関に 内定通知

（出典）「科研費パンフレット 2018」（文部科学省，独立行政法人日本学術振興会）をもとに作成

表 3-5 平成30年度「基盤研究（A・B・C）（一般）」「若手研究」の審査実績

	審査員数	審査期間	1人当審査件数		1課題当 審査員数
			平均	最高	
総合審査*1（基盤研究（A））	473名	約30日間	33件	60件	6～8名
2段階書面審査（基盤研究（B））	5,106名	約70日間	63件	150件	6名
同 （基盤研究（C）・若手研究）					4名

（注）＊1 「挑戦的研究」も総合審査
（出典）「科研費パンフレット 2018」（文部科学省，独立行政法人日本学術振興会）をもとに作成

6. 評定基準と審査方式

では，審査の評定基準は，どのようになっているでしょうか。公募要領に紹介されている「科

学研究費助成事業における審査及び評価に関する規程」（独立行政法人日本学術振興会科学研究費委員会）に，是非一度，目を通しましょう。

科研費の審査は，平成30年度助成（平成29年9月公募）からは書面審査と，書面審査の集計結果をもとに，書面審査と同一の審査委員が合議によって多角的な審査を実施し，採否を決定する「総合審査」（基盤研究（S・A），挑戦的研究），同一の審査委員が2段階にわたり書面審査を行う「2段階書面審査」（基盤研究（B・C），若手研究）の2つの審査方式によって行われています。

「総合審査」方式は，個別の小区分にとらわれることなく審査委員全員が書面審査を行ったうえで，同一の審査委員が幅広い視点から合議により審査します。「基盤研究（S）」では11の「大区分」で，「基盤研究（A）」と「挑戦的研究」では65の「中区分」で公募・審査が行われます。これにより，以下が可能になると考えられています。

・特定の分野だけでなく関連する分野からみて，その提案内容を多角的に見極めることにより，優れた応募研究課題を見出すことができる。
・改善点（審査コメント）をフィードバックし，研究計画の見直しをサポートできる。

平成29年度まで（「挑戦的萌芽研究」は28年度まで）は，細目数321の審査区分で，書面審査と合議審査を異なる審査委員が実施する「2段審査」方式でしたので，審査方法の大きな改革になりました。この審査区分の変更より，審査委員の構成がより多角的に，幅広くなったため，委員の専門性・視点の変化に対応した研究計画調書作成が重要になってきます。すなわち，研究計画調書の作成に当たっては，「非専門家」の委員にも配慮し，学際的に，かつ，ロジカル・ビジュアル，頭にフレームワークの作りやすい，わかりやすく，共感性の高い内容，審査委員の心に響く記述が，これまで以上に大切になっています。

小区分（306）を対象にした「2段階書面審査」方式では，同一の審査委員が電子システムで2段階にわたり，書面審査を実施し，採否を決定します。文部科学省資料「『科学費審査システム改革2018』の概要」によると，以下が可能になると考えられています。

・他の審査委員の評価を踏まえ，自身の評価結果の再検討
・会議体としての合議審査を実施しないため審査の効率化

本項では，採択課題数の多い「基盤研究（B・C）（一般）」及び「若手研究」の書面審査における評点基準等を例にとり，紹介します。

科研費には，基礎から応用までのあらゆる「学術研究」を格段に発展させるという目的があるため，各審査委員は，応募研究課題がこの目的に大きく寄与するかどうかを適切かつ公正に

判断することが求められています。

繰り返しになりますが，審査においては，審査区分として「小区分」を適用します。審査方式は，平成 29 年度までとは異なり，合議審査を行わず，同一の審査委員が 2 段階にわたり，書面審査を実施し採否を決定する「2 段階書面審査」を実施します。

1 段階目の審査では，各研究課題について，研究内容等に関する個別の「評定要素」に関する「絶対評価」を行い，4 段階による「総合評点」を相対的な評価に基づいて付します。

2 段階目の審査では，同一の審査委員が，1 段階目の書面審査の結果に基づき，2 段階目の審査対象となった研究課題について，新たに 2 段階目の評点を付します。その際，同じ研究課題の審査をしている全ての審査委員の審査意見（1 段階目）等を確認の上，委員自身の見識に基づいて評点を付します。

〔1 段階目の審査〕

1 段階目の審査では，以下の 3 つの「評定要素」について，それぞれ評点が付されます。なお，平成 29（2017）年度までとは，評定要素が変わっていますので，注意してください。

「基盤研究（B・C）（一般）」及び「若手研究」の評定要素

(1) 研究課題の学術的重要性
- 学術的に見て，推進すべき重要な研究課題であるか。
- 研究課題の核心をなす学術的「問い」は明確であり，学術的独自性や創造性が認められるか。
- 研究計画の着想による経緯や，関連する国内外の研究動向と研究の位置づけは明確であるか。
- 本研究課題の遂行によって，より広い学術，科学技術あるいは社会などへの波及効果が期待できるか。

(2) 研究方法の妥当性
- 研究目的を達成するため，研究方法等は具体的かつ適切であるか。また，研究経費は研究計画と整合性がとれたものとなっているか。
- 研究目的を達成するための準備状況は適切であるか。

(3) 研究遂行能力及び研究環境の適切性
- これまでの研究活動等から見て，研究計画に対する十分な遂行能力を有しているか。
- 研究計画の遂行に必要な研究施設・設備・研究資料等，研究環境は整っているか。

（出典）「科学研究費助成事業における審査及び評価に関する規程」（独立行政法人日本学術振興会 科学研究費委員会）より抜粋

平成 29 年度までは，評定要素が 6 つありましたが，平成 30 年度からは 3 つに減少しています。特に，「研究課題の波及効果及び普遍性」（当該研究分野もしくは関連研究分野の進展に対する大きな貢献，新しい学問分野の開拓等，学術的な波及効果が期待できるか；科学技術，産業，文化など，幅広い意味で社会に与えるインパクト・貢献が期待できるか。）が評定要素ではなくなったことに留意してください。

また，審査にあたり，高い総合評点を付す研究課題は，必ずしも，全ての個別要素において高い評価を得た研究課題である必要はなく，研究分野の特性など，学術研究の多様性に配慮しつつ，幅広く重要な研究を見いだし，学術研究が進展するよう，適切な評価を行います。

なお，1段階目の審査においては，全ての研究課題の「審査意見」欄に，当該研究課題の長所と短所を中心とした審査意見を必ず記入することが審査委員に求められています。

この審査意見は，2段階目の審査において新たな「総合評点」を付す際に，各審査委員が研究課題への理解をより深めるために，他の審査委員に提示されます。

応募者は，この審査方式の特性を踏まえて，研究課題の長所がどこか，審査委員に明確に伝え，できるだけ高い評点を得ることが重要です。

〔2段階目の審査〕

2段階目の審査対象とする研究課題の設定にあたっては，1段階目の書面審査の結果における順位が採択予定件数付近にある研究課題のほか，一部の審査委員が極端に低い評点を付した研究課題についても考慮されます。

1段階目の書面審査の結果に基づき，2段階目の審査対象となった各研究課題の採択について，上記（1）～（3）の評定要素に着目しつつ，同じ研究課題の審査をしている全ての審査委員が付した審査意見等も確認し，総合的な判断の上，下表右欄に基づき別途示される評点分布に従って4段階評価，総合評点が付されます。

表3-6　2段階目の審査における総合評点（基盤研究（B・C），若手研究）

評点区分	評定基準	評点分布の目安
A	2段階目の審査の対象となった研究課題のうち，最優先で採択すべき	採択予定件数に応じて調整
B	2段階目の審査の対象となった研究課題のうち，積極的に選択すべき	
C	2段階目の審査の対象となった研究課題のうち，採択してもよい	
D	A～Cに入らないもの	
—	利害関係があるので判定できない	—

（参考）平成30年度新規採択研究課題の採択率
基盤研究(B)（一般）　25.6％
基盤研究(C)（一般）　27.9％
若手研究　30.7％
（出典）「科学研究費助成事業における審査及び評価に関する規程」（独立行政法人日本学術振興会 科学研究費委員会）より抜粋

〔研究経費の妥当性〕

この他の評価項目としては，「研究経費の妥当性」があり，以下の点が考慮されます。

・研究経費の内容は妥当であり，有効に使用されることが見込まれるか。
・設備備品の購入経費等は研究計画遂行上真に必要なものが計上されているか。
・研究設備の購入経費，旅費又は人件費・謝金のいずれかの経費が90%を超えて計上されている場合には，研究計画遂行上有効に使用されることが見込まれるか。

（出典）「科学研究費助成事業における審査及び評価に関する規程」（独立行政法人日本学術振興会 科学研究費委員会）より抜粋

これらの内容に問題があり，充足率を低くすることが望ましい場合には，「×」が付されます。複数の審査委員が「×」を付した研究課題については，平均充足率よりも低い設定が行われます。

7. 評定要素・評点と科研費採択のポイント

ポイントは，「優れている」という評点が得られるように書くことです。すなわち，研究種目ごとの採択率より高く，平均的に上位20%以内を目指して，「良い評点」を取ることが重要です。評定要素ごとに4点に近い評点を取る必要があります。

表3-7　基盤（B・C）・若手研究　研究計画調書様式　記入内容

1　研究目的，研究方法など（3頁以内）*1	概要	(1)本研究の学術的背景，研究課題の核心をなす学術的「問い」	(2)本研究の目的および学術的独自性と創造性
	(3)本研究で何をどのように，どこまで明らかにしようとするのか	研究分担者とともに行う場合は，研究代表者，研究分担者の具体的な役割	
2　本研究の着想に至った経緯など（1頁以内）	(1)本研究の着想に至った経緯と準備	(2)関連する国内外の研究動向と本研究の位置づけ	
3　応募者の研究遂行能力及び研究環境（2頁以内）	(1)これまでの研究活動	(2)研究環境（研究遂行に必要な研究施設・設備・研究資料等を含む）	
4　人権の保護及び法令等の遵守への対応（1頁以内）	指針・法令等に基づく手続きが必要な研究の場合，講じる対策と措置	（該当しない場合は，その旨記述）	
5　研究計画最終年度前年度応募を行う場合の記述事項（1頁以内）	本研究を前年度応募する理由	（該当しない場合は，空欄のまま提出）	
研究経費とその必要性	設備備品費，消耗品費，旅費，人件費・謝金，その他の明細	設備備品費，消耗品費，旅費，人件費・謝金，その他の必要性	
研究費の応募・受入等の状況	(1)応募中の研究費	(2)受入予定の研究費	

（注）＊1　基盤研究（B）は，4頁以内
（出典）「平成31年度科学研究費助成事業 科研費公募要領　別冊」（独立行政法人日本学術振興会）より作成

「評定要素」を整理すると，以下のとおりです。

(1) 研究課題の学術的重要性（「1　研究目的，研究方法」「2　着想に至った経緯」欄など）

(2) 研究方法の妥当性（「1　研究目的，研究方法」「3　研究遂行能力・研究環境」「研究経費とその必要性」欄など）

(3) 研究遂行能力及び研究環境の適切性（「3　研究遂行能力・研究環境」「研究費の応募・受入等の状況」欄など）

関連する主な「評定要素」を研究計画調書の項目に沿って並べてみましょう。

表 3-8　研究計画調書の項目と関連する主な評定要素（基盤研究（B・C），若手研究）

研究計画調書の項目	関連する主な評定要素(注)
1　研究目的，研究方法など	(1) (2) (3)
2　本研究の着想に至った経緯など	(1)
3　応募者の研究遂行能力及び研究環境	(2) (3)
4　人権の保護及び法令等の遵守への対応	(2) (3)
5　研究計画最終年度前年度応募を行う場合の記述事項	(2) (3)
研究経費とその必要性	(2)
研究費の応募・受入等の状況	(3)

（注）本表の「関連する主な評定要素」は，(1) 研究課題の学術的重要性，(2) 研究方法の妥当性，(3) 研究遂行能力及び研究環境の適切性の3つの評定要素から，筆者が私見に基づき選択したもの。
（出典）「平成31年度科学研究費助成事業 科研費公募要領 別冊」（独立行政法人日本学術振興会）および「科学研究費助成事業における審査及び評価に関する規程」（独立行政法人日本学術振興会 科学研究費委員会）より作成

上表の項目の中で，科学研究上，「研究目的，方法など」「着想に至った経緯など」は当然，重視するが，「研究経費とその必要性」，「応募者の研究環境」については，どの程度，具体的に書くべきか，ポイントがわからないという声もよく聞きます。

「研究経費とその必要性」は，評定要素「(2) 研究方法の妥当性」に影響し，「応募者の研究環境」は，評定要素「(3) 研究遂行能力及び研究環境の適切性」に影響しますので，取りこぼさないようにすることが大切です。詳細は，第4章以降で紹介する科研費採択のポイントを参考にしてください。

自分の研究を学術性・先進性・独創性高く書くことに加えて，評点制度，審査委員の思考様式，期待する価値観や評価のフレームワーク，共感できる価値観は何か，想像して書いていきましょう。

また，科研費の採択率の高い教員・研究者に，ポイントやノウハウを教えてもらえるようなメンター関係を築くことも重要です。身近にそのような人がいれば積極的に経験を聞き，いなければ，学会などを通じて知り合いを持つことも心がけるとよいでしょう。KAKEN データベースで過去の採択者を見つけ，researchmap でプロフィールを確認し，コンタクトしてもよいでしょう。

また，文部科学省・日本学術振興会の担当者による説明会や大学・研究機関・学会内の説明会・相談会の機会もあります。ウェブサイトや文献情報に加えて，Face to Face の機会も活用することが大切です。

Column

科研費申請のアドバイスを受けて得られたもの

順天堂大学医学部形成外科学講座　田中里佳

「難治性潰瘍に対する新しい血管・組織再生治療の開発」に長年取り組んでいる。大学院を卒業し医学博士を取得した2008年に初めて科研費のスタートアップ研究を取得，その後若手Bを取得後に4年間で総額1.5億円の支援が得られる内閣府の最先端次世代研究開発支援プログラムの採択を経て大学院時代に得た基礎研究の知見を臨床へとつなげることができた。2014年3月に本プログラムの支援が終了し，次につながる研究助成を取得するため苦しんでいるときに塩満先生との出会いがあった。そこで，科研費の若手Aを獲得するために書いた申請書を見ていただくと，いかに自分よがりな申請書になっているかを気付かされた。まずはブレインストーミングと図式作成を行うことで，第三者にも本研究の学術的な重要性が伝わるストーリー構築を行い，それを文章化する作業を繰り返し行う中で質の高い申請書へと変身させることができた。申請書を書き出す前に研究の全体像とその内容のロジックが成り立っているかをよく考え図式化することが良い申請書を書くコツであることを教わった。また，科研費の審査委員は申請分野における有識者であるため，審査委員は申請者の活躍を学会等で目にする機会は多い。その中で「この研究者，良い仕事しているな」と思ってもらえるアピールを常日頃から行っていることが採択率を高めることにつながると教わり，今もそれを信じ精力的に学会活動等も行っている。確実に科研費の採択率を高めることができる適切な努力の方法を直接で教わることができ，心から感謝している。

（出典）塩満典子・北川慶子『科研費採択に向けた効果的なアプローチ』学文社　2016年

第2節❖戦略的創造研究推進事業

1. 制度の概要

前節で説明した科学研究費補助金（科研費）は，研究者個人の自由な発想に基づく，学術的に優れた独創的・先駆的な基礎研究に対して補助を行うボトムアップ的な研究資金です。

一方，戦略的創造研究推進事業は，国が定める戦略目標の達成へ向けた，政策課題対応型の研究資金です。我が国が直面する重要な課題の達成に向けた基礎研究を推進し，社会・経済の変革をもたらす科学技術イノベーションを生み出す，新たな科学知識に基づく創造的な革新的技術のシーズを創出することを目的としています。

我が国の基礎研究力の強化が求められる中，科学技術振興機構（JST）の「戦略的創造研究推進事業（新技術シーズ創出）」（以下「戦略事業」という。）と日本医療研究開発機構（AMED）の「革新的先端研究開発支援事業」（以下「革新事業」という。）においては，「出口を見据えた研究」を担いつつ，新興・融合領域の開拓に資する挑戦的な研究の充実に向けた改革に取り組んでいます。

令和元（2019）年度の事業予算額として，科学技術振興機構（JST）に 486 億円，日本医療研究開発機構（AMED）に 88 億円が充当されています。

JST の戦略事業は，文部科学省が定めた戦略目標の下，大学等の研究者から提案を募り，組織・分野の枠を超えた時限的な研究体制を構築して，イノベーション指向の戦略的な基礎研究を推進する競争的資金制度です。また，AMED の革新事業は，文部科学省が定めた研究開発目標の下，革新的な医薬品等につながるシーズの創出に資する研究を推進する競争的資金制度です。

研究プログラムには，新技術シーズ創出型（CREST，さきがけ，ACT-I，ERATO，ACCEL），先端的低炭素化技術開発（ALCA），社会技術研究開発（RISTEX）があります（図 3-4 参照）。

以下，本節では，科学技術振興機構（JST）が運営する戦略事業のうち，CREST とさきがけを説明します。

図 3-4　戦略的研究推進事業のスキーム

我が国が直面する重要な課題の達成に向けて、国が定めた戦略的な目標等

ネットワーク型研究所の構築・運営

〈プログラムディレクター（研究主監等）が制度全体を統括し、運営方針等を検討〉
〈課題達成に向けた研究領域・プログラムオフィサー（研究総括等）の最適な設定〉
〈プログラムオフィサー等の目利きによる先導的・独創的な研究者の発掘〉
〈課題の進捗状況等に応じた柔軟・機動的な研究計画・研究費配分の決定・見直し〉

〈研究プログラム〉
新技術シーズ創出（CREST、さきがけ、ACT-I、ERATO、ACCEL）
先端的低炭素化技術開発（ALCA）
社会技術研究開発（RISTEX）

CREST
科学技術イノベーションにつながる卓越した成果を生み出すネットワーク型研究（チーム型）
研究総括の運営の下、研究代表者が研究チームを率いて産・学・官にまたがるネットワークを形成し活用しながら、科学技術イノベーションに大きく寄与する国際的に高い水準の成果の創出を目指す。
研究期間｜5年6ヶ月以内
研究費｜総額1.5億～5億円程度／チーム

ERATO
卓越したリーダーによる独創的な目的基礎研究
研究総括が自らの研究構想の実現を目指して研究プロジェクトを指揮し、科学技術の源流をつくり、社会・経済の変革をもたらす科学技術イノベーションの創出に貢献する。
研究期間｜約5年
研究費｜総額12億円程度／プロジェクト

ALCA 先端的低炭素化技術開発
ゲームチェンジングテクノロジーによる低炭素社会形成への貢献
創エネルギー・蓄エネルギー・カーボンニュートラルによってCO_2排出を抑止し、省エネルギーによってCO_2排出を低減することで、低炭素社会の実現を目指す。
研究期間｜最長10年
研究費｜1000万～1億円程度／年・課題
※ALCAは平成29年度より未来社会創造事業の低炭素社会領域と一体的に推進します（平成29年度以降の新規課題の募集は、未来社会創造事業として行います）。

さきがけ
科学技術イノベーションの源泉を生み出すネットワーク型研究（個人型）
研究総括の運営の下、研究者同士が交流・触発しつつ独創的・挑戦的な研究を推進することで、科学技術イノベーションの源泉となる成果の創出と将来の研究リーダーの輩出を目指す。
研究期間｜3年6ヶ月以内
研究費｜総額3000万～4000万円程度／課題

ACT-I
ICT分野の若手研究者の「個の確立」を支援するネットワーク型研究（個人型）
研究総括の運営の下、独創的な発想で人類が現在あるいは未来に直面する問題を解決し未来を切り拓こうとするICT分野の若手研究者を見いだして育成し、研究者としての個の確立を支援する。
研究期間｜1年6ヶ月以内
研究費｜300万円を標準（最大500万円）
※加速フェーズでは、年間最大1000万円程度の研究費を最長2年間支援

RISTEX 社会技術研究開発
社会が抱える問題の解決を目指す分野横断的研究
「環境・エネルギー」「少子高齢化」「安全・安心」などの社会問題の解決に向けて、研究者と社会に関与するさまざまな立場の人々が協働し、自然科学と人文・社会科学の英知と人々の知恵、地域の特性・経験などを総合した新しい取り組みを行う。
研究期間｜3年
研究費｜総額1500万～9000万円程度／プロジェクト

ACCEL
トップサイエンスからトップイノベーションを生み出す
戦略的創造研究推進事業（CREST・さきがけ・ERATOなど）で創出された世界をリードする顕著な研究成果のうち有望なものの、すぐには企業などではリスクの判断が困難な成果を抽出し、プログラムマネージャー（PM）のイノベーション指向の研究開発マネジメントにより、技術的成立性の証明・提示（Proof of Concept：POC）および適切な権利化を推進することで、企業やベンチャー、他事業などに研究開発の流れをつなげることを目指します。
研究開発期間｜5年以内　研究開発費｜数千万～3億円程度／年・課題
※ACCELにおける平成29年度採択課題は未来社会創造事業ACCELとして実施しています。
戦略的創造研究推進事業ACCELと未来社会創造事業ACCELは一体的に推進します。

科学技術イノベーションの創出へ

（出典）「JST 戦略的創造研究推進事業 2018-2019 制度紹介」（科学技術振興機構）

2. 戦略目標・研究開発目標の設定

文部科学省は，以下の手順に沿って戦略目標及び研究開発目標（以下「戦略目標等」という。）を検討・策定しています。

戦略目標の策定プロセス

Step 1：基礎研究を始めとした研究動向の俯瞰

我が国あるいは世界の基礎研究を始めとした研究動向について，科学計量学的手法を用いた分析等を行い，研究動向を把握する。

Step 2：知の糾合による注目すべき研究動向の特定

分析結果等を活用して，最新の研究動向等に関する知見を有する組織・研究者に対する質問調査を行い，調査結果を踏まえて注目すべき研究動向を特定する。

Step 3：科学的価値と社会的・経済的価値の創造が両立可能な戦略目標等の決定

ワークショップの開催により，注目した研究動向に関する研究の進展等による社会・経済の展望等を検討した上で，科学的価値と社会的・経済的価値の創造が両立可能な戦略目標等を決定する。

（出典）「戦略目標策定指針」（平成 27 年 6 月 8 日，文部科学省科学技術・学術審議会基礎研究部会）

令和元（2019）年度における戦略目標等の策定に当たっては，戦略目標等の大くくり化など，多様な分野の研究者がより挑戦的な研究活動を展開できるように，策定プロセスの改善が図られ，下表の戦略目標（6 件）と研究開発目標（1 件）が決定されました。

表 3-9　2019 年度戦略目標及び研究開発目標

【戦略目標】（JST 向け）
○ナノスケール動的挙動の理解に基づく力学特性発現機構の解明
○最先端光科学技術を駆使した革新的基盤技術の創成
○量子コンピューティング基盤の創出
○数理科学と情報科学の連携・融合による情報活用基盤の創出と社会への展開
○次世代 IoT の戦略的活用を支える基盤技術
○多細胞間での時空間的な相互作用の理解を目指した技術・解析基盤の創出
【研究開発目標】（AMED 向け）
○健康・医療の質の向上に向けた早期ライフステージにおける分子生命現象の解明

（出典）文部科学省ホームページ「2019 年度戦略目標及び研究開発目標の決定について」をもとに作成
http://www.mext.go.jp/b_menu/houdou/31/03/1414034.htm　（2019 年 7 月 15 日閲覧）

3. チーム型の CREST

CREST は，Core Research for Evolutionary Science and Technology の略で，独創的で国際的に高い水準の目的基礎研究を推進し，科学技術イノベーションに大きく寄与する卓越した成果の創出を目指しています。

今から12年前，平成19（2007）年には，山中伸弥教授（京都大学）率いる研究チームが，ヒトの皮膚細胞から胚性幹細胞（ES細胞）と遜色のない能力を持った人工多能性幹細胞（iPS細胞）の開発に成功しました。この研究はCRESTで行ったものです。このように世界をリードする最高水準の研究に毎年度，資金が充てられています。

(1) 事業の流れ

図3-5をご覧ください。CRESTでは，国の戦略目標に基づき，研究領域が設定され，研究代表者が数名～20名程度の研究チームを編成します。研究者が所属する研究機関とJSTが研究契約を締結して目的基礎研究を推進します。

図3-5　CREST研究体制

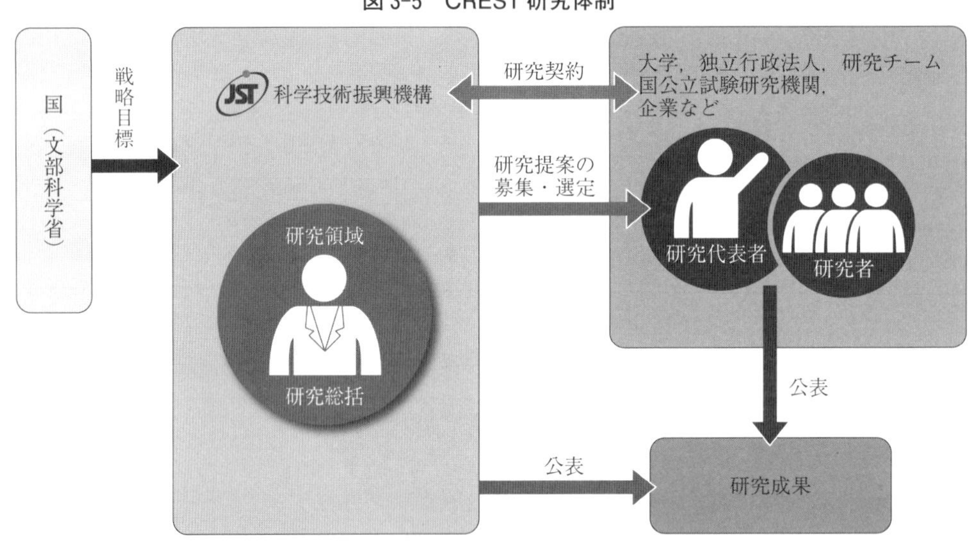

（出典）科学技術振興機構（JST）ホームページ「CREST　プログラムの概要」
（https://www.jst.go.jp/kisoken/crest/about/index.html　2019年7月15日閲覧）

令和元（2019）年度は，ライフイノベーション分野：「多細胞間での時空間的相互作用の理解を目指した定量的解析基盤の創出」（略称：多細胞），ナノテクノロジー・材料分野：「独創的原理に基づく革新的光科学技術の創成」（革新光），「革新的力学機能材料の創出に向けたナノスケール動的挙動と力学特性機構の解明」（ナノ力学），情報通信技術分野：「数学・数理科学と情報科学の連携・融合による情報活用基盤の創出と社会課題解決に向けた展開」（数理的情報活用基盤），の4つの研究領域が設定されました。2018年度は，グリーンイノベーション分野で「新たな生産プロセス構築のための電子やイオン等の能動的制御による革新的反応技術の創出」（革新的反応）が研究領域として設定されています。

表 3-10　CREST 研究領域（2017 年度以降）

グリーンイノベーション
［革新的反応］新たな生産プロセス構築のための電子やイオン等の能動的制御による革新的反応技術の創出
活動期間：2018 ～／ H30 ～
研究総括：吉田 潤一（鈴鹿工業高等専門学校　校長／京都大学　名誉教授）
ライフイノベーション
［多細胞］多細胞間での時空間的相互作用の理解を目指した定量的解析基盤の創出
活動期間：2019 ～
研究総括：松田 道行（京都大学　大学院生命科学研究科　教授）
［ゲノム合成］ゲノムスケールの DNA 設計・合成による細胞制御技術の創出
活動期間：2018 ～／ H30 ～
研究総括：塩見 春彦（慶應義塾大学　医学部　教授）
［細胞外微粒子］細胞外微粒子に起因する生命現象の解明とその制御に向けた基盤技術の創出
活動期間：2017 ～／ H29 ～
研究総括：馬場 嘉信（名古屋大学　大学院工学研究科　教授）
ナノテクノロジー・材料
［革新光］独創的原理に基づく革新的光科学技術の創成
活動期間：2019 ～
研究総括：河田 聡（大阪大学　名誉教授）
［ナノ力学］革新的力学機能材料の創出に向けたナノスケール動的挙動と力学特性機構の解明
活動期間：2019 ～
研究総括：伊藤 耕三（東京大学　大学院新領域創成科学研究科　教授）
［トポロジー］トポロジカル材料科学に基づく革新的機能を有する材料・デバイスの創出
活動期間：2018 ～／ H30 ～
研究総括：上田 正仁（東京大学　大学院理学系研究科　教授）
［革新材料開発］実験と理論・計算・データ科学を融合した材料開発の革新
活動期間：2017 ～／ H29 ～
研究総括：細野 秀雄（東京工業大学　栄誉教授／元素戦略センター長）
［熱制御］ナノスケール・サーマルマネージメント基盤技術の創出
活動期間：2017 ～／ H29 ～
研究総括：丸山 茂夫（東京大学　大学院工学系研究科　教授）
情報通信技術
［数理的情報活用基盤］数学・数理科学と情報科学の連携・融合による情報活用基盤の創出と社会課題解決に向けた展開
活動期間：2019 ～
研究総括：上田 修功（NTT コミュニケーション科学基礎研究所　フェロー／理化学研究所革新知能統合研究センター　副センター長）
［コンピューティング基盤］Society5.0 を支える革新的コンピューティング技術
活動期間：2018 ～／ H30 ～
研究総括：坂井 修一（東京大学　大学院情報理工学系研究科　教授）
［共生インタラクション］人間と情報環境の共生インタラクション基盤技術の創出と展開
活動期間：2017 ～／ H29 ～
研究総括：間瀬 健二（名古屋大学　大学院情報学研究科　教授）

（出典）科学技術振興機構（JST）ホームページ「CREST 研究領域の紹介」
（https://www.jst.go.jp/kisoken/crest/research_area/index.html　2019 年 7 月 15 日閲覧）

各研究領域において研究課題が採択された研究代表者は，自らが立案した研究構想の実現に向けて，産・学・官の研究者からなる複数の共同研究グループで構成される最適な研究チームを編成して研究課題を実施します。

これらの研究機関をとりまとめるのが「研究総括」です。研究総括は，バーチャルなネットワーク型研究所となる研究領域の長として，領域の運営方針の策定，領域アドバイザーの選定，採択研究課題の決定，研究計画の調整，研究への助言，課題評価などを通じて，研究領域全体のマネージメントを行います。

応募は，産・学・官の所属を問わず可能であり，研究期間は5年半以内です。

研究費は1課題（1研究チーム）あたり，原則として1.5～5億円です。ただし，研究領域ごとに研究費額の範囲を設定している場合があります。研究費は，設備費，材料費，旅費，ワークショップやシンポジウムなどの開催費などの執行にあてられます。

JSTは委託研究契約に基づき，研究費（直接経費）に間接経費（直接経費の30％が上限）を加え，委託研究費として研究機関に支払います。

委託研究契約に基づいた研究により生じた知的財産権は，原則として研究機関に帰属します。また，本制度により得られた研究成果は，社会還元を図るために一般公開されます。

研究の進捗及び成果の状況と見込みについて，研究総括，領域アドバイザーを中心として，研究開始後3年程度を目安として中間評価が行われ，研究終了時には事後評価・追跡評価が行われます。評価結果は一般公開されます。

詳細は，JSTホームページでCREST「プログラムの概要」をご覧ください。

(2) 公募時期と審査

募集時期は年1回ですが，特別な事情により増えることもあります。最近では，平成27，28年度に2回募集が行われています。

研究提案の募集は4月初旬～6月初旬，書類選考は6月中旬～7月下旬，書類選考結果の通知は7月中旬～8月上旬，面接選考は7月下旬～8月中旬，選定課題の通知・発表は9月中旬，研究開始は10月以降です。募集時期等は年度によって変わることがありますので，JSTのホームページやe-Rad公募情報をチェックしてください。良い提案を行うために，余裕をもって準備にとりかかることが重要です。

研究領域は，一度設定されると3年間，その領域で募集が行われます。領域アドバイザーも募集ホームページで順次公開されています。応募の前に，審査委員長（研究領域総括）と審査委員（領域アドバイザー）を確認しましょう。

図 3-6　CREST 事業の流れ

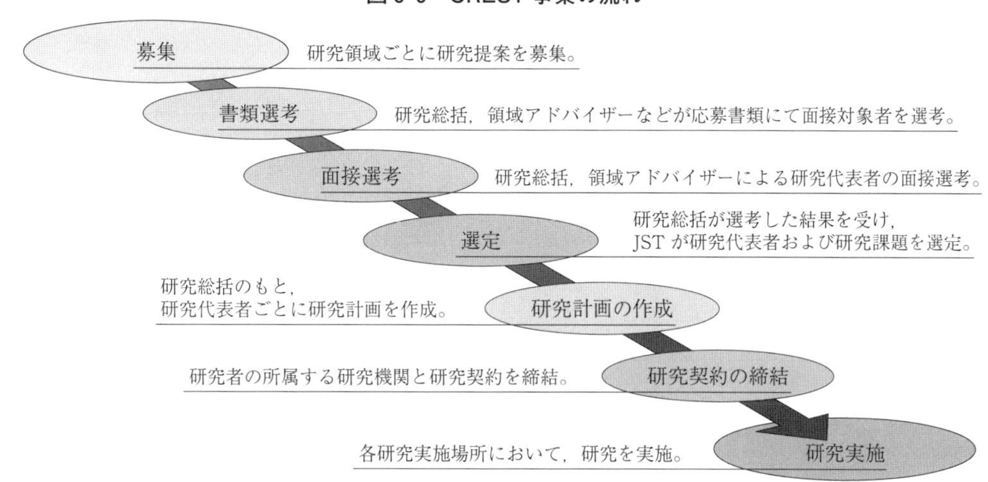

（出典）科学技術振興機構（JST）ホームページ「CREST　プログラムの概要」
（https://www.jst.go.jp/kisoken/crest/about/index.html　2019 年 7 月 15 日閲覧）

(3) 採択数・採択率

平成 30 年度（29 年度）の応募数は 581 件（550 件），採択数は 56 件（57 件），平均 9.6%（10.4%）の採択率（倍率 10 倍）であり，狭き門です。

研究領域ごとの応募数，採択数，採択率を表 3-11 と表 3-12 に示します。

採択率は，5.3%～ 24.1%まで幅がありますので，領域別に過去の状況を分析して傾向をみてください。

表 3-11　平成 30 年度 CREST 採択課題・採択率

発足年度	研究領域	応募数	採択数	採択率
平成 30 年度	新たな生産プロセス構築のための電子やイオン等の能動的制御による革新的反応技術の創出	76	4	5.3%
	トポロジカル材料科学に基づく革新的機能を有する材料・デバイスの創出	42	5	11.9%
	ゲノムスケールの DNA 設計・合成による細胞制御技術の創出	67	7	10.4%
	Society5.0 を支える革新的コンピューティング技術	33	3	9.1%
平成 29 年度	実験と理論・計算・データ科学を融合した材料開発の革新	42	4	9.5%
	ナノスケール・サーマルマネージメント基盤技術の創出	48	5	10.4%
	細胞外微粒子に起因する生命現象の解明とその制御に向けた基盤技術の創出	56	5	8.9%
	人間と情報環境の共生インタラクション基盤技術の創出と展開	73(7)	6(1)	8.2%
平成 28 年度	計測技術と高度情報処理の融合によるインテリジェント計測・解析手法の開発と応用	49	5	10.2%
	量子状態の高度な制御に基づく革新的量子技術基盤の創出	37(7)	6(2)	16.2%
	光の特性を活用した生命機能の時空間制御技術の開発と応用	36	4	11.1%
	イノベーション創発に資する人工知能基盤技術の創出と統合化	22	2	9.1%
合　計		581	56	9.6%

（注）かっこ内は日仏共同提案数
（出典）科学技術振興機構（JST）ホームページ「戦略的創造研究推進事業における平成 30 年度新規研究課題の決定について」（平成 30 年 9 月 18 日）より作成
（https://www.jst.go.jp/pr/info/info1338/index.html　2019 年 7 月 15 日閲覧）

表 3-12　平成 29 年度 CREST 採択課題・採択率

発足年度	領域名	応募数	採択数	採択率
平成 29 年度	実験と理論・計算・データ科学を融合した材料開発の革新	60	5	8.3%
	ナノスケール・サーマルマネージメント基盤技術の創出	58	5	8.6%
	細胞外微粒子に起因する生命現象の解明とその制御に向けた基盤技術の創出	79	6	7.6%
	人間と情報環境の共生インタラクション基盤技術の創出と展開	73	5	6.8%
平成 28 年度	計測技術と高度情報処理の融合によるインテリジェント計測・解析手法の開発と応用	67	5	7.5%
	量子状態の高度な制御に基づく革新的量子技術基盤の創出	29	7	24.1%
	光の特性を活用した生命機能の時空間制御技術の開発と応用	28	6	21.4%
	イノベーション創発に資する人工知能基盤技術の創出と統合化	32	6	18.8%
平成 27 年度	新たな光機能や光物性の発現・利活用を基軸とする次世代フォトニクスの基盤技術	57	5	8.8%
	多様な天然炭素資源の活用に資する革新的触媒と創出技術	28	4	14.3%
	環境変動に対する植物の頑健性の解明と応用に向けた基盤技術の創出	39	3	7.7%
合　計		550	57	10.4%

（出典）科学技術振興機構（JST）ホームページ「戦略的創造研究推進事業（CREST）「ナノスケール・サーマルマネージメント基盤技術の創出」研究領域における平成 29 年度新規研究課題の決定について」（平成 29 年 10 月 16 日）より作成
（https://www.jst.go.jp/pr/info/info1288/index.html　2019 年 7 月 15 日閲覧）

組織別では，平成 30 年度の国立大学の採択数が 43 件（29 年度：37 件）であり，際立って多く，採択率は，国立大学 11.2%（9.7%），公立大学 0%（5.6%），私立大学 6.3%（9.5%），国立研究開発法人等 8.3%（14.8%），民間企業 8.3%（28.6%）等となっており，国立大学以外は年度変化が大きくなっています。

表 3-13　平成 30 年度 CREST 応募・採択状況

	国立大学	公立大学	私立大学	国立研究開発法人・独立行政法人	大学共同利用機関	公益法人	国公立試験研究機関	民間企業	その他[注2]	合計
応募数	383	26	79	60	19	2	0	12	0	581
採択数	43	0	5	5	1	1	0	1	0	56
採択率	11.2%	0.0%	6.3%	8.3%	5.3%	50.0%	0.0%	8.3%	0.0%	9.6%

（注 1）応募時点の所属で集計しているため，採択時の所属と一致しないことがある。国立高等専門学校は「国立大学」に分類。
（注 2）その他には海外機関等を含む。
（出典）科学技術振興機構（JST）ホームページ「戦略的創造研究推進事業における平成 30 年度新規研究課題の決定について」（平成 30 年 9 月 18 日）より作成
（https://www.jst.go.jp/pr/info/info1338/index.html　2019 年 7 月 15 日閲覧）

表 3-14　平成 29 年度 CREST 応募・採択状況

	国立大学	公立大学	私立大学	独立行政法人（国立研究開発法人）	大学共同利用機関	公益法人（その他）	民間	その他[注2]	合計
応募数	380	18	63	61	17	3	7	1	550
採択数	37	1	6	9	2	0	2	0	57
採択率	9.7%	5.6%	9.5%	14.8%	11.8%	0.0%	28.6%	0.0%	10.4%

（注 1）応募時点の所属で記載。
（注 2）その他には高等専門学校，地方公共団体，国立試験研究機関，海外機関等を含む。
（出典）科学技術振興機構（JST）ホームページ「戦略的創造研究推進事業（CREST）「ナノスケール・サーマルマネージメント基盤技術の創出」研究領域における平成 29 年度新規研究課題の決定について」（平成 29 年 10 月 16 日）より作成
（https://www.jst.go.jp/pr/info/info1288/index.html　2019 年 7 月 15 日閲覧）

(4) 選考の観点・基準

選考基準（事前評価基準）は，「選考の観点」として，募集要項に示されています。

選考の観点

a．戦略目標の達成に貢献するものであること。
b．研究領域の趣旨に合致している（補足 1.，補足 2. 参照）こと。
c．独創的であり国際的に高く評価される基礎研究であって，今後の科学技術イノベーションに大きく寄与する卓越した成果（補足 3．参照）が期待できること。
d．以下の条件をいずれも満たしていること。

- 研究提案者は，研究遂行のための研究実績を有していること。
- 研究構想の実現に必要な手掛かりが得られていること。
- 研究提案書において，① 研究構想の背景（研究の必要性・重要性），② 研究提案者の実績（事実），及び ③ 研究構想・計画の３者を区別しつつ，それぞれが明確に記述されていること。
- 最適な研究実施体制であること。研究提案者がチーム全体を強力に統率して責任を負うとともに，主たる共同研究者を置く場合は研究提案者の研究構想実現のために必要不可欠であって，研究目的の達成に向けて大きく貢献できる十分な連携体制が構築されること。
- 研究提案者の研究構想を実現する上で必要十分な研究費計画であること。
- 研究提案者及び主たる共同研究者が所属する研究機関は，当該研究分野に関する研究開発力等の技術基盤を有していること。

〈補 足〉

1. 項目 b. の「研究領域の趣旨」については，「第６章」の各研究領域の「研究領域の概要」及び「募集・選考・研究領域運営にあたっての研究総括の方針」をご参照ください。研究領域ごとの独自の選考の観点・方針や運営の方針等についても記載されています。
2. 研究課題の構成は，上記の方針等に沿って研究領域全体で最適化を図るため，研究領域として求める研究課題構成に合致するかも採択の観点の一つとなります。
3. 本事業で求める「成果」とは，「新技術」を指します。
「新技術」とは，国民経済上重要な，科学技術に関する研究開発の成果であって，「企業化開発」（商業生産で用いる企業的規模での実証試験）がまだ行われていない段階のものを言います。

※「新技術」・「企業化開発」は，国立研究開発法人科学技術振興機構法にて使われている用語です。

上記の枠内に示される研究領域ごとの独自の選考の観点・方針や運営の方針等について，関心のある領域部分をよく読み，研究総括の方針を分析することが重要です。また，領域アドバイザーの構成にも注目する必要があります。領域アドバイザーは募集ホームページ上で順次公開されます。複数年度を調べて傾向を確認しましょう。

どのようなバックグラウンドの人か，どのような専門家か，どのような研究を重視しているか，など傾向分析と対策を戦略的，効果的に進めましょう。平成 30 年度の研究課題の選考は，表 3-15 の構成員で行われました。

新規採択課題の課題名・概要，研究総括の総評も，具体的な選考の視点・基準を知る手がかりになりますので，よく読み分析しましょう。

表 3-15　研究総括・副研究総括，領域アドバイザーおよび外部評価委員（所属・役職は選考時のもの）

〈CREST〉

領域名	役職	氏名	所属機関・役職
新たな生産プロセス構築のための電子やイオン等の能動的制御による革新的反応技術の創出	研究総括	吉田 潤一	鈴鹿工業高等専門学校　校長／京都大学　名誉教授
	領域アドバイザー	安藤 香織	岐阜大学 工学部　教授
		江口 久雄	東ソー株式会社 有機材料研究所　所長
		川田 達也	東北大学 大学院環境科学研究科　教授
		近藤 寛	慶應義塾大学　理工学部　教授
		関根 泰	早稲田大学 理工学術院　教授
		滝澤 博胤	東北大学 理事・副学長（教育・学生支援担当）
		堂免 一成	信州大学 環境・エネルギー材料科学研究所　特別特任教授／東京大学 大学院工学系研究科　教授
		西田 まゆみ	北海道大学 触媒科学研究所　教授
		西原 寛	東京大学 大学院理学系研究科　教授
		長谷川 龍一	三菱ケミカル株式会社 横浜研究所 無機材料研究室　室長
		山川 一義	富士フイルム株式会社 ファインケミカル事業部／ R&D 統括本部 シニアエキスパート
		四橋 聡史	パナソニック株式会社 テクノロジーイノベーション本部　主幹研究員
		柳 日馨	大阪府立大学 研究推進機構　特認教授
トポロジカル材料科学に基づく革新的機能を有する材料・デバイスの創出	研究総括	上田 正仁	東京大学 大学院理学系研究科　教授
	領域アドバイザー	安藤 陽一	ケルン大学 物理学科　教授
		伊藤 耕三	内閣府 革新的研究開発推進プログラム　プログラム・マネージャー　東京大学 大学院新領域創成科学研究科　教授
		尾松 孝茂	千葉大学 大学院工学研究院　教授
		川﨑 雅司	東京大学 大学院工学系研究科　教授
		小磯 深幸	九州大学 マス・フォア・インダストリ研究所　教授
		富永 淳二	産業技術総合研究所 ナノエレクトロニクス研究部門　首席研究員
		中村 志保	東芝メモリ株式会社 デバイス技術研究開発センター　フェロー
		前野 悦輝	京都大学 大学院理学研究科　教授
		村上 裕彦	株式会社アルバック 未来技術研究所　所長
		萬 伸一	日本電気株式会社 システムプラットフォーム研究所　主席技術主幹
ナノスケール・サーマルマネージメント基盤技術の創出	研究総括	丸山 茂夫	東京大学 大学院工学系研究科　教授
	研究総括補佐	粟野 祐二	慶應義塾大学 理工学部　教授
	領域アドバイザー	小原 春彦	産業技術総合研究所 企画本部　副本部長
		喜々津 哲	株式会社東芝　研究開発センター バックエンドデバイス技術ラボラトリー　研究主幹
		徐 一斌	物質・材料研究機構　統合型材料開発・情報基盤部門　プラットフォーム長
		常行 真司	東京大学 大学院理学系研究科　教授
		鶴田 隆治	九州工業大学 工学研究院　教授
		花村 克悟	東京工業大学 工学院　教授
		平山 祥郎	東北大学 大学院理学研究科　教授

		藤田 博之	東京都市大学 総合研究所　特任教授
		森 孝雄	物質・材料研究機構　国際ナノアーキテクトニクス研究拠点　主任研究者
		山内 崇史	株式会社豊田中央研究所　主任研究員
		山根 常幸	株式会社東レリサーチセンター 技術開発企画部　理事・部長
実験と理論・計算・データ科学を融合した材料開発の革新	研究総括	細野 秀雄	東京工業大学 科学技術創成研究院　教授
	領域アドバイザー	石田 清仁	東北大学　名誉教授
		伊藤 耕三	内閣府 革新的研究開発推進プログラム　プログラム・マネージャー 東京大学 大学院新領域創成科学研究科　教授
		伊藤 聡	物質・材料研究機構 情報統合型物質・材料研究拠点　拠点長
		稲垣 伸二	株式会社豊田中央研究所 稲垣特別研究室　室長・シニアフェロー
		楠 美智子	名古屋大学 未来材料・システム研究所　教授
		高田 昌樹	東北大学 多元物質科学研究所　教授
		津田 宏治	東京大学 大学院新領域創成科学研究科　教授
		時任 静士	山形大学 大学院有機材料システム研究科 有機エレクトロニクス研究センター長・卓越研究　教授
		中川 淳一	新日鐵住金株式会社 技術開発本部　上席主幹研究員
		山口 周	東京大学 大学院工学系研究科　教授
		山崎 聡	産業技術総合研究所 先進パワーエレクトロニクス研究センター　招聘研究員
		吉田 博	東京大学 大学院工学系研究科　特任研究員（上席研究員）
計測技術と高度情報処理の融合によるインテリジェント計測・解析手法の開発と応用	研究総括	雨宮 慶幸	東京大学 大学院新領域創成科学研究科　特任教授
	副研究総括	北川 源四郎	東京大学 数理・情報教育研究センター　特任教授
	領域アドバイザー	石井 信	京都大学 大学院情報学研究科　教授
		伊藤 聡	物質・材料研究機構 統合型材料開発・情報基盤部門 情報統合型物質・材料研究拠点　拠点長
		伊藤 隆	首都大学東京 大学院理学研究科　教授
		長我部 信行	株式会社日立製作所 ヘルスケアビジネスユニット　理事・CSO 兼 CTO
		岸本 浩通	住友ゴム工業株式会社 研究開発本部　課長
		喜多 泰代	産業技術総合研究所 知能システム研究部門　上級主任研究員
		佐藤 寛子	情報・システム研究機構　特任准教授／チューリッヒ大学　研究員
		高尾 正敏	元　大阪大学／パナソニック
		瀧川 仁	東京大学 物性研究所　教授
		民谷 栄一	大阪大学 大学院工学研究科　教授
		寺内 正己	東北大学 多元物質科学研究所　教授
		西野 吉則	北海道大学 電子科学研究所　教授
		樋口 知之	情報・システム研究機構 統計数理研究所　所長
		福山 秀敏	東京理科大学　理事長補佐・学長補佐
	外部評価者	鳥海 光弘	海洋研究開発機構 イノベーション本部　上級研究員
		根本 知己	北海道大学 電子科学研究所　教授

領域	役割	氏名	所属・役職
量子状態の高度な制御に基づく革新的量子技術基盤の創出	研究総括	荒川 泰彦	東京大学 ナノ量子情報エレクトロニクス研究機構　特任教授
	領域アドバイザー	伊藤 公平	慶應義塾大学 理工学部　教授・学部長
		香取 秀俊	東京大学　大学院工学系研究科　教授
		寒川 哲臣	日本電信電話株式会社 NTT 物性科学基礎研究所　所長
		西野 哲朗	電気通信大学 大学院情報理工学研究科　教授
		野田 進	京都大学 大学院工学研究科　教授
		平山 祥郎	東北大学 大学院理学研究科　教授
		藤巻 朗	名古屋大学 大学院工学研究科　教授
		古澤 明	東京大学 大学院工学系研究科　教授
		山田 真治	株式会社日立製作所 研究開発グループ 基礎研究センタ　センター長
		山本 喜久	科学技術振興機構 革新的研究開発推進プログラム　プログラムマネージャー
ゲノムスケールの DNA 設計・合成による細胞制御技術の創出	研究総括	塩見 春彦	慶應義塾大学 医学部　教授
	領域アドバイザー	朝倉 陽子	味の素株式会社 主席研究員
		石井 浩二郎	高知工科大学 環境理工学群　教授
		今井 由美子	医薬基盤・健康・栄養研究所 感染病態制御ワクチンプロジェクト　プロジェクトリーダー
		岩崎 信太郎	理化学研究所 開拓研究本部　主任研究員
		戎家 美紀	理化学研究所 生命機能科学研究センター　ユニットリーダー／EMBL Barcelona　Group Leader
		岡崎 寛	株式会社カイオム・バイオサイエンス　研究本部長
		小比賀 聡	大阪大学 大学院薬学研究科　教授
		角谷 徹仁	東京大学 大学院理学系研究科／情報・システム研究機構 国立遺伝学研究所 総合遺伝研究系　教授
		黒川 顕	情報・システム研究機構 国立遺伝学研究所 生命情報研究センター　教授
		菅野 純夫	東京医科歯科大学 難治疾患研究所　非常勤講師
		鈴木 勉	東京大学 大学院工学系研究科　教授
		二階堂 愛	理化学研究所 生命機能科学研究センター　ユニットリーダー
		広田 亨	公益財団法人がん研究会 がん研究所　部長
		横川 隆司	京都大学 大学院工学研究科　准教授
細胞外微粒子に起因する生命現象の解明とその制御に向けた基盤技術の創出	研究総括	馬場 嘉信	名古屋大学 大学院工学研究科　教授
	領域アドバイザー	一柳 優子	横浜国立大学 大学院工学研究院　准教授
		今井 浩三	東京大学 医科学研究所 学術研究基盤支援室　室長／客員教授
		浦野 泰照	東京大学 大学院薬学系研究科　教授
		津本 浩平	東京大学 大学院工学系研究科　教授
		永沼 章	東北大学　名誉教授
		中山 和久	京都大学 大学院薬学研究科　教授
		信正 均	東レ株式会社 先端融合研究所　新事業開発部門　理事／副所長
		花方 信孝	物質・材料研究機構 技術開発・共用部門　副部門長
		早川 和一	金沢大学 環日本海域環境研究センター　特任教授
		原田 彰宏	大阪大学 大学院医学系研究科　教授
		深瀬 浩一	大阪大学 大学院理学研究科　教授
		吉田 佳一	株式会社 島津製作所　顧問

光の特性を活用した生命機能の時空間制御技術の開発と応用	研究総括	影山 龍一郎	京都大学 ウイルス・再生医科学研究所　教授
	領域アドバイザー	石井 優	大阪大学 大学院医学系研究科／生命機能研究科　教授
		伊藤 博康	浜松ホトニクス株式会社 中央研究所筑波研究センター　副センター長／第9研究室　室長
		狩野 方伸	東京大学 大学院医学系研究科　教授
		河村 悟	大阪大学　名誉教授
		清末 優子	理化学研究所 生命機能科学研究センター　ユニットリーダー
		小早川 令子	関西医科大学 附属生命医学研究所　学長特命教授
		小林 和人	福島県立医科大学 医学部附属生体情報伝達研究所　教授
		武田 洋幸	東京大学 大学院理学系研究科　教授
		永井 健治	大阪大学 産業科学研究所　教授
		南部 篤	自然科学研究機構 生理学研究所　教授
		濡木 理	東京大学 大学院理学系研究科　教授
Society5.0を支える革新的コンピューティング技術	研究総括	坂井 修一	東京大学 大学院情報理工学系研究科　教授
	領域アドバイザー	井上 美智子	奈良先端科学技術大学院大学 先端科学技術研究科　教授
		清水 徹	東洋大学 情報連携学部　教授
		住元 真司	富士通株式会社 次世代TC開発本部　シニアアーキテクト
		谷 誠一郎	日本電信電話株式会社 NTTコミュニケーション科学基礎研究所 グループリーダ／上席特別研究員
		千葉 滋	東京大学 大学院情報理工学系研究科　教授
		中川 八穂子	株式会社日立製作所 研究開発グループデジタルテクノロジーイノベーションセンタ　シニアプロジェクトマネージャ
		西 直樹	理化学研究所 イノベーション事業本部　連携促進コーディネーター
		伏見 信也	三菱電機株式会社　シニアアドバイザー
		堀尾 喜彦	東北大学 電気通信研究所　教授
		山名 早人	早稲田大学 理工学術院　教授
人間と情報環境の共生インタラクション基盤技術の創出と展開	研究総括	間瀬 健二	名古屋大学 大学院情報学研究科　教授
	領域アドバイザー	石黒 浩	大阪大学 大学院基礎工学研究科　教授／株式会社国際電気通信基礎技術研究所 石黒特別研究所　客員所長
		江渡 浩一郎	産業技術総合研究所 知能システム研究部門　主任研究員
		栗原 聡	慶應義塾大学 理工学部／大学院理工学研究科　教授
		小林 正啓	花水木法律事務所　所長・弁護士
		中野 有紀子	成蹊大学 理工学部　教授
		前田 英作	東京電機大学 システムデザイン工学部　教授
		宮地 充子	大阪大学 大学院工学研究科　教授／北陸先端科学技術大学院大学 先端科学技術研究科　教授
		茂木 強	科学技術振興機構 研究開発戦略センター　フェロー
		森島 繁生	早稲田大学 先進理工学部　教授
イノベーション創発に資する人工知能基盤技術の創出と統合化	研究総括	栄藤 稔	大阪大学 先導的学際研究機構　教授
	領域アドバイザー	伊藤 久美	4U Lifecare株式会社　代表取締役社長
		砂金 信一郎	LINE株式会社 広告・ビジネスプラットフォーム事業室　戦略企画担当ディレクター
		内田 誠一	九州大学 大学院システム情報科学研究院　教授
		鬼塚 真	大阪大学 大学院情報科学研究科　教授

		鹿志村 香	日立アプライアンス株式会社　取締役／事業戦略統括本部長
		佐藤 洋一	東京大学 生産技術研究所　教授
		杉山 将	理化学研究所 革新知能統合研究センター　センター長／東京大学 大学院新領域創成科学研究科　教授
		萩田 紀博	株式会社国際電気通信基礎技術研究所　取締役／知能ロボティクス研究所　所長
		松本 勉	横浜国立大学 大学院環境情報研究院／先端科学高等研究院　教授
		松本 真尚	株式会社 WiL　共同創業者 ジェネラルパートナー
	外部評価者	伊地知 晋平	DataRobot Japan 株式会社　データサイエンティスト
		辻 真博	科学技術振興機構 研究開発戦略センター　フェロー

（出典）科学技術振興機構（JST）ホームページ「平成 30 年度　戦略的創造研究推進事業（CREST）の新規研究課題及び評価者について　研究総括・副研究総括，領域アドバイザーおよび外部評価委員」（https://www.jst.go.jp/kisoken/crest/application/2018/180918/180918-2crest.pdf　2019 年 7 月 15 日閲覧）

(5) 提案書の様式・作成要領

研究計画に係る提案書類の一覧を表 3-16 に示します。

表 3-16　CREST 提案書様式一覧

様式番号	書類名
様式 1	研究提案書表紙　※1 ページ以内
様式 2-1	研究提案の要旨　※2 ページ以内
様式 2-2	研究代表者の主要業績　※1 ページ以内
様式 3-1	研究構想　※6 ページ以内
様式 3-2	研究の体制及びスケジュール　※2 ページ以内
様式 4-1	研究実施体制 1（研究代表者グループ）　※2 ページ以内
様式 4-2	研究実施体制 2（共同研究グループ）　※1 グループあたり 2 ページ以内
様式 5	研究費計画
様式 6	業績リスト・過去の研究代表実績（研究代表者）
様式 7	業績リスト（主たる共同研究者）
様式 8	特許リスト（研究代表者・主たる共同研究者）　※1 ページ程度
様式 9	他制度での助成等の有無
様式 10	人権の保護および法令等の遵守への対応
様式 11	特記事項　※3 ページ以内

（出典）科学技術振興機構（JST）「2019 年度戦略的創造研究推進事業 CREST 研究提案書 記入要領」より作成

ファイルの容量は 3MB 以内を目途に作成する必要があります。

以下，「研究提案書記入要領」から，効果的な記述のためのキーワードを抜き出してみましょう。

表 3-17　CREST 提案書様式と記入要領

研究提案の要旨 （様式 2 － 1）	・A4 用紙 2 ページ以内（厳守） ・10.5 ポイント以上の文字を使用。 ・研究領域の趣旨に合致しているか。 ・研究領域の目的達成への貢献が見込めるか。 ・CREST 制度の趣旨に合致しているか。 ・評価者が理解しやすいよう，必要に応じて図表（カラー可）を入れる。
研究構想 （様式 3 － 1）	・評価者が理解しやすいように記述。 ・必要に応じて図表（カラー可）も用いる。 ・A4 用紙 6 ページ以内（厳守） ・10.5 ポイント以上の文字を使用。 ・提案者自身の業績と研究提案との関係が明確。
1. 研究の背景・目的 （様式 3 － 1）	・研究構想の重要性・必要性 ・科学技術上の要請，社会的要請や経済・産業上の要請 ・当該分野や関連分野の動向等を適宜含めて記述。 ・科学技術イノベーション創出の観点 ・研究成果によって直接的に得られる科学技術上のインパクトについても具体的に記入。
2. 研究期間内の達成目標 （様式 3 － 1）	・中間時点での達成目標 ・研究終了時の達成目標
3. 研究計画とその進め方 （様式 3 － 1）	・具体的な研究内容・研究計画を記述。 ・目標を達成するための研究のアプローチ（予想される問題点とその解決策を含む），具体的手法，進め方などをグループごとに記述。 ・目標の達成に向けたマイルストーン ・研究の達成度の判断基準と時期 ・タイムスケジュールの大枠 ・中間目標の位置づけ ・知的財産権の利活用方針（出願・権利化・ライセンス等），現在の取得状況
4. 国内外の類似研究との比較，および研究の独創性・新規性 （様式 3 － 1）	・国内外の研究の現状と動向 ・世界の中での本研究構想の位置付け ・独創性・新規性・優位性 ・競合研究の具体的な内容
5. 研究実施の基盤および準備状況 （様式 3 － 1）	・研究代表者等の研究の経緯と成果 ・予備的な知見やデータ等 ・研究遂行のための研究実績 ・研究構想の実現に必要な手掛かり ・背景（必要性・重要性），実績（事実），研究構想・計画の 3 者を区別し，明確に記述。 ・最適な研究実施体制（研究提案者がチーム統率，共同研究者の貢献・連携）
6. 研究の将来展望 （様式 3 － 1）	・将来の科学技術の発展，新産業創出，社会貢献等

（出典）科学技術振興機構（JST）「2019 年度戦略的創造研究推進事業 CREST 研究提案書 記入要領」より作成

(6) 採択のポイント

まず募集要項に書かれている「研究領域の概要」および「募集・選考・研究領域運営にあたっての研究総括の方針」を熟知してください。

図・表（カラー可）を入れてビジュアル化するとともに，研究の重要性について，その分野の専門家にも非専門家にも印象が残るように書くことが重要です。また，データをもとに，定量的に，研究の効果を示すことも意識してください。

これまでの研究業績が重視されることから，自分自身の論文・著書・特許のリストが充実している必要があります。ただ論文の業績を作るには数年かかります。ご自身の実績が足りないと考えられるときは，業績豊富な研究者にパートナーになってもらうこともひとつの手段です。チームリーダー候補を学会などで探すなど，さまざまな交流の場を大いに活用してください。

研究代表者は 20 人程度の研究チームをまとめるので，リーダーシップが求められます。面接のときは質問に堂々と答えてください。

〈研究者インタビュー〉

東海大学工学部・生命化学科　山口陽子教授（当時）

「糖鎖構造特異的単鎖抗体ライブラリーの構築」

（戦略目標：がんやウイルス感染症に対して有効な革新的医薬品開発の実現のための糖鎖機能の解明と利用技術の確立。研究領域：糖鎖の生物機能の解明と利用技術）（平成 15 年度採択）

「私はアメリカで 3 年間のポスドク後に独立し 20 年間の研究生活を送り，2000 年に帰国しました。そのため日本の研究資金についてはまったく無知で，帰国後しばらくは何を申請したらいいのか分からず苦労しました。

CREST に自分の研究を生かせる領域を見つけ，2 回目の挑戦で取得できました。CREST は他の競争的研究資金に比べて金額が高く，ポスドクを 2，3 人雇うことができるので，研究が進んで助かります。これは，アメリカでの NIH grant（国立衛生研究所の研究資金）に近いものです。

研究資金全般を日米で比較すると，日本はアメリカの競争的研究資金制度より金額が少ないと思います。NIH grant のように人件費が 70％位占めると，そのプロジェクトに応じて人を雇用し研究を進められますが，日本では，そのような自由度がありません。またアメリカは不採択の理由が知らされるので，次回申請時の参考になります。日本では 1 行のみで，審査結果はあまり告知されない研究資金が多いと思います。

日米ともに政策主導の研究資金が多いことは共通です。自分の研究がどの新分野に生かせるか常に考えています」（山口陽子教授・談）

4. 個人型のさきがけ

(1) 事業の流れ

さきがけも，CREST と同じように，国が定めた戦略目標の達成に向けた政策課題解決型の基礎研究です。我が国が直面する重要な課題の克服に向けて，独創的・挑戦的かつ国際的に高水準の発展が見込まれる先駆的な目的基礎研究を推進し，社会・経済の変革をもたらす科学技術イノベーションの源泉となる，新たな科学知識に基づく創造的な革新的技術のシーズ（新技術シーズ）を世界に先駆けて創出することを目指します。

さきがけは，若手研究者の柔軟な発想力から生まれる新興・融合分野へのチャレンジや，若手研究者の研究者としての成長に期待するプログラムであり，若手研究者が個人で独立した研究を行う規模感として，1 課題あたり 3 ～ 4 千万円程度の研究費を支援しています。さきがけは，文学界での芥川賞や直木賞のように，科学技術の若手研究者の登竜門として認知され，「さきがけ出身」が一つのブランドのように見られることもあります。

2019 年度は，ライフイノベーション分野：「多細胞システムにおける細胞間相互作用とそのダイナミクス」（略称：多細胞），ナノテクノロジー・材料分野：「革新的光科学技術を駆使した最先端科学の創出」（革新光），「力学機能のナノエンジニアリング」（ナノ力学），情報通信技術分野：「革新的な量子情報処理技術基盤の創出」（量子情報処理），「IoT が拓く未来」（IoT），「数学と情報科学で解き明かす多様な対象の数理構造と活用」（数理構造活用）の 6 つの研究領域が設定されました。2018 年度は，グリーンイノベーション分野で「電子やイオン等の能動的制御と反応」（反応制御）が研究領域として設定されています。

さきがけの研究期間は 3.5 年以内，研究期間を通して JST に兼任や専任等の形態で所属します。委託研究契約に基づいた研究により生じた知的財産権は，原則として，研究機関に帰属します。

研究期間中，国内外での積極的な成果発表が期待されます。また，年に 1，2 回開催する領域会議やさきがけ研究者の研究室を訪問するサイトビジット等が行われ，総括・アドバイザーが研究指導を行います。さらに，必要に応じて，海外研究者交流や社会の中の科学という観点から自らの研究を振り返る機会を与えるといった，様々な研究推進サポートメニューが提供されます。

研究期間終了時には，一般公開である研究報告会で研究成果の報告を行います。また，研究終了時に事後評価が行われ，研究終了後必要に応じて追跡評価が行われ，評価結果は一般公開され，社会還元を図ります。

研究総括は，成果を最大化するために，進捗に応じた研究の変更・加速・中止など柔軟なマネジメントを行い，領域運営を支えるアドバイザー（10 名程度）を配置します。科学技術面のアドバイスや評価を行う学識者とともに，出口を見据えた研究を支えるため，産業界の有識者や弁護士などの法的観点からのアドバイスを可能とする有識者も参加します。

表 3-18 さきがけ研究領域（2017 年度以降）

グリーンイノベーション
［反応制御］電子やイオン等の能動的制御と反応
活動期間：2018 ～／ H30 ～
研究総括：関根 泰（早稲田大学 理工学術院 教授）
ライフイノベーション
［多細胞］多細胞システムにおける細胞間相互作用とそのダイナミクス
活動期間：2019 ～
研究総括：高橋 淑子（京都大学 大学院理学研究科 教授）
［ゲノム合成］ゲノムスケールの DNA 設計・合成による細胞制御技術の創出
活動期間：2018 ～／ H30 ～
研究総括：塩見 春彦（慶應義塾大学 医学部 教授）
［微粒子］生体における微粒子の機能と制御
活動期間：2017 ～／ H29 ～
研究総括：中野 明彦（理化学研究所 光量子工学研究センター 副センター長）
［量子生体］量子技術を適用した生命科学基盤の創出
活動期間：2017 ～／ H29 ～
研究総括：瀬藤 光利（国際マスイメージングセンター センター長）
ナノテクノロジー・材料
［革新光］革新的光科学技術を駆使した最先端科学の創出
活動期間：2019 ～
研究総括：田中 耕一郎（京都大学 大学院理学研究科 教授）
［ナノ力学］力学機能のナノエンジニアリング
活動期間：2019 ～
研究総括：北村 隆行（京都大学 大学院工学研究科 教授）
［トポロジー］トポロジカル材料科学と革新的機能創出
活動期間：2018 ～／ H30 ～
研究総括：村上 修一（東京工業大学 理学院 教授）
［熱制御］熱輸送のスペクトル学的理解と機能的制御
活動期間：2017 ～／ H29 ～
研究総括：花村 克悟（東京工業大学 工学院 教授）
情報通信技術
［量子情報処理］革新的な量子情報処理技術基盤の創出
活動期間：2019 ～
研究総括：富田 章久（北海道大学 大学院情報科学研究院 教授）
［IoT］IoT が拓く未来
活動期間：2019 ～
研究総括：徳田 英幸（情報通信研究機構 理事長）
［数理構造活用］数学と情報科学で解き明かす多様な対象の数理構造と活用
活動期間：2019 ～
研究総括：坂上 貴之（京都大学 大学院理学研究科 教授）
［革新的コンピューティング］革新的コンピューティング技術の開拓
活動期間：2018 ～／ H30 ～
研究総括：井上 弘士（九州大学 大学院システム情報科学研究院 教授）
［人とインタラクション］人とインタラクションの未来
活動期間：2017 ～／ H29 ～
研究総括：暦本 純一（東京大学 大学院情報学環 教授／(株)ソニーコンピュータサイエンス研究所 副所長）

（出典）科学技術振興機構（JST）ホームページ「さきがけ研究領域の紹介」より
（https://www.jst.go.jp/kisoken/presto/research_area/index.html 2019 年 7 月 15 日閲覧）

図 3-7　さきがけ研究体制

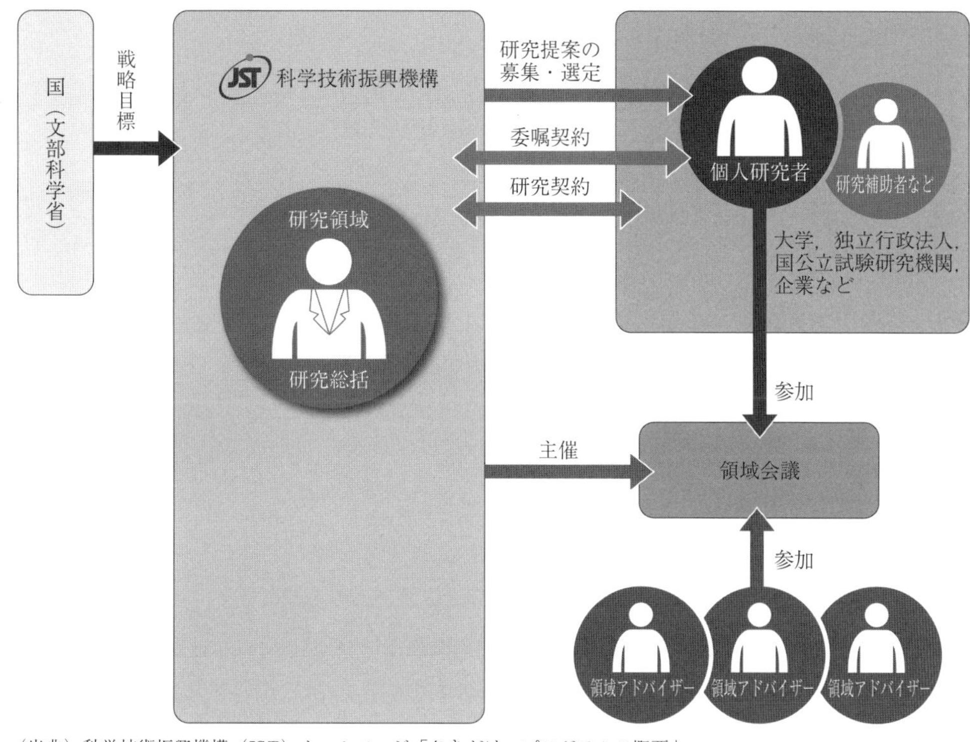

（出典）科学技術振興機構（JST）ホームページ「さきがけ　プログラムの概要」
（https://www.jst.go.jp/kisoken/presto/about/index.html　2019 年 7 月 15 日閲覧）

(2) 公募時期と審査

募集時期は CREST と同様，年 1 回ですが，特別な事情により増えることもあります。最近では，平成 27，28 年度に 2 回募集が行われています。

研究提案の募集は，CREST と同じ時期に行われますが，4 月初旬～ 5 月下旬，CREST より締切が少し早いのでご注意ください。書類選考は 6 月中旬～ 7 月下旬，書類選考結果の通知は 7 月中旬～ 8 月上旬，面接選考は 7 月下旬～ 8 月中旬，選定課題の通知・発表は 9 月中旬，研究開始は 10 月以降です。募集時期等は年度によって変わることがありますので，JST のホームページや e-Rad 公募情報をチェックしてください。良い提案を行うために，余裕をもって準備にとりかかることが重要です。

研究領域は，一度設定されると 3 年間，その領域で募集が行われます。応募の前に，審査委員長（研究領域総括）と審査委員（領域アドバイザー）を確認しましょう。

図 3-8 さきがけ事業の流れ

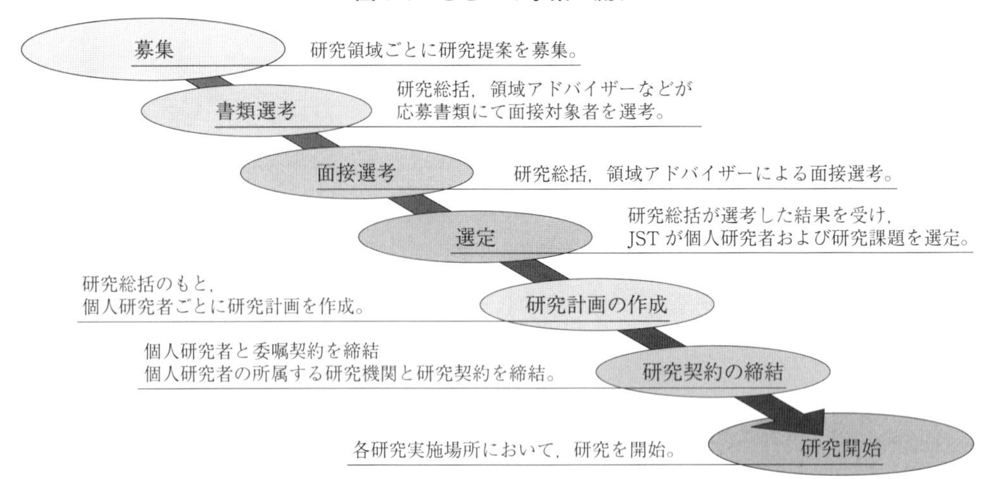

（出典）科学技術振興機構（JST）ホームページ「さきがけ　プログラムの概要」
（https://www.jst.go.jp/kisoken/presto/about/index.html　2019 年 7 月 15 日閲覧）

(3) 採択数・採択率

平成 30 年度（29 年度）の応募数は 1,193 件（1,329 件）で，採択数は 126 件（146 件），採択率は CREST とほぼ同じ，平均 10.6%（11.0%）（倍率約 10 倍）の狭き門です。このため，他の応募者との比較優位性，どのような特長を示すことができるか，効果的な対策が必要です。

表 3-19　平成 30 年度さきがけ採択課題・採択率

発足年度	研究領域	応募数	採択数	採択率
平成 30 年度	電子やイオン等の能動的制御と反応	167	11	6.6%
	トポロジカル材料科学と革新的機能創出	120	10	8.3%
	ゲノムスケールの DNA 設計・合成による細胞制御技術の創出	114	10	8.8%
	革新的コンピューティング技術の開拓	46	11	23.9%
平成 29 年度	熱輸送のスペクトル学的理解と機能的制御	81	9	11.1%
	量子技術を適用した生命科学基盤の創出	71	13	18.3%
	生体における微粒子の機能と制御	133	11	8.3%
	人とインタラクションの未来	82	10	12.2%
平成 28 年度	計測技術と高度情報処理の融合によるインテリジェント計測・解析手法の開発と応用	99	11	11.1%
	量子の状態制御と機能化	50	8	16.0%
	生命機能メカニズム解明のための光操作技術	154	11	7.1%
	新しい社会システムデザインに向けた情報基盤技術の創出	76	11	14.5%
合　計		1,193	126	10.6%

（出典）科学技術振興機構（JST）ホームページ「戦略的創造研究推進事業における平成 30 年度新規研究課題の決定について」（平成 30 年 9 月 18 日）より作成
（https://www.jst.go.jp/pr/info/info1338/index.html　2019 年 7 月 15 日閲覧）

表 3-20　平成 29 年度さきがけ採択課題・採択率

発足年度	領域名	応募数	採択数	採択率
平成 29 年度	熱輸送のスペクトル学的理解と機能的制御	76	8	10.5%
	量子技術を適用した生命科学基盤の創出	132	12	9.1%
	生体における微粒子の機能と制御	209	12	5.7%
	人とインタラクションの未来	95	10	10.5%
平成 28 年度	計測技術と高度情報処理の融合によるインテリジェント計測・解析手法の開発と応用	78	10	12.8%
	量子の状態制御と機能化	61	10	16.4%
	生命機能メカニズム解明のための光操作技術	150	12	8.0%
	新しい社会システムデザインに向けた情報基盤技術の創出	66	10	15.2%
平成 27 年度	光の極限制御・積極利用と新分野開拓	111	12	10.8%
	微小エネルギーを利用した革新的な環境発電技術の創出	50	9	18.0%
	革新的触媒の科学と創製	86	11	12.8%
	フィールドにおける植物の生命現象の制御に向けた次世代基盤技術の創出	86	10	11.6%
	理論・実験・計算科学とデータ科学が連携・融合した先進的マテリアルズインフォマティクスのための基盤技術の構築	100	14	14.0%
	情報科学との協働による革新的な農産物栽培手法を実現するための技術基盤の創出	29	6	20.7%
合　計		1,329	146	11.0%

（出典）科学技術振興機構（JST）ホームページ「戦略的創造研究推進事業における平成 29 年度新規研究課題の決定について」（平成 29 年 9 月 19 日）より作成
（https://www.jst.go.jp/pr/info/info1276/index.html　2019 年 7 月 15 日閲覧）

表 3-21 に示すとおり，国立大学法人の平成 30 年度及び 29 年度の採択数は 86 件であり，他機関より多い傾向にありますが，応募数も多いので平均採択率との差は大きくありません。30 年度（29 年度）の国立大学法人，公立大学，私立大学，国立研究開発法人等の採択率は，それぞれ 11.1%（10.4%），13.2%（4.8%），4.1%（14.2）%，11.3%（12.6%）でした。

表 3-21　平成 30 年度さきがけ応募・採択状況（組織別）

	国立大学	公立大学	私立大学	国立研究開発法人・独立行政法人	大学共同利用機関	公益法人	国公立試験研究機関	民間企業	その他[注2)]	合計
応募数	773	53	121	141	24	13	2	7	59	1,193
採択数	86	7	5	16	4	1	0	2	5	126
採択率	11.1%	13.2%	4.1%	11.3%	16.7%	7.7%	0.0%	28.6%	8.5%	10.6%

（注 1）応募時点の所属で集計しているため，採択時の所属と一致しないことがある。国立高等専門学校は「国立大学」に分類。
（注 2）その他には海外機関等を含む。
（出典）科学技術振興機構（JST）ホームページ「戦略的創造研究推進事業における平成 30 年度新規研究課題の決定について」（平成 30 年 9 月 18 日）より作成
（https://www.jst.go.jp/pr/info/info1338/index.html　2019 年 7 月 15 日閲覧）

表 3-22　平成 29 年度さきがけ応募・採択状況

	国立大学	公立大学	私立大学	独立行政法人（国立研究開発法人）	大学共同利用機関	公益法人（その他）	民間	その他[注2]	合計
応募数	828	63	141	167	33	10	8	79	1,329
採択数	86	3	20	21	6	1	1	8	146
採択率	10.4%	4.8%	14.2%	12.6%	18.2%	10.0%	12.5%	10.1%	11.0%

（注 1）応募時点の所属で記載。
（注 2）その他には高等専門学校，地方公共団体，国立試験研究機関，海外機関等を含む。
（出典）科学技術振興機構（JST）ホームページ「戦略的創造研究推進事業における平成 29 年度新規研究課題の決定について」（平成 29 年 9 月 19 日）より作成
（https://www.jst.go.jp/pr/info/info1338/index.html　2019 年 7 月 15 日閲覧）

(4) 選考の観点・基準

選考基準（事前評価基準）は，「選考の観点」として，募集要項に示されています。

選考の観点

a．戦略目標の達成に貢献するものであること。
b．研究領域の趣旨に合致している（補足 1.，補足 2. 参照）こと。
c．独創的・挑戦的かつ国際的に高水準の発展が見込まれる基礎研究であって，科学技術イノベーションの源泉となる先駆的な成果（補足 3. 参照）が期待できること。
d．研究提案者は，提案研究の内容，研究姿勢や他の研究者との議論・相互触発の　取り組みを通じて，当該さきがけ・ACT-X 研究領域全体の発展ならびに関係研究分野の継続的な発展への貢献が期待できる存在であること。
e．以下の条件をいずれも満たしていること。
・研究提案の独創性は，研究提案者本人の着想によるものであること。
・研究構想の実現に必要な手掛かりが得られていること。
・個人型研究として適切な実施規模であること。

〈補 足〉

1. 項目 b. の「研究領域の趣旨」については，「第 6 章」の各研究領域の「研究領域の概要」及び「募集・選考・研究領域運営にあたっての研究総括の方針」をご参照ください。研究領域ごとの独自の選考の観点・方針や運営の方針等についても記載されています。
2. 研究課題の構成は，上記の方針等に沿って研究領域全体で最適化を図るため，研究領域として求める研究課題構成に合致するかも採択の観点の一つとなります。
3. 本事業で求める「成果」とは，「新技術」を指します。
「新技術」とは，国民経済上重要な，科学技術に関する研究開発の成果であって，「企業化開発」（商業生産で用いる企業的規模での実証試験）がまだ行われていない段階のものを言います。

※「新技術」・「企業化開発」は，国立研究開発法人科学技術振興機構法にて使われている用語です。

この他に，研究領域ごとに独自の選考の観点・方針や運営の方針等については，「研究領域の概要」および「募集・選考・研究領域運営にあたっての研究総括の方針」が募集要項に記載されています。関心がある領域部分をよく読み，研究総括の方針を分析してください。また，領域アドバイザーの構成にも注目しましょう。アドバイザーが，どのようなバックグラウンドの人か，どの分野の専門家か，どのような研究が期待されているのか，などがわかると対策が立てられます。領域アドバイザーは募集ホームページ上で順次公表されます。複数年度を調べて傾向を確認しましょう。

表 3-23　研究総括・副研究総括，領域アドバイザーおよび外部評価委員　(所属・役職は選考時のもの)

〈さきがけ〉

領域名	役職	氏名	所属機関・役職
電子やイオン等の能動的制御と反応	研究総括	関根 泰	早稲田大学　理工学術院　教授
	領域アドバイザー	雨澤 浩史	東北大学 多元物質科学研究所　教授
		五十嵐 達也	富士フイルム株式会社 R & D 統括本部　研究マネージャー
		佐藤 康司	JXTG エネルギー株式会社 中央技術研究所　グループマネージャー
		佐藤 縁	産業技術総合研究所 省エネルギー研究部門　研究グループリーダー
		里川 重夫	成蹊大学 理工学部　教授
		杉本 渉	信州大学 環境・エネルギー材料科学研究所／繊維学部　教授
		堂坂 健児	本田技研工業株式会社 日本本部 地域事業企画部 環境推進課　課長
		中井 浩巳	早稲田大学 理工学術院　教授
		中林 亮	旭化成株式会社 研究開発本部 基盤技術研究所　所長
		濱川 聡	産業技術総合研究所 材料・化学領域 研究戦略部　部長
		山下 弘巳	大阪大学 大学院工学研究科　教授
		吉田 潤一	鈴鹿工業高等専門学校　校長／京都大学　名誉教授
		吉田 朋子	大阪市立大学 複合先端研究機構　教授
		和田 雄二	東京工業大学 物質理工学院　教授／学院長
トポロジカル材料科学と革新的機能創出	研究総括	村上 修一	東京工業大学 理学院　教授
	領域アドバイザー	石坂 香子	東京大学 大学院工学系研究科　教授
		石原 照也	東北大学 大学院理学研究科　教授
		大淵 真理	株式会社富士通研究所　シニアマネージャー
		齊藤 英治	東京大学 大学院工学系研究科　教授
		笹川 崇男	東京工業大学 科学技術創成研究院　准教授
		佐藤 昌利	京都大学 基礎物理学研究所　教授
		高田 十志和	東京工業大学 物質理工学院　教授
		坪井 俊	東京大学 大学院数理科学研究科　教授
		眞子 隆志	日本電気株式会社 システムプラットフォーム研究所　技術主幹
		村木 康二	日本電信電話株式会社 NTT 物性科学基礎研究所　主幹研究員
		求 幸年	東京大学 大学院工学系研究科　教授
	外部査読者	伊藤 耕三	内閣府 革新的研究開発推進プログラム　プログラム・マネージャー 東京大学 大学院新領域創成科学研究科　教授
		尾松 孝茂	千葉大学 大学院工学研究院　教授

(次ページに続く)

領域	役職	氏名	所属・役職
熱輸送のスペクトル学的理解と機能的制御	研究総括	花村 克悟	東京工業大学 工学院 教授
	領域アドバイザー	粟野 祐二	慶應義塾大学 理工学部 教授
		大野 恵美	株式会社 IHI 資源・エネルギー・環境事業領域 主査（課長）
		木崎 幹士	トヨタ自動車株式会社 パワートレーンカンパニー チーフプロフェッショナルエンジニア
		小池 洋二	東北大学 名誉教授
		中村 真一郎	株式会社デンソー サーマルシステム開発統括部 室長
		藤田 博之	東京都市大学 総合研究所 特任教授
		船津 高志	東京大学 大学院薬学系研究科 教授
		宗像 鉄雄	産業技術総合研究所 つくば東事業所 事業所長
		森 孝雄	物質・材料研究機構 国際ナノアーキテクトニクス研究拠点 主任研究者
		森川 淳子	東京工業大学 物質理工学院 教授
		萬 伸一	日本電気株式会社 システムプラットフォーム研究所 主席技術主幹
計測技術と高度情報処理の融合によるインテリジェント計測・解析手法の開発と応用	研究総括	雨宮 慶幸	東京大学 大学院新領域創成科学研究科 特任教授
	副研究総括	北川 源四郎	東京大学 数理・情報教育研究センター 特任教授
	領域アドバイザー	石井 信	京都大学 大学院情報学研究科 教授
		伊藤 聡	物質・材料研究機構 統合型材料開発・情報基盤部門 情報統合型物質・材料研究拠点 拠点長
		伊藤 隆	首都大学東京 大学院理学研究科 教授
		長我部 信行	株式会社日立製作所 ヘルスケアビジネスユニット 理事・CSO 兼 CTO
		岸本 浩通	住友ゴム工業株式会社 研究開発本部 課長
		喜多 泰代	産業技術総合研究所 知能システム研究部門 上級主任研究員
		佐藤 寛子	情報・システム研究機構 特任准教授／チューリッヒ大学 研究員
		高尾 正敏	元 大阪大学／パナソニック
		瀧川 仁	東京大学 物性研究所 教授
		民谷 栄一	大阪大学 大学院工学研究科 教授
		寺内 正己	東北大学 多元物質科学研究所 教授
		西野 吉則	北海道大学 電子科学研究所 教授
		樋口 知之	情報・システム研究機構 統計数理研究所 所長
		福山 秀敏	東京理科大学 理事長補佐・学長補佐
	外部査読者	鳥海 光弘	海洋研究開発機構 イノベーション本部 上級研究員
		根本 知己	北海道大学 電子科学研究所 教授
量子の状態制御と機能化	研究総括	伊藤 公平	慶應義塾大学 理工学部長・教授
	領域アドバイザー	小川 哲生	大阪大学 理事・副学長
		上妻 幹旺	東京工業大学 理学院 教授
		小林 研介	大阪大学 大学院理学研究科 教授
		高橋 義朗	京都大学 国際高等教育院（大学院理学研究科併任） 教授
		谷 誠一郎	日本電信電話株式会社 NTT コミュニケーション科学基礎研究所 グループリーダ・上席特別研究員
		中村 泰信	東京大学 先端科学技術研究センター 教授
		西森 秀稔	東京工業大学 理学院 教授

（次ページに続く）

		橋本 秀樹	関西学院大学 理工学部　教授
		藤原 聡	日本電信電話株式会社 NTT 物性科学基礎研究所　部長・上席特別研究員
		古川 はづき	お茶の水女子大学 基幹研究院　教授
		萬 伸一	日本電気株式会社 システムプラットフォーム研究所　主席技術主幹
ゲノムスケールのDNA設計・合成による細胞制御技術の創出	研究総括	塩見 春彦	慶應義塾大学 医学部　教授
	領域アドバイザー	朝倉 陽子	味の素株式会社 主席研究員
		石井 浩二郎	高知工科大学 環境理工学群　教授
		今井 由美子	医薬基盤・健康・栄養研究所 感染病態制御ワクチンプロジェクトプロジェクトリーダー
		岩崎 信太郎	理化学研究所 開拓研究本部　主任研究員
		戎家 美紀	理化学研究所 生命機能科学研究センター　ユニットリーダー／EMBL Barcelona　Group Leader
		岡崎 寛	株式会社カイオム・バイオサイエンス　研究本部長
		小比賀 聡	大阪大学 大学院薬学研究科　教授
		角谷 徹仁	東京大学 大学院理学系研究科／情報・システム研究機構 国立遺伝学研究所 総合遺伝研究系　教授
		黒川 顕	情報・システム研究機構 国立遺伝学研究所 生命情報研究センター　教授
		菅野 純夫	東京医科歯科大学 難治疾患研究所　非常勤講師
		鈴木 勉	東京大学 大学院工学系研究科　教授
		二階堂 愛	理化学研究所 生命機能科学研究センター　ユニットリーダー
		広田 亨	公益財団法人がん研究会 がん研究所　部長
		横川 隆司	京都大学 大学院工学研究科　准教授
量子技術を適用した生命科学基盤の創出	研究総括	瀬藤 光利	国際マスイメージングセンター　センター長
	領域アドバイザー	石川 顕一	東京大学 大学院工学系研究科　教授
		井上 卓	浜松ホトニクス株式会社 中央研究所　室長
		岡田 康志	理化学研究所 生命システム研究センター　チームリーダー
		小澤 岳昌	東京大学 大学院理学系研究科　教授
		菊地 和也	大阪大学 大学院工学研究科　教授
		笹木 敬司	北海道大学 電子科学研究所　教授
		城石 芳博	株式会社日立製作所 研究開発グループ　技術顧問
		竹内 繁樹	京都大学 大学院工学研究科　教授
		田中 成典	神戸大学 大学院システム情報学研究科　教授
		原田 慶恵	大阪大学 蛋白質研究所　教授
		平野 俊夫	量子科学技術研究開発機構　理事長
		三木 邦夫	京都大学 名誉教授
		水落 憲和	京都大学 化学研究所　教授
		宮脇 敦史	理化学研究所　脳科学総合研究センター　チームリーダー

（次ページに続く）

生体における微粒子の機能と制御	研究総括	中野 明彦	理化学研究所 光量子工学研究センター 副センター長
	領域アドバイザー	齊藤 達哉	徳島大学 先端酵素学研究所 教授
		佐藤 健	群馬大学 生体調節研究所 教授
		塩見 美喜子	東京大学 大学院理学系研究科 教授
		芝 清隆	公益財団法人がん研究会 がん研究所 部長
		田名網 健雄	横河電機株式会社 マーケティング本部 担当部長
		渡慶次 学	北海道大学 大学院工学研究院 教授
		中戸川 仁	東京工業大学 生命理工学院 准教授
		前田 達哉	浜松医科大学 医学部 教授
		山口 茂弘	名古屋大学 トランスフォーマティブ生命分子研究所 教授
		吉森 保	大阪大学 大学院生命機能研究科 教授
生命機能メカニズム解明のための光操作技術	研究総括	七田 芳則	立命館大学 総合科学技術研究機構 客員教授／京都大学 名誉教授
	領域アドバイザー	伊佐 正	京都大学 大学院医学研究科 教授
		上田 昌宏	大阪大学 大学院生命機能研究科 教授
		大内 淑代	岡山大学 大学院医歯薬学総合研究科 教授
		太田 淳	奈良先端科学技術大学院大学 先端科学技術研究科 教授
		片岡 幹雄	奈良先端科学技術大学院大学 名誉教授／一般財団法人総合科学研究機構 中性子科学センター サイエンスコーディネーター
		高本 尚宜	浜松ホトニクス株式会社 中央研究所 室長
		寺北 明久	大阪市立大学 大学院理学研究科 教授
		寺﨑 浩子	名古屋大学 大学院医学系研究科 教授
		德富 哲	大阪府立大学 名誉教授
		能瀬 聡直	東京大学 大学院新領域創成科学研究科 教授
		森 郁恵	名古屋大学 大学院理学研究科 教授
		山中 章弘	名古屋大学 環境医学研究所 教授
革新的コンピューティング技術の開拓	研究総括	井上 弘士	九州大学 大学院システム情報科学研究院 教授
	領域アドバイザー	河野 崇	東京大学 生産技術研究所 教授
		権藤 正樹	イーソル株式会社 技術本部 取締役 CTO ／技術本部長
		竹房 あつ子	情報・システム研究機構 国立情報学研究所 アーキテクチャ科学研究系 准教授
		田中 良夫	産業技術総合研究所 情報技術研究部門 研究部門長
		谷口 忠大	立命館大学 情報理工学部 教授
		中条 薫	富士通株式会社 デジタルサービス部門 エグゼクティブ ディレクター
		中島 康彦	奈良先端科学技術大学院大学 先端科学技術研究科 副領域長・教授
		成瀬 誠	情報通信研究機構 ネットワークシステム研究所 総括研究員
		前澤 正明	産業技術総合研究所 ナノエレクトロニクス研究部門 主任研究員
		宮森 高	東芝デバイス&ストレージ株式会社 半導体研究開発センター センター長

（次ページに続く）

人とインタラクションの未来	研究総括	暦本 純一	東京大学 大学院情報学環 教授／株式会社ソニーコンピュータサイエンス研究所 副所長
	領域アドバイザー	五十嵐 健夫	東京大学 大学院情報理工学系研究科 教授
		今井 倫太	慶應義塾大学 理工学部 教授
		牛場 潤一	慶應義塾大学 理工学部 准教授
		梶本 裕之 （今年度の選考には非関与）	電気通信大学 大学院情報理工学研究科 准教授
		川原 圭博	東京大学 大学院情報理工学系研究科 准教授
		楠 房子	多摩美術大学 美術学部 教授
		小池 英樹	東京工業大学 情報理工学院 教授
		武田 浩一	名古屋大学 大学院情報学研究科 教授／名古屋大学 附属価値創造研究センター センター長
		林 千晶	株式会社ロフトワーク 代表取締役
		山岸 典子	国立研究開発法人情報通信研究機構 脳情報通信融合研究センター 主任研究員
新しい社会システムデザインに向けた情報基盤技術の創出	研究総括	黒橋 禎夫	京都大学 大学院情報学研究科 教授
	領域アドバイザー	相澤 彰子	情報・システム研究機構 国立情報学研究所 コンテンツ科学研究系 教授
		今井 浩	東京大学 大学院情報理工学系研究科 教授
		尾形 哲也	早稲田大学 理工学術院 教授
		鹿島 久嗣	京都大学 大学院情報学研究科 教授
		加藤 由花	東京女子大学 現代教養学部 教授
		河口 信夫	名古屋大学 未来社会創造機構 教授
		角田 達彦	東京医科歯科大学 難治疾患研究所 教授
		原 隆浩	大阪大学 大学院情報科学研究科 教授
		東中 竜一郎	日本電信電話株式会社 NTT メディアインテリジェンス研究所 主任研究員
		松井 充	三菱電機株式会社 開発本部 役員技監
		山田 敬嗣	日本電気株式会社 中央研究所 理事／価値共創センター長

（出典）科学技術振興機構（JST）ホームページ「平成 30 年度 戦略的創造研究推進事業（さきがけ）の新規研究課題及び評価者について 研究総括・副研究総括，領域アドバイザーおよび外部評価委員」
（https://www.jst.go.jp/kisoken/presto/application/2018/180918/180918-2presto.pdf 2019 年 7 月 15 日閲覧）

(5) 提案書の様式・作成要領

「さきがけ」の提案様式は，CREST よりシンプルです。

表 3-24　さきがけ提案書様式一覧

様式番号	書類名
様式 1	研究提案書表紙（1 ページ以内）
様式 2-1	研究提案の要旨（2 ページ以内）
様式 2-2	研究提案者の主要業績（1 ページ以内）
様式 3-1	研究構想（6 ページ以内）
様式 3-2	研究のスケジュール（1 ページ以内）
様式 4	業績リスト・過去の研究代表実績
様式 5	他制度での助成等の有無
様式 6	人権の保護および法令等の遵守への対応
様式 7	特記事項（2 ページ以内）

（出典）科学技術振興機構（JST）「2019 年度戦略的創造研究推進事業さきがけ研究提案書　記入要領」より作成

以下，効果的な記述のためのキーワードを抜き出してみましょう。

表 3-25　さきがけ提案書様式と記入要領

研究提案の要旨 （様式 2 − 1）	・A4 用紙 2 ページ以内（厳守） ・10.5 ポイント以上の文字を使用。 ・研究領域の趣旨に合致しているか。 ・研究領域の目的達成への貢献が見込めるか。 ・さきがけ制度の趣旨に合致しているか。 ・評価者が理解しやすいよう，必要に応じて図表（カラー可）を入れる。
研究構想 （様式 3 − 1）	・評価者が理解しやすいように記述。 ・必要に応じて図表（カラー可）も用いる。 ・A4 用紙 6 ページ以内（厳守）。 ・10.5 ポイント以上の文字を使用。 ・提案者自身の業績と研究提案との関係が明確。
1. 研究の背景・目的 （様式 3 − 1）	・研究構想に至った背景・経緯。 ・本研究構想の目的を具体的に記述。 ・どのような新技術のシーズ（新しい発見・発明）が創出されうるかを具体的に記述。 ・科学技術上のインパクトや，それが導く社会のあり方の変化についての考え方を簡潔に記述。 ・科学技術イノベーション創出の観点。 ・研究成果によって直接的に得られる科学技術上のインパクトについても具体的に記入。
2. 研究期間内の達成目標 （様式 3 − 1）	・研究終了時点での研究成果の目標（100 字以内）
3. 研究計画とその進め方 （様式 3 − 1）	・具体的な研究項目と，その進め方（予想される問題点とその解決策を含む）を主要な研究項目ごとに記述。 ・研究を進めるうえでの手掛かりとしての予備的な知見・データがあれば説明。 ・「提案先研究領域の研究者，あるいは関連分野の研究者とどのように相互触発を図り，自身の研究構想を進展させたいか」を説明。 ・必要に応じ，評価者が研究内容を理解するために必要と思われる用語の説明を適宜付す。

4. 国内外の類似研究との比較，および研究の独創性・新規性（様式3－1）	・国内外の研究の現状と動向。 ・世界の中での本研究構想の位置付け（ポジション）。 ・独創性・新規性・優位性。 ・必要に応じ，競合研究の具体的な内容も説明。 ・どのような点で挑戦性を有するか説明。
5. 研究の将来展望（様式3－1）	・将来もたらしうる科学技術へのインパクトを具体的に記述。 ・将来における研究成果と社会との接点（例えば，新技術の創出，知的財産の取得・活用，または社会への普及・受容等）についての考えを説明。

（出典）科学技術振興機構（JST）「2019年度戦略的創造研究推進事業さきがけ研究提案書　記入要領」より作成

(6) 採択のポイント

さきがけ提案記入要領のキーワードも参考にしつつ，図表を入れてビジュアルにするとともに，研究の重要性について，専門家にも専門外の審査員にも印象に残るように書くことが大切です。また，データをもとに，定量的に，研究の効果，他の研究者との比較の意味で，研究計画の重要性・比較優位性を示すことを意識しましょう。

さきがけ取得後は，同じ領域内の研究者と交流ができ，刺激に富んだ研究生活が待っています。若い研究者の方々は，ぜひチャレンジしてください。

5. 若手研究者・女性研究者の活躍促進

表3-26をご覧ください。平成30年度の応募数に占める女性比率は，CRESTで約5～6%，さきがけで9～10%で，また採択者に占める女性比率はそれぞれ2～5%，10～12%です。

JSTでは，ダイバーシティの推進を図るとともに，ワーク・ライフ・バランス確保も目指しています。例えば，ライフイベント（出産・育児・介護）に際し研究開発を継続できること，また一時中断せざるを得ない場合は，可能となった時点で研究開発に復帰し，キャリア継続を図ることができることを目的とした，研究とライフイベントとの両立支援策（当該研究者の研究開発の促進や負担軽減のために使用可能な男女共同参画費の支援）を実施しています。また，理系女性のロールモデルを公開しています。詳しくは以下のウェブサイトをご参照ください。

CREST・さきがけにおけるダイバーシティ推進に向けた取り組み
https://www.jst.go.jp/kisoken/crest/nadeshiko/index.html
JSTダイバーシティの取り組み
https://www.jst.go.jp/diversity/index.html

また，2019年度より，採択時または研究期間中に，さきがけ研究者が自立的に研究を行えるよう，環境整備費の申請を受け付けています。

表 3-26　CREST およびさきがけの応募・採択状況（男女別）

CREST 応募・採択状況（男女別）

	平成 29 年度				平成 30 年度			
	男性	女性	合計	女性比率	男性	女性	合計	女性比率
応募数	518	32	550	5.8%	551	30	581	5.2%
採択数	56	1	57	1.8%	53	3	56	5.4%
採択率	10.8%	3.1%	10.4%		9.6%	10.0%	9.6%	

さきがけ応募・採択状況（男女別）

	平成 29 年度				平成 30 年度			
	男性	女性	合計	女性比率	男性	女性	合計	女性比率
応募数	1,201	128	1,329	9.6%	1,088	105	1,193	8.8%
採択数	128	18	146	12.3%	113	13	126	10.3%
採択率	10.7%	14.1%	11.0%		10.4%	12.4%	10.6%	

（出典）CREST（平成 29 年度分）
科学技術振興機構（JST）ホームページ「戦略的創造研究推進事業」（CREST）「ナノスケール・サーマルマネージメント基盤技術の創出」研究領域における平成 29 年度新規研究課題の決定について（平成 29 年 10 月 16 日）より作成
（https://www.jst.go.jp/pr/info/info1276/index.html　2019 年 7 月 15 日閲覧）
さきがけ（平成 29 年度分）
科学技術振興機構（JST）ホームページ「戦略的創造研究推進事業における平成 29 年度新規研究課題の決定について」（平成 29 年 9 月 19 日）より作成
（https://www.jst.go.jp/pr/info/info1288/index.html　2019 年 7 月 15 日閲覧）
CREST・さきがけ（平成 30 年度分）
科学技術振興機構（JST）ホームページ「戦略的創造研究推進事業における平成 30 年度新規研究課題の決定について」（平成 30 年 9 月 18 日）より作成
（https://www.jst.go.jp/pr/info/info1338/index.html　2019 年 7 月 15 日閲覧）

1.2.1　若手研究者の積極的な参画・活躍について

さきがけ・ACT-X・CREST への応募を検討されているみなさまへ

本事業は，科学技術イノベーションに貢献する卓越した新技術シーズの創出を目的とし，新技術シーズの創出が，社会の活性化や国民生活の向上へと発展することを期待しています。そして，科学技術イノベーションの持続的創出には，大学・研究機関・企業などで研究開発を担う若手研究者の活躍機会の拡充が，従来にも増して重要になっています。

「さきがけ」では，これまでにも多くの若手研究者がご自身で発案し計画した研究を推進してきました。研究領域の研究総括と領域アドバイザーに『メンター』の役割を担っていただき，研究者間の交流を図り，切磋琢磨していただく場を形成しています。研究開発における創造力の醸成と科学技術の継続的発展のためには，若手研究者の意欲的な活躍が不可欠であり，若い世代の皆さんの積極的なご応募をお待ちしております。

「ACT-X」は，若手研究者が優れた成果を収めて研究者としての『個を確立』されることをご支援するために，2019 年度に新設したプログラムです。大学院修士課程以上の学生も採択対象に含みます。研究への意欲を高めている大学院生の皆さん，研究者キャリアを始めて間もない若手の皆さん，企業の若手研究者の皆さんは，是非，「ACT-X」を活用して，ご自身の構想に基づく研究に挑戦してください。

「CREST」は，研究代表者を中心にチーム研究を行うプログラムであり，多数の若手研究者にも参画していただいています。研究代表者の皆さんには，若手研究者が自律的に研究を進め，良い研究成果を収めるとととともに，将来，各方面で一層の活躍ができるよう，育成にもご尽力頂けますようお願いいたします。JST としても，国内外での交流など，若手育成に貢献する取り組みを引き続き進めて参ります。

若手研究者の皆さんが，本事業を活用して挑戦的な研究開発に取り組み，活躍の場を一段と広げられることを心から期待しております。

国立研究開発法人科学技術振興機構
理事　後藤　吉正

（出典）「2019 年度戦略的創造研究推進事業（CREST・さきがけ・ACT-X）募集要項」（科学技術振興機構（JST））

1.2.3 ダイバーシティの推進について

JST はダイバーシティを推進しています！

科学技術イノベーションをもたらす土壌には「ダイバーシティ（多様性）」が必要です。年齢，性別，国籍を問わず，多様な専門性，価値観等を有する人材が参画し，アイデアを出し合い，共創，共働してこそ新しい世界を拓くことができます。JST は，あらゆる科学技術においてダイバーシティを推進することにより未来社会の課題に取り組み，我が国の競争力強化と心の豊かさの向上に貢献していきます。国連の持続可能な開発目標（SDGs）においてもジェンダー平等をはじめダイバーシティとも深く関わりのある目標が掲げられており，国内のみならず世界共通の課題解決にも貢献していきます。

現在，女性の活躍が「日本最大の潜在力」として成長戦略の中核に位置づけられています。研究開発においても，女性の参画拡大が重要であり，科学技術イノベーションを支える多様な人材として女性研究者が不可欠です。JST は女性研究者の積極的な応募に期待しています。JST では，従来より実施している「出産・子育て・介護支援制度」について，利用者である研究者の声に耳を傾け，研究復帰可能な環境づくりを図る等，制度の改善にも不断に取り組んでいます。

新規課題の募集と審査に際しては，多様性の観点も含めて検討します。

研究者の皆様，積極的なご応募をいただければ幸いです。

国立研究開発法人科学技術振興機構
理事長　濵口　道成

みなさまからの応募をお待ちしております

多様性は，自分と異なる考えの人を理解し，相手と自分の考えを融合させて，新たな価値を作り出すためにあるという考えのもと，JST はダイバーシティを推進しています。これは国内の課題を解決するだけでなく，世界共通の課題を解決していくことにつながり，海外の機関と協力しながらダイバーシティ推進を通して SDGs 等地球規模の社会課題に取り組んでいきます。

JST のダイバーシティは，女性はもちろんのこと，若手研究者と外国人研究者も対象にしています。一人ひとりが能力を十分に発揮して活躍できるよう，研究者の出産，子育てや介護について支援を継続し，また委員会等についてもバランスのとれた人員構成となるよう努めています。幅広い人たちが互いに切磋琢磨する環境を目指して，特にこれまで応募が少なかった女性研究者の方々の応募を歓迎し，新しい価値の創造に取り組みます。

女性研究者を中心に，みなさまからの積極的な応募をお待ちしております。

国立研究開発法人科学技術振興機構
副理事　経営企画部ダイバーシティ推進室長　渡辺 美代子

（出典）「2019 年度戦略的創造研究推進事業（CREST・さきがけ・ACT-X）募集要項」（科学技術振興機構（JST））

〈研究者インタビュー〉

(独)物質・材料研究機構　高橋有紀子主任研究員（当時）

「スピントロニクスデバイス用室温ハーフメタルの探索」（平成 19 年度採択）

「さきがけは 1 回落ちて，2 回目の応募で通りました。研究内容は 1 回目と 2 回目はほとんど同じなのですが，領域の選定と申請書に書く文言の表現が 1 回目はふさわしくなかったと思います。2 回目に応募した領域は，「革新的次世代デバイスを目指す材料とプロセス」です。「革新的」「次世代」という単語が象徴するように新規的で挑戦的な語感を申請書に盛り込みました。

1 回目の領域会議のときは，私は産休中だったので参加できませんでしたが 2 回目の淡路島で行われたときは参加しました。遠かったです（笑）。総括の先生は指導力があり，いい方向に研究を導いてくれ，また他の研究者とのディスカッションはとても刺激になりました。ここから共同研究に発展することもあると思います。

さきがけは女性研究者が出産しても研究を続けやすいように，産休制度を設けています。3 年間の研究期間は，産休を取った分だけ延長できます。このようなバックアップ体制があるので，女性は出産しても研究を続けられると思います。両立はできるので，もし迷っている女性がいたら研究を続ける方向に考えてほしいですね」（高橋有紀子氏・談）

Column ■ FAQ 1

Q．面接のときは研究内容をしっかり答えられれば服装は関係ないですか。

A．確かに研究内容をきちんと説明できることが第一ですが，服装はなんでもいいというわけではありません。面接官には，研究を最後まで遂行できる人か，リーダーシップがある人か，社会人として責任を持てるまっとうな人かも見られています。そのためには服装は大事です。みなさんスーツを着る機会が少ないため，あまり持っていないようですが，自分に自信が持てるようなスーツ（もしくはジャケットとスカートの組み合わせ）を着ていきましょう。「いかにも」というリクルートスーツは，キャリアの少ない印象を与えます。大型プロジェクトを動かすのであれば，それにふさわしく堂々とした人物と見られる勝負服を着るべきです。（東北大学大学院　大隅典子教授・談）

第 3 節 ❖ 未来社会創造事業

1. 制度の概要

未来社会創造事業は，平成 29 年度から開始され，社会・産業ニーズを踏まえ，経済・社会的にインパクトのあるターゲット（ハイインパクト）を明確に見据えた技術的にチャレンジングな目標（ハイリスク）を設定します。戦略的創造研究推進事業や科学研究費助成事業等の有望な成果の活用を通じて，実用化が可能かどうかを見極められる段階（概念実証：POC：Proof Of Concept）を目指した研究開発を実施します。令和元（2019）年度の予算額は 65 億円です。

その研究開発においては，斬新なアイデアの取り込み，事業化へのジャンプアップ等を柔軟かつ迅速に実施可能とするような研究開発運営を採用しています。

本事業は異なる 2 つのアプローチ，「探索加速型」と「大規模プロジェクト型」で構成されています。また，研究開発を複数のステージに分け，各ステージでの評価に基づいて研究開発課題の続行又は廃止が決定される「ステージゲート方式」が導入されています。

「探索加速型」では，「重点公募テーマ」に係る研究開発を，探索研究から本格研究へと段階的に進めることを原則としています。探索研究は，スモールスタート方式（研究開発課題を採択時には比較的少額の課題を多数採択する仕組み）で多くの斬新なアイデアを公募して取り入れ，その実現可能性を見極めます。探索研究から本格研究へ移行する際や，本格研究で実施している研究開発課題を絞り込むことで，最適な研究開発課題編成・集中投資を行います。

探索研究の研究開発期間は最大 3 年程度，研究開発費（直接経費）総額は 1 課題あたり 4,500 万円です。本格研究の研究開発期間は最大 5 年程度，研究開発費総額は 1 課題あたり 15 億円であり，資金額の規模がかなり大きくなります。

「大規模プロジェクト型」では，現在の技術体系を変え，将来の基盤技術として文部科学省が特定した「技術テーマ」に係る研究開発課題に集中的に投資します。民間投資の誘発を図るため，研究開発途上からの企業等の資金導入を求めます。

技術実証研究の研究開発期間は最大約 9 年半，1 課題あたりの研究開発費総額は 1 〜 4 年度が 9 〜 14 億円，5 〜 10 年度が 18 〜 28 億円と規模が大きい投資が行われます。

研究開発の期間および研究開発費は，重点公募テーマ・技術テーマにより異なります。

スキームを図 3-9 に示します。

図 3-9　未来社会創造事業スキーム

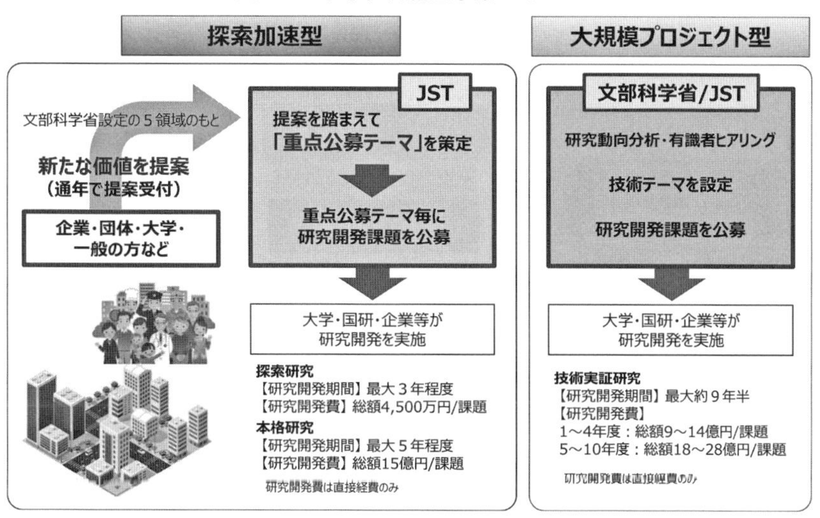

（出典）科学技術振興機構（JST）ホームページ「未来社会創造事業　事業紹介」
（https://www.jst.go.jp/mirai/jp/about/index.html　2019 年 7 月 16 日閲覧）

本事業では，事業統括のもと，運営統括が任命され，領域または技術テーマの長として，採択課題の決定，研究開発計画の調整，研究開発への指導・助言，課題評価，その他必要な手段を通して領域の研究開発マネージメントを行います。ガバナンス体制を図 3-10 に示します。

図 3-10　未来社会創造事業ガバナンス体制

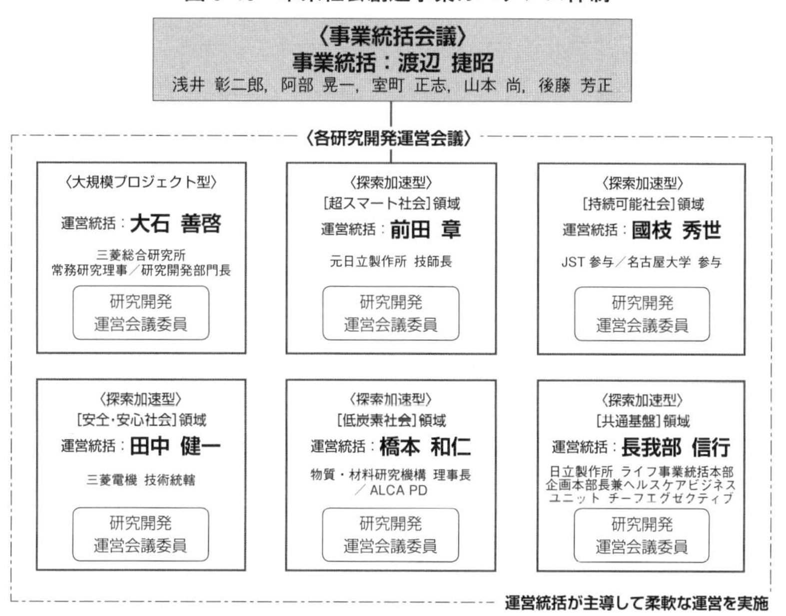

（出典）科学技術振興機構（JST）ホームページ「未来社会創造事業　事業紹介」
（https://www.jst.go.jp/mirai/jp/about/index.html　2019 年 7 月 16 日閲覧）

表 3-27　未来社会創造事業　領域とテーマ

探索加速型
「超スマート社会の実現」領域
平成 29（2017）年度発足
運営統括：前田 章（元 株式会社日立製作所 ICT 事業統括本部　技師長）
「持続可能な社会の実現」領域
平成 29（2017）年度発足
運営統括：國枝 秀世（国立研究開発法人科学技術振興機構　参与／名古屋大学　参与）
「世界一の安全・安心社会の実現」領域
平成 29（2017）年度発足
運営統括：田中 健一（三菱電機株式会社 開発本部　技術統轄）
「地球規模課題である低炭素社会の実現」領域
平成 29（2017）年度発足
運営統括：橋本 和仁（国立研究開発法人物質・材料研究機構　理事長）
「共通基盤」領域
平成 30（2018）年度発足
運営統括：長我部 信行（株式会社日立製作所 ライフ事業統括本部　企画本部長 兼 ヘルスケアビジネスユニット チーフエグゼクティブ）
大規模プロジェクト型
大規模プロジェクト型
平成 29（2017）年度発足
運営統括：大石 善啓（株式会社三菱総合研究所　常務研究理事／研究開発部門長）

（出典）科学技術振興機構（JST）ホームページ「未来社会創造事業　領域とテーマ」
（https://www.jst.go.jp/mirai/jp/program/index.html　2019 年 7 月 16 日閲覧）

2. 事業の流れ

2019 年度において，公募は 5 月 15 日～ 7 月 24 日に行われました。2018 年度は 6 月 12 日～ 7 月 31 日に行われましたので，JST 未来社会創造事業のホームページや e-Rad 公募情報で毎年度公募時期を確認してください。書類選考は 8 月上旬～ 9 月中旬，面接選考は 8 月下旬～ 10 月上旬，採択課題の通知・発表は 11 月上旬，研究開発開始は 11 月上旬以降に予定されています。

令和元（2019）年度の募集対象の領域・重点公募テーマ・技術テーマは，探索加速型では，「超スマート社会の実現」，「持続可能な社会な社会の実現」，「世界一の安全・安心社会の実現」，「地球規模課題である低炭素社会の実現」，「共通基盤」，大規模プロジェクト型では，「センサ用独立電源として活用可能な革新的熱電変換技術」です。詳細は，表 3-28 をご覧ください。

表 3-28　令和元（2019）年度　未来社会創造事業　募集対象となる領域・重点公募テーマ・技術テーマ

タイプ	募集対象
探索加速型（探索研究）	**「超スマート社会の実現」領域**（運営統括：前田 章） サイバーとフィジカルの高度な融合に向けたAI技術の革新〈新規〉
	「持続可能な社会の実現」領域（運営統括：國枝 秀世） 1. 将来の環境変化に対応する革新的な食料生産技術の創出 2. モノの寿命の解明と延伸による使い続けられるものづくり〈新規〉
	「世界一の安全・安心社会の実現」領域（運営統括：田中 健一） 1. 生活環境に潜む微量な危険物から解放された安全・安心・快適なまちの実現 2. 食・運動・睡眠等日常行動の作用機序解明に基づくセルフマネジメント〈新規〉
	「地球規模課題である低炭素社会の実現」領域（運営統括：橋本 和仁） 「ゲームチェンジングテクノロジー」による低炭素社会の実現
	「共通基盤」領域（運営統括：長我部 信行） 革新的な知や製品を創出する共通基盤システム・装置の実現
大規模プロジェクト型	（運営統括：大石 善啓） センサ用独立電源として活用可能な革新的熱電変換技術〈新規〉

（出典）科学技術振興機構（JST）ホームページ「未来社会創造事業　令和元年度募集要項」
（https://www.jst.go.jp/mirai/jp/uploads/application-guideline-h30.pdf　2019年7月19日閲覧）

3. 採択課題数・採択率

平成30（2018）年度の重点公募テーマと新規採択課題数を表3-29に示します。

表 3-29　未来社会創造事業　平成30（2018）年度研究開発課題（新規課題数）

〈探索加速型　重点公募テーマ（探索研究）〉	**課題数**
「超スマート社会の実現」領域（運営統括：前田 章）	
多種・多様なコンポーネントを連携・協調させ，新たなサービスの創生を可能とするサービスプラットフォームの構築	3
サイバー世界とフィジカル世界を結ぶモデリングとAI	7
「持続可能な社会の実現」領域（運営統括：國枝 秀世）	
新たな資源循環サイクルを可能とするものづくりプロセスの革新	5
労働人口減少を克服する“社会活動寿命”の延伸と人の生産性を高める「知」の拡張の実現	5
将来の環境変化に対応する革新的な食料生産技術の創出	7
「世界一の安全・安心社会の実現」領域（運営統括：田中 健一）	
ひとりひとりに届く危機対応ナビゲーターの構築	2
ヒューメインなサービスインダストリーの創出	6
生活環境に潜む微量な危険物から解放された安全・安心・快適なまちの実現	4
「地球規模課題である低炭素社会の実現」領域（運営統括：橋本 和仁）	
「ゲームチェンジングテクノロジー」による低炭素社会の実現	7
「共通基盤」領域（運営統括：長我部 信行）	
革新的な知や製品を創出する共通基盤システム・装置の実現	13
〈大規模プロジェクト型　技術テーマ〉	
（運営統括：林 善夫）	
通信・タイムビジネスの市場獲得等につながる超高精度時間計測	1
Society5.0の実現をもたらす革新的接着技術の開発	1
未来社会に必要な革新的水素液化技術	1
合　　　　　計	62

（出典）科学技術振興機構（JST）ホームページ「未来社会創造事業（探索加速型・大規模プロジェクト型）平成30年度新規研究開発課題の決定について」（平成30年11月15日）
（https://www.jst.go.jp/pr/info/info1346/index.html　2019年7月16日閲覧）

平成30年度（かっこ内は，29年度）の応募数は704件（621件），採択数は62件（55件），8.8%（8.9%）の採択率（倍率11倍）であり，狭き門です。

平成30（2018）年度と29（2017）年度の所属組織別の応募数，採択数，採択率を表3-30に，平成30年度の組織別割合を図3-11に示します。

採択率は，大学が10%弱で一番高く，企業等と独法等は30年度，29年度で採択率が入れ替わっています。

表3-30　未来社会創造事業　応募数，採択数，採択率（組織別）

〈代表機関数注1)〉

	平成30年度					平成29年度				
	大学等	企業等	独法等	その他	合計	大学等	企業等	独法等	その他	合計
応募数	550	41	108	5	704	500	46	70	5	621
採択数	53	3	6	0	62	49	2	4	0	55
採択率	9.6%	7.3%	5.6%	0.0%	8.8%	9.8%	4.3%	5.7%	0.0%	8.9%

注1）代表機関のみを集計したもの。

図3-11　応募数，採択数（組織別）
平成30年度未来社会創造事業

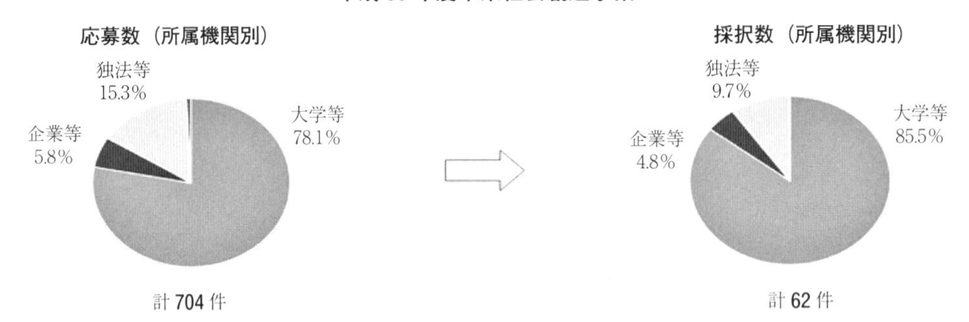

（出典）科学技術振興機構（JST）ホームページ
「未来社会創造事業（探索加速型・大規模プロジェクト型）　平成30年度新規研究開発課題の決定について
別紙2　応募数・採択数，属性別比較」（平成30年11月15日）より作成
（https://www.jst.go.jp/pr/info/info1346/besshi2.html　2019年7月18日閲覧）
「未来社会創造事業（探索加速型・大規模プロジェクト型）　平成29年度新規研究開発課題の決定について
別紙2　応募数・採択数，属性別比較」（平成29年10月31日）より作成
（https://www.jst.go.jp/pr/info/info1290/besshi2.html　2019年7月18日閲覧）

男女別では，平成30年度（かっこ内は29年度）の応募者・採択者数に占める女性比率は，それぞれ5.0%（5.6%），8.1%（5.5%），採択率は14.3%（8.6%）でした。平成30年度は女性の採択率が男性を上回っていますが，全体応募数・採択数が一桁の割合です。科学技術で未来社会を創造する事業の趣旨に照らして，より多くの女性の参加・活躍が期待されます。

表 3-31　未来社会創造事業　応募数，採択数，採択率（男女別）

	平成 30 年度採択				平成 29 年度採択			
	男性	女性	合計	女性比率	男性	女性	合計	女性比率
応募数	669	35	704	5.0%	586	35	621	5.6%
採択数	57	5	62	8.1%	52	3	55	5.5%
採択率	8.5%	14.3%	8.8%		8.9%	8.6%	8.9%	

（出典）科学技術振興機構（JST）ホームページ
「未来社会創造事業（探索加速型・大規模プロジェクト型）平成 30 年度新規研究開発課題の決定について
別紙 2　応募数・採択数，属性別比較」（平成 30 年 11 月 15 日）より作成
（https://www.jst.go.jp/pr/info/info1346/besshi2.html　2019 年 7 月 18 日閲覧）
「未来社会創造事業（探索加速型・大規模プロジェクト型）平成 29 年度新規研究開発課題の決定について
別紙 2　応募数・採択数，属性別比較」（平成 29 年 10 月 31 日）より作成
（https://www.jst.go.jp/pr/info/info1290/besshi2.html　2019 年 7 月 18 日閲覧）

未来社会創造事業の募集要項においても，科学技術振興機構（JST）のダイバーシティ推進の方針，ライフイベントへの対応，男女共同参画費の支援等が明記されています。内容は，第 3 章第 2 節　戦略的創造研究推進事業（p. 62）と同じです。

4. 選考の観点・基準

表 3-32　未来社会創造事業　選考基準（共通）

選考基準（事前評価基準）

未来社会創造事業（探索加速型・大規模プロジェクト型）に共通の選考基準は，以下のとおりです。（探索加速型（本格研究）及び大規模プロジェクト型の提案内容には，1. ～ 5. の全ての項目を満たしていることが必要です。）

探索加速型（本格研究）および大規模プロジェクト型 共通
1. 目標は明確で概念実証（POC）を目指すものか
概念実証（POC）を明確に定義し，客観的に成否の判断が可能な体裁で目標（及びマイルストーン）が設定されているか。またその目標は重点公募テーマ・技術テーマの趣旨に即しているか。
2. ハイインパクトかどうか
上記 1. で定義された概念実証（POC）達成の必要性，すなわちこれまでにない社会・経済的インパクト及びそれに対する社会・産業のニーズ等がエビデンスに基づいて具体的に検証されているか。
3. 挑戦的かつリスクが理解されているか
概念実証（POC）達成のためのボトルネック（技術的課題と難易度，社会実装にあたっての課題と難易度）が明確に認識され，かつ達成に向けたリスクが的確に理解されているか。
4. 研究開発計画・構想が妥当か
上記 3. ボトルネックの解決のための方法，すなわち研究開発計画※が妥当であるか。また，研究終了後のビジョン（ビジネスモデル等）を見据えた活動を計画しているか。 ※「大規模プロジェクト型」では産業界の参画が具体性をもって計画されていること。 ※研究開発代表者（PL ／ PM）の資質は，研究開発構想の一環として，探索加速型・大規模プロジェクト型の選考基準の補足に従って評価する。
5. 研究開発代表者の資質・実績が妥当か
本項目については，次項の「(2) 選考基準の補足」をご確認ください。

（出典）科学技術振興機構（JST）「未来社会創造事業　令和元年度募集要項」
（https://www.jst.go.jp/mirai/jp/uploads/application-guideline-h30.pdf　2019 年 7 月 19 日閲覧）

また，上記を踏まえた，大規模プロジェクト型・探索加速型のそれぞれの選考基準の補足は，以下のとおりです。

表 3-33　未来社会創造事業　大規模プロジェクト型の選考基準の補足

大規模プロジェクト型は，選考基準を踏まえて，以下の項目により選考を行います。

1. 目標は明確で概念実証（POC）を目指すものか ・概念実証（POC）を目指した目標（及びマイルストーン）設定が明確にされていること。 ・目標達成時に，実用化が可能かどうかを見極められるよう，企業等の他者に概念実証（POC）を具体的に証明・提示する研究開発計画であること。
2. ハイインパクトかどうか ・概念実証（POC）後の展開につなげていくビジョンや，我が国の将来の社会・産業に革新をもたらすアウトカムが描けており，合理的なものであること。 ・目標及び描くアウトカムが実現すれば我が国の将来の社会・産業に大きな革新をもたらす（ハイインパクトな）ものであること。 ※インパクトは，可能な限り，エビデンスに基づいて具体的に示されることが望ましい。
3. 挑戦的かつリスクが理解されているか ・目標設定は，ボトルネック（技術的課題と難易度）をクリアするに足る，挑戦的で高いものであること。（研究開発成果が，企業や投資家等に「驚きを持って迎えられる」ことが期待されるか。） ・目標達成に向けたリスクが的確に認識されていること。 ・リスクを踏まえた，目標達成の可能性が合理的に示されていること。
4. 研究開発計画・構想が妥当か ・目標達成を目指した妥当な研究開発計画（研究開発体制及びステージゲートの設定を含む）であること。 ・我が国のトップレベルの研究開発力及び知識を結集できること。また，優れた公開成果（論文等）も期待できること。 ・概念実証（POC）後の展開につなげていくビジョンを基に，企業連携，ベンチャー起業または他事業への研究開発の継承及び研究開発を継続できる人材育成などの出口等につながる取組を計画していること。 ・産業界の参画が具体性をもって計画されていること。
5. PM の資質・実績が妥当か ・卓越した構想力，知見，企画力及びマネジメント能力。 ・技術テーマに関する専門的知見や理解力。国内外のニーズや研究開発動向の把握能力。 ・幅広い技術や市場動向の俯瞰力。複眼的な視点での事業化構想力。 ・研究者はもとより，関係者全てとの十分なコミュニケーション能力。目標達成に向けたリーダーシップ性。 ・産学官の専門家とのネットワークと技術情報収集力。 ・ハイインパクトなイノベーションを成し遂げようとする意欲。 ・自らの研究開発構想について，対外的にわかりやすく説明する力。

〈補足〉

1. 「2.2.2（5）1）選考基準（事前評価基準）」の項目 1.「重点公募テーマ・技術テーマの趣旨」については，募集要項別紙・第 6 章「募集対象となる重点公募テーマ・技術テーマ」
https://www.jst.go.jp/mirai/jp/uploads/application-guideline-r01-c6.pdf をご参照ください。重点公募テーマ・技術テーマごとの独自の選考の観点・方針や運営の方針等についても記載されています。
2. 研究開発費の「不合理な重複」ないし「過度の集中」にあたるかどうかも，選考の要素となります。詳しくは，「4.2 不合理な重複・過度の集中に対する措置」をご参照ください。
3. JST が研究開発者の利益相反のマネジメントを行うにあたり，提案書とは別に，別途資料を提出いただく場合があります。（例：大規模プロジェクト型において，PM が，PM と利害関係にある機関を共同研究グループに参画させようとする場合 等）

（出典）科学技術振興機構（JST）「未来社会創造事業　令和元年度募集要項」
（https://www.jst.go.jp/mirai/jp/uploads/application-guideline-h30.pdf　2019 年 7 月 19 日閲覧）

表 3-34　未来社会創造事業　探索加速型の選考基準の補足

探索加速型の探索研究は，選考基準を踏まえて，以下の項目により選考を行います。
本格研究の採択については，探索研究の事後評価に基づき選考を行うことになります。

1. 目標は明確で概念実証（POC）を目指すものか ・目指す概念実証（POC）が可能な範囲で明確に定義され，それは重点公募テーマの核心を捉えていること。 ・概念実証（POC）の成否の判断が可能な体裁で，社会・産業上のチャレンジングな目標，及び技術的にチャレンジングな目標（及びマイルストーン）が可能な範囲で具体的に説明され，重点公募テーマの核心を捉えていること。
2. ハイインパクトかどうか ・提案する概念実証（POC）の達成に対する社会・経済的インパクトが大きい（実現すれば我が国の将来の社会・産業に革新をもたらす）ことや，社会・産業ニーズがあることが，エビデンスに基づいて具体的に検証されている，または検証するためのプロセスが検討されていること。
3. 挑戦的かつリスクが理解されているか ・提案する概念実証（POC）を達成するためのボトルネック（技術的課題と難易度，社会実装にあたっての課題と難易度）が明確に説明されている，または検証するためのプロセスが検討されていること。 ・目標設定は，ボトルネック（技術的課題と難易度）をクリアするに足るものであって，国内外の研究開発動向に鑑み挑戦的で高いものであること。（研究開発成果が，社会や企業・投資家等に「驚きを持って迎えられる」ことが期待されること。） ・提案する概念実証（POC）の達成に向けたリスクが的確に認識され，達成の可能性が合理的に示されている，またはそれらを検証するためのプロセスが検討されていること。
4. 研究開発・計画構想が妥当か ・提案する概念実証（POC）を達成するための研究開発計画（実施体制・予算・ステージゲートの設定等）が構想されていること。 ※ 上記においては，少なくとも探索研究の達成目標および達成のための計画（実施体制・予算等）が具体的かつ妥当であること ・計画や手法，道程等に独創的な内容が含まれること。 ・研究成果の展開（POC の先のコストや時間等を含むビジネスモデル，企業への引き渡し等）を見据えた活動の計画が検討されていること。

（出典）科学技術振興機構（JST）「未来社会創造事業　令和元年度募集要項」
（https://www.jst.go.jp/mirai/jp/uploads/application-guideline-h30.pdf　2019 年 7 月 19 日閲覧）

5. 提案書の様式・作成要領

ここでは，「探索加速型」の研究開発提案書について見てみましょう。要素技術を対象にした「探索加速型（要素技術タイプ）」や「大規模プロジェクト型」とは様式が異なるので募集要項・提案書様式をよく読み，確認してください。

「探索加速型」の提出書類の一覧を表 3-35 に示します。

表 3-35　未来社会創造事業　探索加速型　提案書様式

様式番号	書類名
様式 1	研究開発提案書・表紙
様式 2	研究開発課題の全体構想
様式 3	探索研究の研究開発計画
様式 4	研究開発予算計画
様式 5	研究開発提案者
様式 6	他制度での助成等の有無
様式 7	人権の保護および法令等の遵守への対応
様式 8	照会先
様式 9 （提出任意）	コーディネータ等の橋渡し人材または企業担当者の見解

（出典）科学技術振興機構（JST）「未来社会創造事業　令和元年度募集要項」より作成
（https://www.jst.go.jp/mirai/jp/uploads/application-guideline-h30.pdf　2019 年 7 月 19 日閲覧）

「探索加速型」の提案様式のうち，様式 2 と 3 の記入要領からキーワードを抜き出してみましょう。なお，以下は記入要領からの抜粋ですので，実際に提案書を作成する場合は，募集要項の提案様式・記入要領を熟読し，求められている内容を漏れなく，審査委員の正確な理解を助けるように記述します。

表 3-36　未来社会創造事業　様式 2・3 記入要領

研究開発課題の全体構想（様式 2）	以下 1 ～ 3 まで，図表を含め 2 ページを超えないこと 1. 本研究開発課題で達成する POC ・POC（概念実証）を簡潔かつ明確に記載 2. 本研究開発課題の POC を設定した理由 ・今まさに解決に着手すべき社会・産業上の問題 ・問題設定した経緯・根拠 ・問題解決したときに国内外に創出される価値，社会・経済的なインパクト ・社会実装，ビジネスモデル実現への道筋の中での位置づけ ・橋渡し人材等と連携して検討した場合は，その見解 3. POC 達成のために必要な方策 ・POC 実現に至っていない背景・問題点の明記 ・探索研究期間および本格研究期間を通じて POC 実現に向けて必要な方策を記載 ・POC の先の研究成果の展開，社会実装に向けた構想も可能であれば記載 ・「低炭素社会」領域の提案については，取り組もうとする技術課題による 2050 年の低炭素社会の実現への寄与を定量的に記述
探索研究の研究開発計画（様式 3）	以下 1 ～ 3 まで，図表を含め 10 ページを超えないこと 1. 本格研究を始めるにあたっての準備状況 ・準備状況を国内外の研究開発を含め具体的に記載 （社会・経済インパクト及び社会・産業ニーズ；技術的課題およびその難易度と実現可能性；社会実装にあたっての課題；研究開発計画（実施体制，予算，マイルストーン等）；研究成果の展開（ビジネスモデル，企業への引き渡し等）を見据えた活動） 2. 探索研究として達成すべき事項 ・300 字程度で簡潔に記載 3. 探索研究の実施内容

（出典）科学技術振興機構（JST）「未来社会創造事業　令和元年募集要項」より作成
（https://www.jst.go.jp/mirai/jp/uploads/application-guideline-h30.pdf　2019 年 7 月 19 日閲覧）

6. 採択のポイント

まず，重点公募テーマ，研究領域に合致しているかどうかを確認しましょう。研究内容が優れていても，当該年度のテーマと研究領域に合わないと採択されません。

次に，様式に求められていることをロジカルにビジュアルにわかりやすく，審査委員の理解と共感が得られるように書きます。図表やフローチャートを効果的に記述することで，審査委員の理解と評価のフレームワークづくりが容易になります。

特に，選考基準を満たし，さらに他の応募者と比較して優位性があることを十分な根拠で示すことが大切です。世界の研究動向，市場動向も分析し，自身のポジショニングが最先端，あるいは独自性・有用性が高いことを明らかにする必要があります。未来社会を牽引する重要な研究開発を推進できるリーダーであることを自信をもって示すことが重要です。

ここでも，SMART（Specific, Measurable, Achievable, Result-oriented, Time-bound）であることに留意ください。データをもとに，研究のアウトカム（効果），未来社会におけるニーズ，社会貢献度やマーケットの大きさを定量的に記述し，研究計画の重要性・比較優位性を客観的に示すことを意識しましょう。定量性においては，価格・費用など経済性，速度・軽量性・強靭性・安全性・安定性などの品質を単位を含めて記述できると納得性・説得性が高まります。

選考委員の構成にも配慮し，研究の重要性について，専門家にも専門外の委員にも印象に残るように書くことが大切です。

平成 30 年度の評価者一覧は，以下のとおりです。

表 3-37　評価者一覧（運営統括，運営会議委員および外部専門家）

探索加速型

「超スマート社会の実現」領域

運営統括：前田 章（元　株式会社日立製作所 ICT 事業統括本部　技師長）

役職	氏名	所属等
研究開発運営会議委員[注1]	及川 卓也	フリーランス　技術アドバイザー
	栄藤 稔	大阪大学 先導的学際研究機構　教授
	新 誠一	電気通信大学 大学院情報理工学研究科　教授
	谷 幹也	日本電気株式会社 セキュリティ研究所　所長
	西尾 チヅル	筑波大学 大学院ビジネス科学研究科　教授
	西尾 信彦	立命館大学 情報理工学部　教授
	森川 博之	東京大学 大学院工学系研究科　教授
	林部 尚	国立研究開発法人科学技術振興機構 未来創造研究開発推進部　調査役
外部専門家 注2) 注3)	木村 康則	株式会社富士通研究所　フェロー
	高島 洋典	国立研究開発法人科学技術振興機構 研究開発戦略センター　フェロー
	花岡 悟一郎	国立研究開発法人産業技術総合研究所 情報技術研究部門　研究グループ長
	本川 祐治	株式会社日立システムズ ビジネスクラウドサービス事業グループ　技師長
	山口 博志	大日本印刷株式会社 情報イノベーション事業部 C＆I センター　第１インテグレーテッドコミュニケーション本部　サービスデザイン・ラボ　部長
	山口 勝	NHK 放送文化研究所 メディア研究部　主任研究員
外部専門家 注4)	岩田 覚	東京大学 大学院情報理工学系研究科　教授
	大澤 幸生	東京大学 大学院工学系研究科　教授
	小山田 耕二	京都大学 学術情報メディアセンター　教授
	菅原 俊治	早稲田大学 大学院基幹理工学研究科　教授
	谷口 倫一郎	九州大学 システム情報科学研究院　教授
	福島 俊一	国立研究開発法人科学技術振興機構 研究開発戦略センター　フェロー
	丸山 文宏	株式会社富士通研究所 人工知能研究所　特任研究員
	鷲尾 隆	大阪大学 産業科学研究所　教授

（注 1）研究開発運営会議委員：運営統括の研究開発課題の選考や推進などの研究開発マネジメントを専門的な立場から補佐する有識者。

（注 2）外部専門家：研究開発課題の選考等の限定的な取り組みについて一時的に運営統括を専門的な立場から助言する有識者。ここで掲載している外部専門家は本選考に携わった有識者。

（注 3）「多種・多様なコンポーネントを連携・協調させ，新たなサービスの創生を可能とするサービスプラットフォームの構築」のみ評価。

（注 4）「サイバー世界とフィジカル世界を結ぶモデリングと AI」のみ評価。

「持続可能な社会の実現」領域

運営統括：國枝 秀世（国立研究開発法人科学技術振興機構　上席フェロー／名古屋大学　参与）

役職	氏名	所属等
運営会議委員	野口 貴文	東京大学 大学院工学系研究科　教授
	三宅 徹	大日本印刷株式会社　執行役員，購買本部長
	犬飼 孔	国立研究開発法人科学技術振興機構 未来創造研究開発推進部　調査役
運営会議委員 注5)	伊藤 義康	トーカロ株式会社　顧問
	高島 由布子	株式会社三菱総合研究所 環境・エネルギー事業本部　副本部長
	土肥 英幸	国立研究開発法人新エネルギー・産業技術総合開発機構 技術戦略研究センター 環境・化学ユニット　ユニット長
	長谷川 史彦	東北大学 未来科学技術共同研究センター　センター長・教授
外部専門家 注5)	石田 勝昭	一般財団法人エネルギー総合工学研究所　副主席研究員
	中村 崇	東北大学　名誉教授
	原田 幸明	国立研究開発法人物質・材料研究機構　名誉研究員
	廣瀬 明夫	大阪大学 大学院工学研究科 マテリアル生産科学専攻生産科学コース　教授
	松八重 一代	東北大学 大学院環境科学研究科 先進社会環境学専攻　教授
	山根 深一	東レ株式会社 研究・開発企画部　主席部員
	吉永 直樹	新日鐵住金株式会社 技術開発本部　フェロー
運営会議委員 注6)	岩崎 正宏	パナソニック株式会社 ビジネスイノベーション本部　AIソリューションセンター　部長
	柏野 牧夫	日本電信電話株式会社 コミュニケーション科学基礎研究所　NTTフェロー，スポーツ脳科学プロジェクト統括
	中島 秀之	札幌市立大学　理事長・学長
	萩田 紀博	株式会社国際電気通信基礎技術研究所 知能ロボティクス研究所　取締役，所長
	三成 寿作	京都大学 iPS細胞研究所 上廣倫理研究部門　特定准教授
外部専門家 注6)	今井 倫太	慶應義塾大学 理工学部　教授
	楠 房子	多摩美術大学 美術学部 情報デザイン学科　教授
	河野 恭之	関西学院大学 理工学部　教授
	鈴木 宏昭	青山学院大学 教育人間科学部　教授
	廣瀬 通孝	東京大学 大学院情報理工学系研究科　教授
	藤波 努	北陸先端科学技術大学院大学 知識科学系　教授
	前田 太郎	大阪大学 大学院情報科学研究科　教授
	前田 展弘	株式会社ニッセイ基礎研究所 生活研究部　主任研究員
	松下 康之	大阪大学 大学院情報科学研究科　教授
外部専門家 注7)	阿部 啓子	東京大学 大学院農学生命科学研究科　特任教授
	生田 和正	国立研究開発法人水産研究・教育機構 瀬戸内海区水産研究所　所長
	折戸 文夫	国立研究開発法人農業・食品産業技術総合研究機構　理事
	加茂 幹男	株式会社日本政策金融公庫 農林水産事業本部　テクニカルアドバイザー
	紀ノ岡 正博	大阪大学 大学院工学研究科　教授
	酒井 康行	東京大学 大学院工学系研究科　教授
	佐藤 秀	東京海洋大学 学術研究院海洋生物資源学部門　教授
	竹山 春子	早稲田大学 理工学術院　教授
	田畑 泰彦	京都大学 ウイルス・再生医科学研究所　教授
	田谷 正仁	大阪大学 大学院基礎工学研究科　教授
	中島 和英	東京食肉市場株式会社　常務取締役
	中山 一郎	日本水産株式会社 中央研究所　養殖R＆Dアドバイザー
	吉澤 緑	宇都宮大学　名誉教授

(注5)「新たな資源循環サイクルを可能とするものづくりプロセスの革新」のみ評価。
(注6)「労働人口減少を克服する“社会活動寿命”の延伸と人の生産性を高める『知』の拡張の実現」のみ評価。
(注7)「将来の環境変化に対応する革新的な食料生産技術の創出」のみ評価。

「世界一の安全・安心社会の実現」領域

運営統括：田中 健一（三菱電機株式会社　技術統轄）

役職	氏名	所属等
運営会議委員	須藤 亮	株式会社東芝　特別嘱託
	鷲見 和彦	青山学院大学 理工学部　教授
	武田 安弘	森永乳業株式会社 研究本部 健康栄養科学研究所　所長
	長田 典子	関西学院大学 理工学部　教授
	林 春男	国立研究開発法人防災科学技術研究所　理事長
	矢川 雄一	株式会社日立製作所 テクノロジーイノベーション統括本部　副統括本部長
	黒沢 努	国立研究開発法人科学技術振興機構 未来創造研究開発推進部　調査役
外部専門家	岩田 利枝	東海大学 工学部　教授
	上野 裕子	三菱 UFJ リサーチ＆コンサルティング株式会社　主任研究員
	久野 覚	名古屋大学 大学院環境学研究科　教授
	久保 いづみ	創価大学 理工学部　教授
	小松崎 常夫	セコム株式会社　顧問
	高鳥 浩介	NPO 法人カビ相談センター　理事長
	田中 克二	三菱ケミカル株式会社 研究開発戦略部　グループマネージャー
	田村 圭子	新潟大学 危機管理本部　教授
	出川 通	株式会社テクノ・インテグレーション　代表取締役
	奈良 由美子	放送大学 教養学部　教授
	花木 啓祐	東洋大学 情報連携学部　教授
	平岡 精一	三菱電機株式会社 情報技術総合研究所 開発戦略部　グループマネージャー
	辺見 昌弘	東レ株式会社　理事
	松田 達樹	NTT コミュニケーションズ株式会社 ソリューションサービス部　担当部長
	三浦 智康	株式会社野村総合研究所　理事
	三好 建正	国立研究開発法人理化学研究所 計算科学研究機構　データ同化研究チームリーダー
	百生 敦	東北大学 多元物質科学研究所　教授
	安浦 寛人	九州大学　理事・副学長
	山縣 然太朗	山梨大学 大学院総合研究部 医学域　教授
	山本 昭二	関西学院大学 経営戦略研究科　教授
	山本(前田)万里	国立研究開発法人農業・食品産業技術総合研究機構 食農ビジネス推進センターセンター長
	吉川 左紀子	京都大学 こころの未来研究センター　教授

「地球規模課題である低炭素社会の実現」領域

運営統括：橋本 和仁（国立研究開発法人物質・材料研究機構　理事長）

役職	氏名	所属等
運営会議委員	魚崎 浩平	国立研究開発法人物質・材料研究機構　フェロー
	逢坂 哲彌	早稲田大学　特任研究教授・名誉教授
	大崎 博之	東京大学 大学院新領域創成科学研究科　副研究科長・教授
	大須賀 篤弘	京都大学 大学院理学研究科　教授
	近藤 昭彦	神戸大学 大学院科学技術イノベーション研究科　教授
	辰巳 敬	独立行政法人製品評価技術基盤機構　理事長
	谷口 研二	大阪大学 大学院工学研究科　特任教授
	出来 成人	神戸大学　名誉教授
	土肥 義治	公益財団法人高輝度光科学研究センター　理事長
	原田 幸明	国立研究開発法人物質・材料研究機構　名誉研究員
	越 光男	東京大学　名誉教授（JST 低炭素社会戦略センター　上席研究員）
	江森 正憲	国立研究開発法人科学技術振興機構 未来創造研究開発推進部　調査役

技術分野（1）超伝導（区分 B2 ～ 3）

役職	氏名	所属等
運営会議委員	大崎 博之	東京大学 大学院新領域創成科学研究科　副研究科長・教授
外部専門家	秋田 調	一般財団法人電力中央研究所　専務理事
	井上 龍夫	株式会社コンポン研究所 研究部　特別研究員
	大嶋 重利	山形大学　名誉教授
	栗山 透	株式会社東芝 電力・社会システム技術開発センター　首席技監
	長谷川 隆代	昭和電線ホールディングス株式会社　取締役社長
	三戸 利行	自然科学研究機構 核融合科学研究所　教授／装置工学・応用物理研究系　研究主幹

技術分野（2）省エネルギーデバイス（区分 B4 ～ 6）

役職	氏名	所属等
運営会議委員	谷口 研二	大阪大学 大学院工学研究科　特任教授
外部専門家	雨宮 好仁	北海道大学　名誉教授
	有本 由弘	元　株式会社富士通研究所　研究主幹
	上田 大助	京都工芸繊維大学 グリーンイノベーションセンター　特任教授
	大谷 昇	関西学院大学 理工学部　教授
	奥村 元	国立研究開発法人産業技術総合研究所 先進パワーエレクトロニクス研究センター　研究センター長
	小原 春彦	国立研究開発法人産業技術総合研究所 エネルギー・環境領域 企画本部　副本部長
	楠 美智子	名古屋大学　名誉教授
	久保 佳実	国立研究開発法人物質・材料研究機構 ナノ材料科学環境拠点　運営総括室長
	小池 淳一	東北大学 大学院工学研究科　教授
	近藤 道雄	国立研究開発法人産業技術総合研究所 福島再生可能エネルギー研究所　上席イノベーションコーディネーター
	塩路 昌宏	京都大学 大学院エネルギー科学研究科　特任教授
	瀬恒 謙太郎	大阪大学 大学院工学研究科　特任教授

技術分野（3）省エネルギープロセス（区分 B7～11）

役職	氏名	所属等
運営会議委員	辰巳 敬	独立行政法人製品評価技術基盤機構　理事長
外部専門家	猪俣 誠	日揮株式会社 プロセステクノロジー本部　副本部長
	桑畑 進	大阪大学 大学院工学研究科　教授
	瀬戸山 亨	三菱ケミカル株式会社 横浜研究所 瀬戸山研究室　執行役員・フェロー・室長
	寺村 謙太郎	京都大学 大学院工学研究科　准教授
	戸部 義人	大阪大学 産業科学研究所　招聘教授
	松方 正彦	早稲田大学 理工学術院 先進理工学研究科　教授
	安井 誠	千代田化工建設株式会社 地球環境プロジェクト事業本部　理事・本部長代行
	山松 節男	ビック情報株式会社 コンサルティング部　顧問／東京農工大学　講師

技術分野（4）耐熱・軽量材料（区分 B12～14）

役職	氏名	所属等
運営会議委員	原田 幸明	国立研究開発法人物質・材料研究機構　名誉研究員
外部専門家	石田 清仁	東北大学　名誉教授
	岡部 徹	東京大学 生産技術研究所　教授
	落合 庄治郎	京都大学　名誉教授
	金子 祥三	東京大学 生産技術研究所　研究顧問
	菊池 昇	株式会社豊田中央研究所　代表取締役社長
	高橋 学	新日鐵住金株式会社　顧問
	錦織 貞郎	株式会社 IHI 技術開発本部　技師長

技術分野（5）次世代蓄電池（区分 B15～17）

役職	氏名	所属等
運営会議委員	魚崎 浩平	国立研究開発法人物質・材料研究機構　フェロー
外部専門家	太田 璋	技術研究組合リチウムイオン電池材料評価研究センター（LIBTEC）元　専務理事
	岡島 博司	株式会社豊田中央研究所　理事
	桑畑 進	大阪大学 大学院工学研究科　教授
	小林 哲彦	国立研究開発法人産業技術総合研究所 エネルギー・環境領域　理事
	佐藤 縁	国立研究開発法人産業技術総合研究所 総務本部 ダイバーシティ推進室　室長
	嶋田 幹也	パナソニック株式会社 テクノロジーイノベーション本部 資源・エネルギー研究所 蓄電技術分野　主幹研究員
	高見 則雄	株式会社東芝 研究開発センター　首席技監
	出来 成人	神戸大学　名誉教授
	新田 芳明	日産自動車株式会社 パワートレイン EV 技術開発本部　エキスパートリーダー

技術分野（6）蓄電デバイス（区分 B18 ～ 23）

役職	氏名	所属等
運営会議委員	逢坂 哲彌	早稲田大学　特任研究教授・名誉教授
外部専門家	石川 正司	関西大学 化学生命工学部　教授
	射場 英紀	トヨタ自動車株式会社 基板材料技術部　主査
	内海 和明	早稲田大学 ナノ・ライフ創新研究機構　研究院客員教授
	堤 敦司	東京大学 教養学部附属教養教育高度化機構　特任教授
	出来 成人	神戸大学　名誉教授
	松方 正彦	早稲田大学 理工学術院 先進理工学研究科　教授
	松本 一	国立研究開発法人産業技術総合研究所 エネルギー・環境領域 電池技術研究部門　上級主任研究員
	山田 淳夫	東京大学 大学院工学系研究科　教授
	渡邉 正義	横浜国立大学 大学院工学研究院　教授

技術分野（7）太陽電池（区分 B24 ～ 29）

役職	氏名	所属等
運営会議委員	大須賀 篤弘	京都大学 大学院理学研究科　教授
外部専門家	岡田 至崇	東京大学 先端科学技術研究センター　教授
	金光 義彦	京都大学 化学研究所　教授
	櫛屋 勝巳	昭和シェル株式会社 エネルギーソリューション事業開発チーム　担当部長
	近藤 道雄	国立研究開発法人産業技術総合研究所 福島再生可能エネルギー研究所　上席イノベーションコーディネーター
	高濱 孝一	パナソニック株式会社 エコソリューションズ社 総合技術センター　所長
	錦谷 禎範	早稲田大学 大学院理工学術院総合研究所　教授
	原 榮志	公益財団法人東電記念財団　常務理事
	松本 吉泰	豊田理化学研究所　フェロー

技術分野（8）バイオマス処理（区分 B33 ～ 35）

役職	氏名	所属等
運営会議委員	土肥 義治	公益財団法人 高輝度光科学研究センター　理事長
外部専門家	五十嵐 泰夫	西南大学 生物能源・環境修復研究センター　センター長・教授
	磯貝 明	東京大学 大学院農学生命科学研究科　教授
	上田 一恵	ユニチカ株式会社 樹脂事業部 樹脂生産開発部　部長
	木村 良晴	京都工芸繊維大学 繊維科学センター　名誉教授
	瀬戸山 亨	三菱ケミカル株式会社 横浜研究所 瀬戸山研究室　執行役員・フェロー・室長
	田口 精一	東京農業大学 生命科学部　教授
	渡辺 隆司	京都大学 生存圏研究所　所長・教授
	和田 光史	三井化学株式会社 合成化学品研究所　バイオ技術戦略チームリーダー

技術分野（9）バイオテクノロジー（区分 B30 ～ 32）

役職	氏名	所属等
運営会議委員	近藤 昭彦	神戸大学 大学院科学技術イノベーション研究科　教授
外部専門家	江面 浩	筑波大学 生命環境系　教授
	大西 康夫	東京大学 大学院農学生命科学研究科　教授
	小川 順	京都大学 大学院農学研究科　教授
	清水 浩	大阪大学 大学院情報科学研究科　教授
	田口 精一	東京農業大学 生命科学部　教授
	田畑 哲之	公益財団法人かずさ DNA 研究所　副理事長　兼　所長
	西澤 洋子	国立研究開発法人農業・食品産業技術総合研究機構 生物機能利用研究部門　主席研究員
	服部 亮	ロート製薬株式会社 経営企画本部　技術担当部長
	皆川 純	自然科学研究機構 基礎生物学研究所　教授
	横山 伸也	公立鳥取環境大学 環境学部　特任教授

「共通基盤」領域

運営統括：長我部 信行（株式会社日立製作所　理事／ヘルスケアビジネスユニット　CSO 兼 CTO）

役職	氏名	所属等
テーママネージャー[注8]／運営会議委員	合原 一幸	東京大学 生産技術研究所　教授
	岡島 博司	株式会社豊田中央研究所　理事
	佐藤 孝明	株式会社島津製作所　フェロー／ライフサイエンス研究所長
運営会議委員	雨宮 慶幸	東京大学 大学院新領域創成科学研究科　特任教授
	佐藤 了平	大阪大学 産学共創本部　名誉教授／特任教授
	菅野 純夫	東京医科歯科大学 難治疾患研究所　非常勤講師
	杉沢 寿志	日本電子株式会社 経営戦略室　副室長／オープンイノベーション推進室長
	西浦 廉政	東北大学 材料科学高等研究所　特任教授
	吉田 潤一	国立高等専門学校機構鈴鹿工業高等専門学校　校長
	黒沢 努	国立研究開発法人科学技術振興機構 未来創造研究開発推進部　調査役
外部専門家	阿尻 雅文	東北大学 材料科学高等研究所　教授
	伊東 一良	大阪大学 産学共創本部 ナノサイエンスデザイン教育研究センター　招聘教授／名誉教授
	今井 桂子	中央大学 理工学部 情報工学科　教授／高等学校長
	岩田 博夫	京都大学 COI 拠点研究推進機構 機構戦略支援統括部門　部門長
	宇田 茂雄	日本アイ・ビー・エム株式会社　技術顧問
	内田 誠一	九州大学 大学院システム情報科学研究院 情報知能工学部門 実世界ロボティクス講座　教授
	浦野 泰照	東京大学 大学院薬学系・医学系研究科　教授
	大内 由美子	株式会社ニコン 光学本部 第一設計部　部長
	大村 孝仁	国立研究開発法人物質・材料研究機構 構造材料研究拠点　副拠点長
	金谷 利治	高エネルギー加速器研究機構 物質構造科学研究所　教授
	菊地 和也	大阪大学 大学院工学研究科 生命先端工学専攻 免疫学フロンティア研究センター（兼任）　教授
	木野 邦器	早稲田大学 理工学術院 先進理工学部　教授
	栗原 裕基	東京大学 大学院医学系研究科　教授
	小間 篤	東京大学　名誉教授
	駒木 文保	東京大学 大学院情報理工学系研究科／数理・情報教育研究センター　教授／センター長
	佐藤 勝昭	東京農工大学　名誉教授
	嶋田 一夫	東京大学 大学院薬学系研究科　教授
	志村 努	東京大学 生産技術研究所　教授
	陣内 浩司	東北大学 多元物質科学研究所　教授

（次ページに続く）

外部専門家	杉原 厚吉	明治大学 先端数理科学インスティテュート 特任教授／所長
	竹迫 一任	タカラバイオ株式会社 遺伝子医療事業部門 参与
	田中 譲	北海道大学 名誉教授
	田中 秀治	東北大学 大学院工学研究科 教授
	田原 太平	国立研究開発法人 理化学研究所 主任研究員
	津田 一郎	中部大学 創発学術院・大学院工学研究科 創造エネルギー理工学専攻 教授
	中岩 勝	国立研究開発法人産業技術総合研究所 福島再生可能エネルギー研究所 所長
	永井 健治	大阪大学 産業科学研究所 副理事・教授
	長澤 裕	立命館大学 生命科学部 応用化学科 教授
	夏目 徹	国立研究開発法人産業技術総合研究所 創薬分子プロファイリング研究センター 研究センター長
	橋本 武	オリンパス株式会社 技術開発部門 光学システム開発本部 光学技術部長
	松田 道行	京都大学 大学院生命科学研究科／医学研究科 教授
	松村 晶	九州大学 大学院工学研究院 教授
	松井 知子	情報・システム研究機構 統計数理研究所 データ科学研究系 研究主幹・教授
	御石 浩三	株式会社島津製作所 経営戦略室 参与，経営戦略室技監
	三尾 典克	東京大学 大学院理学系研究科付属 フォトサイエンス研究機構 教授
	森 勇介	大阪大学 大学院工学研究科 教授
	柳田 敏雄	大阪大学 大学院生命機能研究科 特任教授

（注8）テーママネージャー：重点公募テーマおよび技術テーマに関し，運営統括が行う研究開発の管理，運営などを補佐する有識者。

大規模プロジェクト型

運営統括：林 善夫（国立研究開発法人科学技術振興機構 開発主監）

〈技術テーマ「通信・タイムビジネスの市場獲得等につながる超高精度時間計測」〉

役職	氏名	所属等
運営会議委員	占部 伸二	大阪大学 名誉教授
	笹瀬 巌	慶應義塾大学 理工学部 教授
	廣川 類	三菱電機株式会社 鎌倉製作所 宇宙総合システム部 次長
	盛永 篤郎	東京理科大学 名誉教授
	萬 伸一	日本電気株式会社 システムプラットフォーム研究所 主席技術主幹

〈技術テーマ「Society5.0 の実現をもたらす革新的接着技術の開発」〉

役職	氏名	所属等
運営会議委員	伊藤 聡	国立研究開発法人物質材研究機構 統合型材料開発・情報基盤部門 情報統合型物質・材料研究拠点 拠点長
	扇澤 敏明	東京工業大学 物質理工学院 教授
	大森 達夫	三菱電機株式会社 開発本部 主席技監
	竹村 彰夫	東京大学 大学院農学生命科学研究科 教授
	中條 善樹	京都大学 名誉教授

〈技術テーマ「未来社会に必要な革新的水素液化技術」〉

役職	氏名	所属等
運営会議委員	猪股 昭彦	川崎重工業株式会社 技術研究所 環境システム研究部 課長
	名久井 恒司	東京理科大学 研究戦略・産学連携センター 研究・産学連携支援部門 部門長
	日比 政昭	新日鐵住金株式会社 技術開発企画部 技術企画室 上席主幹
	堀 秀輔	国立研究開発法人 宇宙航空研究開発機構 鹿児島宇宙センター 主任研究開発員
	矢加部 久孝	東京ガス株式会社 基盤技術部 基盤技術研究所 所長
	山根 公高	山根公高水素エネルギー研究所 代表

（出典）科学技術振興機構（JST）ホームページ「未来社会創造事業（探索加速型・大規模プロジェクト型）平成30年度新規研究開発課題の決定について
別紙3 評価者一覧（運営統括，運営会議委員および外部専門家）」（平成30年11月15日）
（https://www.jst.go.jp/pr/info/info1346/besshi3.html 2019年7月18日閲覧）

第4節❖研究成果展開事業

1. 制度の概要・採択率

「研究成果展開事業」では，大学等と企業との連携を通じて大学等の研究成果の実用化を促進し，イノベーションを創出するため，特定企業と特定大学（研究者）による知的財産を活用した研究開発，複数の大学等研究者と産業界によるプラットフォームを活用した研究開発を推進します。2019年度予算は，科学技術振興機構（JST）が212億円，日本医療研究開発機構（AMED）が34億円です。

種類は多種多様で，公募が行われる年度も変化しますので，科学技術振興機構（JST）のホームページやe-Radの公募情報を注視ください。内閣府ホームページ「平成31年度競争的資金制度」から，「研究成果展開事業」（2019年度公募予定のないプログラムを除く）を抜粋したものを表3-38に掲載します。

ステイクホルダーが複数のときは，4月からの応募準備では間に合わない場合もあります。

もっと早く，どのプログラムが立ち上がるかを予測できる方法はあるでしょうか。

翌年度の政府予算案は12月末に閣議決定され，各府省の予算案は1月中旬頃に公表されます。科研費や戦略的創造研究推進事業のように安定的に公募が行われるプログラム以外は，文部科学省のホームページ「予算・決算，年次報告，税制」サイト（http://www.mext.go.jp/a_menu/kaikei/index.htm）を見て予測します。

では，2019年度を例に取って，その年の公募プログラムを予測してみましょう。

以下のステップで，必要な情報を見出します：

①「2019年度文部科学省予算（案）の発表資料一覧（1月）」（http://www.mext.go.jp/a_menu/yosan/h31/1412639.htm （筆者注）2019年7月20日閲覧）を開く。

②「科学技術・学術政策局，研究振興局，研究開発局」の発表資料「10-1　2019年度科学技術関係予算案の概要」（PDFファイル）を開く。

③ 目次の「IV　補足説明資料」から「研究成果展開事業」に関係する部分を探し，p.41から始まる「科学技術イノベーション・システムの構築」を見つける。

④ 次のPDFファイル「10-2　2019年度科学技術関係予算案の概要」に移動し，「2. 科学技術イノベーション・システムの構築―産学官連携施策の見直し・大括り化について―」を分析します。

表 3-38　研究成果展開事業（「2019 年度に公募予定なし」のプログラムを除く）

制度の概要				
大学等と企業との連携を通じて大学等の研究成果の実用化を促進し，イノベーションを創出するため，特定企業と特定大学（研究者）による知的財産を活用した研究開発，複数の大学等研究者と産業界によるプラットフォームを活用した研究開発を推進する。				
配分機関	**募集対象**	1 件当たりの研究費額及び研究開発期間	申請書の受付期間	ホームページと問い合わせ先
科学技術振興機構	【研究成果最適展開支援プログラム（A-STEP）】			https://www.jst.go.jp/mp/ 科学技術振興機構 産学連携展開部 地域イノベーショングループ 電話：03-6272-4732
	国公私立大学，国公立試験研究機関，独立行政法人等の個人研究者，または民間企業と左記の研究者との共同申請	（機能検証フェーズ） 研究費：（試験研究タイプ） 上限額 300 万円（間接経費含む） （実証研究タイプ） 上限額 1,000 万円（間接経費含む）	2019 年度分 【試験研究タイプ第 1 回】 2019 年 3 月 14 日～5 月 14 日 【試験研究タイプ第 2 回及び実証研究タイプ】 2019 年 5 月 23 日～7 月 23 日	
		（産学共同フェーズ） 研究費：2,000 万円～5 億円 研究開発期間：2 年～6 年 ※企業に一部費用負担を求める支援タイプです。	2019 年度分 2019 年 3 月 11 日～5 月 13 日	科学技術振興機構 産学連携展開部 研究支援グループ 電話：03-5214-8994
		（企業主導フェーズ） 研究費：（NexTEP-A タイプ）～15 億円 （NexTEP-B タイプ）～3 億円 研究開発期間：（NexTEP-A タイプ） 最長 10 年 （NexTEP-B タイプ） 最長 5 年 ※ NexTEP-A タイプは返済義務のある支援タイプ，NexTEP-B タイプは研究開発型企業を対象に一部費用負担を求める支援タイプです。	2019 年度分 【NexTEP-A タイプ】 通年募集 【NexTEP-B タイプ】 2019 年 3 月 11 日～ 2019 年 6 月 10 日	科学技術振興機構 産学共同開発部 事業推進グループ 電話：03-6380-8140
	【大学発新産業創出プログラム（START）】			https://www.jst.go.jp/start/ 科学技術振興機構 産学連携展開部 START 事業グループ 電話：03-5214-7054
	【プロジェクト支援型】 国公私立大学，国公私立高等専門学校，大学共同利用機関法人，独立行政法人（国立研究開発法人を含む）等の研究開発機関	【プロジェクト支援型】 ・研究開発費（実績平均）： 3,000 万円程度／年 ・支援期間：3 年以下	2019 年度分 【プロジェクト支援型】 2019 年 3 月 7 日～ 2019 年 6 月 14 日正午	
	【事業プロモーター支援型】 民間企業等（法人格を有する機関）	【事業プロモーター支援型】 ・活動経費：1,700 万円程度／年 ・支援期間：5 年	【事業プロモーター支援型】 2019 年 2 月 17 日～ 2019 年 3 月 18 日正午	
	【SCORE】 国公私立大学，国公私立高等専門学校，大学共同利用機関法人，独立行政法人（国立研究開発法人を含む）等の研究開発機関	【SCORE】 ・研究開発費（実績平均）： 500 万円程度／年 ・支援期間：単年度	【SCORE】 2019 年 4 月 10 日～ 5 月 17 日正午	
	【産学共創プラットフォーム共同研究推進プログラム】			https://www.jst.go.jp/opera 科学技術振興機構 イノベーション拠点推進部 共創グループ 電話：03-6272-3816
	【オープンイノベーション機構連携型】 幹事機関（大学）及び民間企業（異業種を含む）3 社以上の連名による申請	【オープンイノベーション機構連携型】 支援規模：1 億円程度／年度 支援期間：5 年度	【オープンイノベーション機構連携型】 2019 年 3 月 25 日～ 2019 年 5 月 23 日	
	【共創プラットフォーム育成型】 幹事機関（大学）及び民間企業 3 社以上の連名による申請	【共創プラットフォーム育成型】 FS フェーズ：3,000 万円程度／年度 本格実施フェーズ：1.7 億円程度／年度 支援期間：6 年度（FS フェーズ：2 年度，本格実施フェーズ：4 年度）	【共創プラットフォーム育成型】 2019 年 3 月 25 日～ 2019 年 5 月 16 日	
日本医療研究開発機構	【医療分野研究成果展開事業】			
	【先端計測分析技術・機器開発プログラム】 （要素技術開発タイプ，先端機器開発タイプ）企業と大学・独立行政法人等，かつ医師（臨床医）が参画した体制での共同申請	【先端計測分析技術・機器開発プログラム】 研究費：（要素技術開発タイプ） 2,000 万円程度／年（直接経費） （先端機器開発タイプ） 5,000 万円程度／年（直接経費） 研究期間：（要素技術開発タイプ） 2 年 8 ヶ月以内 （先端機器開発タイプ） 3 年 8 ヶ月以内	2019 年度分 2019 年 2 月 1 日～3 月 26 日	https://www.amed.go.jp/program/list/02/01/ 日本医療研究開発機構 産学連携部医療機器研究課 電話：03-6870-2213
	【産学連携医療イノベーション創出プログラム】 国公私立大学，国公立試験研究機関，独立行政法人等と民間企業又は起業家との共同申請	【産学連携医療イノベーション創出プログラム】 研究費：（基本スキーム） 上限 3,800 万円／年（間接経費を除く） （セットアップスキーム） 上限 1,500 万円／年（間接経費を除く） 研究期間：（基本スキーム） 原則 3 年以内 （セットアップスキーム） 原則 2 年以内	2019 年度分 2019 年 2 月 6 日～3 月 28 日	https://www.amed.go.jp/program/list/02/02/004.html 日本医療研究開発機構 産学連携部産学連携課 電話：03-6870-2214

（出典）内閣府ホームページ「平成 31 年度競争的資金制度一覧」（更新日：平成 31 年 4 月）より作成
（https://www8.cao.go.jp/cstp/compefund/kyoukin31_seido_ichiran.pdf　2019 年 7 月 19 日閲覧）

図 3-12　科学技術イノベーション・システムの構築—産学官連携施策の見直し・大括り化について—

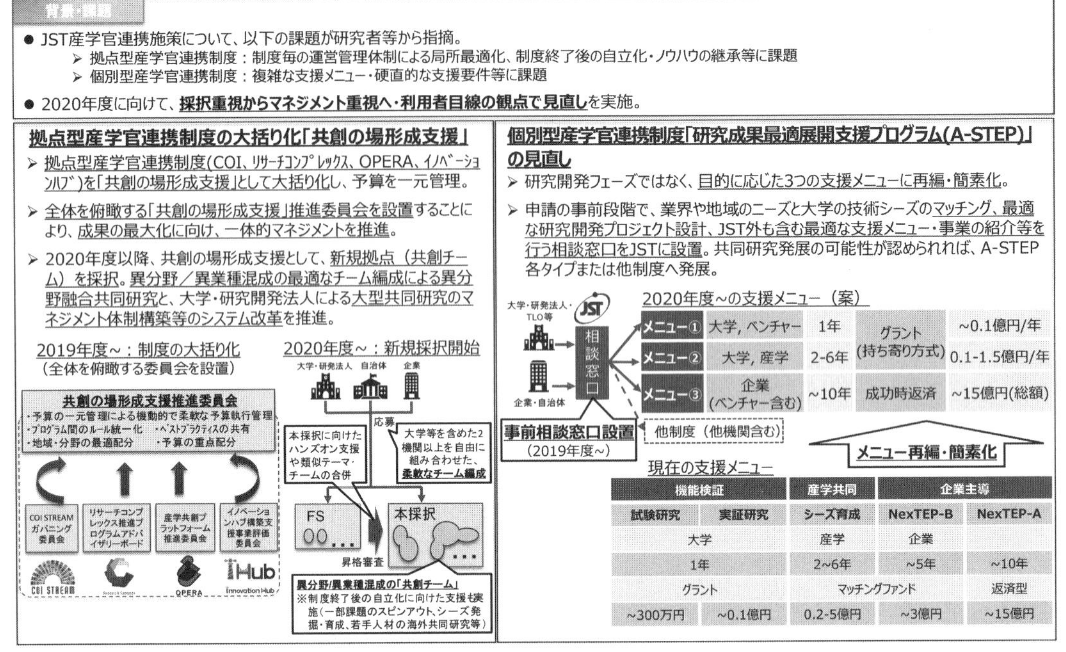

機能検証		産学共同	企業主導	
試験研究	実証研究	シーズ育成	NexTEP-B	NexTEP-A
大学		産学	企業	
1年		2~6年	~5年	~10年
グラント		マッチングファンド		返済型
~300万円	~0.1億円	0.2-5億円	~3億円	~15億円

（出典）文部科学省ホームページ「10-2　2019年度科学技術関係予算案の概要」
（http://www.mext.go.jp/component/b_menu/other/__icsFiles/afieldfile/2019/02/14/1412641_03_02.pdf　2019年7月20日閲覧）

図3-12からは，2020年度以降に，「拠点型産学官連携制度」の大括り化，2020年度以降に，新規拠点（共創チーム）の新規採択が開始されることがわかります。また，「個別型産学官連携制度」の「研究成果最適展開支援プログラム（A-STEP）」の見直しが図られ，2020年度には，現在の支援メニューが再編・簡素化される予定が記述されています。

図 3-13　研究成果最適展開支援プログラム（A-STEP）2019 年度予算案の概要

フェーズ名	機能検証		産学共同	企業主導	
タイプ名	試験研究	実証研究	シーズ育成	NexTEP-B	NexTEP-A
支援の目的	大学等シーズが企業ニーズの解決に資するかどうか確認するための試験研究を支援	企業との共同研究フェーズに進むために必要な実証的な研究を支援	大学等のシーズの可能性検証・実用性検証フェーズにおいて、中核技術の構築を目指した産学共同研究開発を支援	大学等のシーズについて、研究開発型企業（※2）での実用化開発を支援	大学等のシーズについて、開発リスクを伴う大規模な実用化開発を支援
申請者	大学等		大学研究者と企業（※）	企業（※）	
研究開発期間	1年		2～6年	最長5年	最長10年
研究開発費（間接経費含む）	300万円／年まで	1,000万円／年まで	JST支出総額 2,000万～5億円	JST支出総額 3億円まで	JST支出総額 15億円まで
	グラント		マッチングファンド	マッチングファンド 実施料納付	開発成功時要返済 実施料納付

（出典）文部科学省ホームページ「10-2　2019 年度科学技術関係予算案の概要」
（http://www.mext.go.jp/component/b_menu/other/__icsFiles/afieldfile/2019/02/14/1412641_03_02.pdf　2019 年 7 月 20 日閲覧）

また，図 3-13 からは，2019 年度の「研究成果最適展開支援プログラム（A-STEP）」の公募内容を予測することができます。政府予算案の補足資料は，予算規模や選考の観点を知る上で有用です。

2019 年度の A-STEP の概要（スキーム）は，図 3-14 のとおりです。

図 3-14　A-STEP の概要

大学等で生まれた、国民経済上重要な科学技術に関する研究成果を実用化することにより、社会へ還元することを目指す技術移転支援プログラム

基礎研究　応用研究・開発　実用化

フェーズ	機能検証フェーズ	産学共同フェーズ	企業主導フェーズ
支援タイプ	試験研究 実証研究	シーズ育成	NexTEP-A NexTEP-B
研究開発の主なプレーヤー	大学等の研究者 	企業と大学等の研究者 	企業 
資金の種類	グラント型	マッチングファンド型	A：開発成功時返済 B：マッチングファンド型

✓ 研究開発の状況に対応するため、3種のフェーズと5種の支援タイプで構成
✓ フェーズが実用化に向かうにつれ、企業の演じる役割等が重くなるように設計
✓ どの支援タイプからでも応募可能

（出典）科学技術振興機構（JST）「研究成果最適展開支援プログラム（A-STEP）　産学共同フェーズシーズ育成タイプ」（2019年3月）
（http://www.jst.go.jp/a-step/koubo/files/presen/2019_koubosetumei-a-step_sanngaku.pdf　2019年7月21日閲覧）

図 3-15　A-STEP 研究開発フェーズ

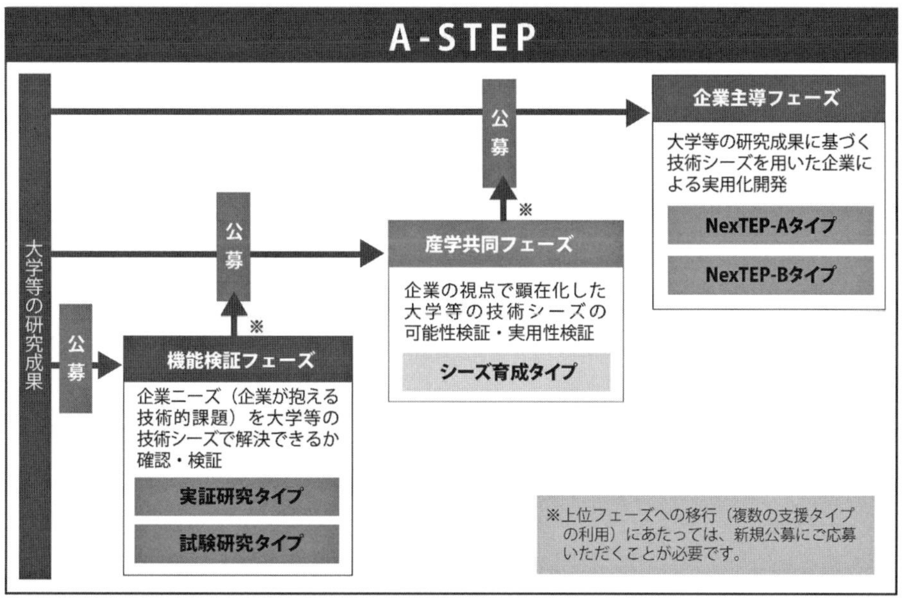

（出典）科学技術振興機構「研究成果最適展開支援プログラム　2019 年度　機能フェーズ：試験研究タイプ　実証研究タイプ公募要領」
（https://www.jst.go.jp/mp/file/h31kinou_koubo.pdf　2019 年 7 月 21 日閲覧）

各支援タイプの概要（比較）は表 3-39 のとおりです。

表 3-39　2019 年度　A-STEP 各支援タイプの概要

<table>
<tr><th>フェーズ</th><th colspan="2">機能検証</th><th>産学共同</th><th colspan="2">企業主導</th></tr>
<tr><th>支援タイプ</th><th>試験研究</th><th>実証研究</th><th>シーズ育成※1</th><th>NexTEP-B</th><th>NexTEP-A</th></tr>
<tr><td>支援対象</td><td>大学等の技術シーズが企業ニーズ（企業の抱える技術的課題）の解決に資するかどうか確認するための試験研究を支援</td><td>企業との本格的な共同研究に進むために必要な実証的な研究を支援</td><td>大学等の研究成果に基づく技術シーズの可能性検証及び実用性検証を行い，中核技術の構築を目指す産学共同の研究開発を支援</td><td>研究開発型中小企業による大学等の研究成果に基づく技術シーズの実用化開発を支援</td><td>企業による大学等の研究成果に基づく技術シーズの大規模な実用化開発を支援</td></tr>
<tr><td>課題提案者</td><td colspan="2">大学等の研究者</td><td>開発実施企業と大学等の研究者
（共同申請）
プロジェクトリーダーは企業</td><td colspan="2">シーズの発明者・所有者の了承を得た開発実施企業※2</td></tr>
<tr><td>募集分野</td><td colspan="5">テーマ設定はなし。ただし医療分野は対象外。</td></tr>
<tr><td>特許の要否</td><td colspan="2">必要なし</td><td colspan="3">応募時に，特許（出願中でも可）等の知的財産が必要</td></tr>
<tr><td>研究開発期間</td><td colspan="2">原則 1 年</td><td>2 ～ 6 年</td><td>原則 最長 5 年</td><td>原則 最長 10 年</td></tr>
<tr><td>研究開発費
（JST 総支出総間接経費含む）</td><td>～ 300 万円</td><td>～ 1,000 万円</td><td>2,000 万円
～ 5 億円</td><td>原則
～ 3 億円</td><td>原則
1 億円～ 15 億円</td></tr>
<tr><td>経費の種類</td><td colspan="2">グラント</td><td>マッチングファンド</td><td>マッチングファンド
実施料納付</td><td>開発成功時
：全額年賦返済
開発不成功時
：10% 返済
実施料納付</td></tr>
</table>

（※ 1）産学共同フェーズ（シーズ育成タイプ）に申請された提案の中から選考の結果，フィージビリティスタディ（上限 2,000 万円，1 年程度）を目的とした採択をする場合がございます。
（※ 2）企業主導フェーズ（NexTEP-B タイプ）は，資本金 10 億円以下の民間企業が対象です。
（出典）科学技術振興機構（JST）ホームページ「研究成果最適展開支援プログラム（A-STEP）」より
（https://www.jst.go.jp/a-step/koubo/index.html　2019 年 7 月 21 日閲覧）

次に，表3-40で平成30年度の採択課題数を見てみましょう。

表3-40　A-STEP 平成30年度　採択課題数

公募年度，公募ステージ等	採択課題総数	応募数※	採択率※	決定（平成30年）
平成30年度【企業主導フェーズ】NexTEP-Bタイプ	1			12月3日
平成30年度【機能検証フェーズ】試験研究タイプ（第2回）	50	610	8.2%	11月19日
平成30年度【機能検証フェーズ】実証研究タイプ	10	50	20.0%	11月19日
平成30年度【産学共同フェーズ】シーズ育成タイプ	17	135	12.6%	8月28日
平成30年度【産学共同フェーズ】シーズ育成タイプFS	11	—	—	8月28日
平成30年度【機能検証フェーズ】試験研究タイプ（第1回）	90	816	11.0%	7月26日

（※）「応募数」は，関連プレスリリースから筆者が書きだしたものであり，採択率は筆者が採択数／応募数で計算。
（出典）科学技術振興機構（JST）ホームページ「研究成果展開事業 研究成果最適展開支援プログラム（A-STEP）」
（https://www.jst.go.jp/a-step/kadai/index.html　2019年7月21日閲覧）
同「研究成果展開事業 研究成果最適展開支援プログラム（A-STEP）機能検証フェーズ平成30年度第2回募集における新規課題の決定について」（平成30年11月29日）
（https://www.jst.go.jp/pr/info/info1350/index.html　2019年7月21日閲覧）
同「研究成果展開事業 研究成果最適展開支援プログラム（A-STEP）「産学共同フェーズ（シーズ育成タイプ）」平成30年度募集における新規採択課題の決定について」（平成30年8月28日）
（https://www.jst.go.jp/pr/info/info1335/index.html　2019年7月21日閲覧）
同「研究成果展開事業 研究成果最適展開支援プログラム（A-STEP）機能検証フェーズ試験研究タイプ平成30年度第1回募集における新規課題の決定について」（平成30年7月26日）
（https://www.jst.go.jp/pr/info/info1330/index.html　2019年7月21日閲覧）

採択率は，グラントの機能検証フェーズ「試験研究タイプ」（第1回と第2回の合計）が9.8％（10倍），「実証タイプ」が6.4％（15.6倍），マッチングファンドの産学共同フェーズ「シーズ育成タイプ」が20.7％（4.8倍）です。かなり競争率の高いプログラムと言えます。

2. 制度趣旨

ここでは，研究開発費の上限が1,000万円（間接経費含む，税込），採択課題数が10件，採択率が20％（5倍）のグラントプログラムの機能検証フェーズ「実証研究タイプ」（研究開発実施期期間：原則1年）を例に取り，見ていきます。

まず，「機能検証フェーズ」（以下，「本プログラム」という。）の制度趣旨を公募要領で確認してみましょう。

本プログラムは，企業等が抱える技術的課題（企業ニーズ）に基づき，技術移転の可能性が見込まれる大学等が保有する研究成果，知的財産（大学シーズ）の活用のための試験研究や実証研究を支援します。

産学共同研究開発の初期段階を支援することで，企業ニーズの解決に資するコア技術を創出し事業化を目指します。産学協働の芽出しを支援し，本格的な共同研究開発に繋げることにより，科学技術イノベーションの創出や，将来的には地域社会の持続的な発展への貢献，社会的・経済的な波及効果の創出を狙いとしています。

ここでいう「企業等」は，株式会社，有限会社，合資会社，合名会社，合同会社に限らず，日本の法人格を有する「大学等」以外の機関を意味します。個人事業主は含まれません。フェーズごとに定義が異なる場合がありますので注意が必要です。

本プログラムは試験研究タイプおよび実証研究タイプの２つから構成されます。

〈試験研究タイプ〉

大学等のシーズが企業ニーズ（企業が抱える技術的課題）の解決に資するかどうか確認するための試験研究を支援します。

〈実証研究タイプ〉

企業との本格的な共同研究開発に進むために必要な実証的な研究を支援します。

マッチングプランナーが研究開発課題の実施をサポートすることも特徴です。

3. 実施体制

〔事業推進体制〕

本プログラムでは，科学技術振興機構（JST）が競争的資金制度としてプログラムを適正かつ円滑に実施するために，プログラムディレクター（PD）とプログラムオフィサー（PO）を定めます。

PD，PO は，外部有識者等で構成される研究開発運営・支援体制の核となり，本プログラムの適切な運営，課題の選考・評価・フォローアップ等の一連の業務の遂行と取りまとめを行います。PD は課題選定・本プログラム全体の方針や運営等を統括し，PO は本プログラムの運営，課題の選考・評価・フォローアップ等の取りまとめを行います。

〔研究開発体制〕

本プログラムでは，大学等の研究者が研究代表者として研究開発課題を取りまとめ，企業担当者，橋渡し人材と共に研究開発を推進していただきます。JST は原則大学等に研究開発費を支援し，また，全国のマッチングプランナーが各課題のサポートを実施します。

以上の実施体制図は図 3-16 のとおりです。

図 3-16　機能検証フェーズの仕組み

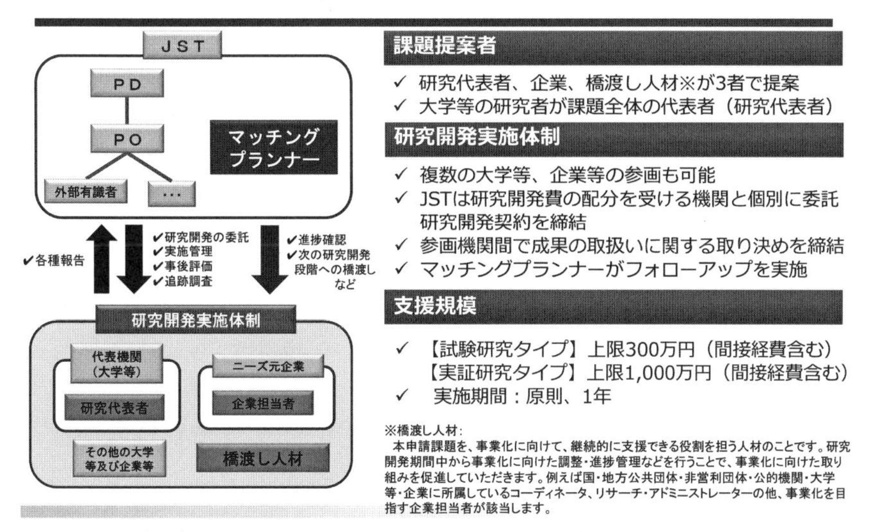

（出典）科学技術振興機構（JST）「研究成果最適展開支援プログラム（A-STEP）　2019 年度公募説明会　資料」（2019 年 3 月）

4. 事業の流れ

2019 年度及び 2018 年度において，公募が以下のスケジュールで行われました。毎年度異なりますので，A-STEP 公募情報のホームページや e-Rad 公募情報で必ず確認してください。

書類選考は 7 月下旬～ 10 月中旬，課題選定は 10 月下旬，採択課題の通知・発表は 10 月下旬頃，研究開発開始は 11 月 18 日に予定されています。

採択された研究開発課題は，表 3-42 のとおりです。採択課題は，蛍光測定のプログラミング相関解析装置，ナノチューブ構造のガスセンサシステム，ポリマー TFT アレイシート，蓄熱・輸送流体の空調システム，船舶補修技術，臓器チップシステム，分子誘導メモリデバイスなど，その分野は IT 系，材料系，プロセス・設備系など多種多様です。

表 3-41　未来社会創造事業公募・選定・研究開始スケジュール

2019 年度				2018 年度		
タイプ	公募期間	選定	研究開始	公募期間	選定	研究開始
試験研究タイプ第 1 回	3 月 14 日～ 5 月 14 日正午	7 月下旬	9 月 2 日	3 月 15 日～ 5 月 15 日正午	7 月下旬	9 月 3 日
試験研究タイプ第 2 回	5 月 23 日～ 7 月 23 日正午	10 月下旬	11 月 18 日	7 月 11 日～ 9 月 11 日正午	11 月下旬	12 月 20 日
実証研究タイプ	5 月 23 日～ 7 月 23 日正午	10 月下旬	11 月 18 日	7 月 11 日～ 9 月 11 日正午	11 月下旬	12 月 20 日

表 3-42　平成 30 年度 A-STEP 機能検証フェーズ実証研究タイプ公募　採択課題（10 件）

（注）所属機関は申請時のもの

課題名	研究代表者所属機関	研究代表者氏名
高感度蛍光測定に応用可能なプログラミング相関解析装置開発	北海道大学	北村 朗
酸化チタンナノチューブ構造による集積化ガスセンサシステムの開発	東北福祉大学	庭野 道夫
全塗布型＆超高精細ポリマー TFT アレイシートの開発	東京大学	長谷川 達生
ゲルボールエマルション蓄熱・輸送流体の空調システム実装に向けた研究	信州大学	酒井 俊郎
低変態温度溶接材料を用いた伸長ビード肉盛溶接による船舶補修技術と疲労寿命向上の実証研究	大阪大学	麻 寧緒
自在にカスタム設計可能なモジュール型臓器チップシステムの開発	大阪府立大学	萩原 将也
超高密度記録に資する分子誘電メモリデバイスの改良と実証研究	広島大学	西原 禎文
新規なモノマー連鎖特性を有するビニルアルコール―酢酸ビニル共重合体の合成ならびに高効率製造プロセスの開発	徳島大学	右手 浩一
浮体式洋上送電塔の設置工法に関する研究	九州大学	胡 長洪
石油精製プラント及び火力発電所内の熱交換器鋼管検査用の電磁気センサの開発	大分大学	後藤 雄治

（筆者注）上記は都道府県順

（出典）科学技術振興機構（JST）ホームページ「平成 30 年度 A-STEP 機能検証フェーズ実証研究タイプ公募採択課題」（https://www.jst.go.jp/mp/kadai08.html　2019 年 7 月 21 日閲覧）

課題が採択された後の課題推進の流れは，図 3-17 のとおりです。

図 3-17　課題推進の流れ

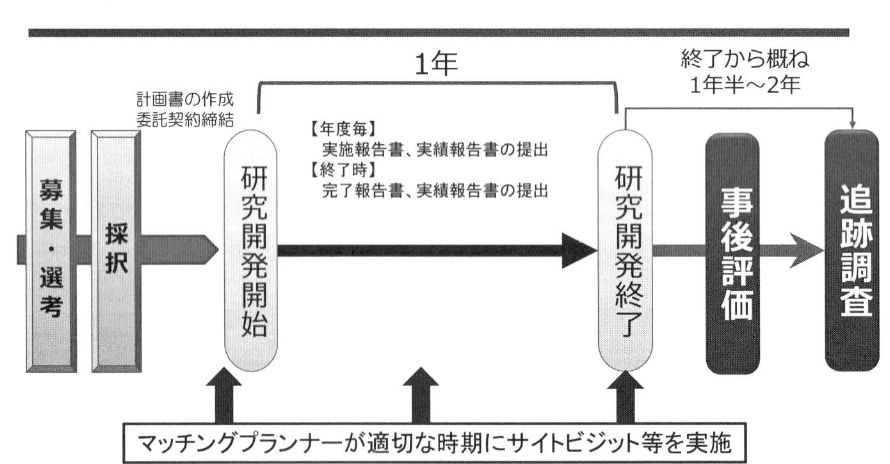

（出典）科学技術振興機構（JST）「研究成果最適展開支援プログラム（A-STEP）　2019 年度公募説明会　資料」（2019 年 3 月）

5. 選考の観点・基準

機能検証フェーズの選考は，以下の観点に基づき総合的に実施されます。

① 目標設定の妥当性

・企業等のニーズに対して大学等のシーズが有効に活用され，目標が明確な研究開発提案となっているか。

② 課題の独創性（新規性）および技術の優位性

・提案された大学等のシーズ，着想，あるいはその活用方法等に独創性（新規性）又は有用性があり，それによって開発される技術に優位性が認められるか。

③ 計画の妥当性

・目標達成のために克服すべき問題点や技術的な課題点等が的確に把握されており，解決に向けた計画（行程，役割分担，研究費の使途等）が具体的かつ適切に提案されているか。

④ イノベーション創出の可能性（研究成果の波及効果の可能性）

・本研究開発が本格的な技術移転をもたらし，経済的・社会的なインパクトを与え得る成果や波及効果が期待できるか。あるいはニッチな分野を含む様々な分野や業界への応用展開を可能とする技術の創出が期待できるか。

なお，実証研究タイプでは上記の選考の観点に基づく評価結果を踏まえつつ，

・事業化に向けた研究開発構想が十分練られているか，

・事業化に向けた展開が期待できるか

という点も考慮され，選定が行われます。

6. 提案書の様式・作成要領

課題提案書は，以下の項目から構成されます。

表 3-43　課題提案書の項目

様式名	内容	提出要否
様式 1　基本情報	課題名，研究代表者等の情報を記載	**必須**
様式 2　研究開発の内容	応募課題の内容，目標と研究開発内容，実施体制，研究開発費などを記載	**必須**
様式 3　コーディネータ等橋渡し人材，企業担当者の見解	本応募課題を取り巻く情報について，コーディネータ等橋渡し人材，企業における事業化を担当する者の見解を記載	**必須**
様式 4　倫理面への配慮について	倫理面への配慮が必要な研究の該当有無，および該当する場合の対策等を記載	**必須** （該当無でも提出は必須）
様式 5　研究費の応募・受入等の状況・エフォート	A-STEP 機能検証フェーズ以外の JST が実施する研究支援事業等，および JST 以外の機関が実施する助成金等の事業への応募・実施の状況を記載	**必須**
様式 6　利益相反マネジメントにかかる申告書	「3.2.6 利益相反マネジメントの実施」に基づき，該当有無を申告	**必須** （該当無でも提出は必須）
別紙 1　特殊用語の説明	課題提案書内で用いた専門用語，特殊用語等について簡単に説明	該当する場合のみ
別紙 2　研究開発期間を延長する理由	研究開発の性質上，研究開発期間を延長して応募する場合，その理由を記載	該当する場合のみ

（出典）科学技術振興機構（JST）「研究成果最適展開支援プログラム　2019 年度機能検証フェーズ：試験研究タイプ　実証研究タイプ　公募要領」をもとに作成

「様式２　研究開発の内容」を詳細に見てみましょう。

表 3-44　様式２　研究開発の内容

1 － 1　課題概要	・企業が解決したい技術課題，解決に資する大学等の研究成果，研究開発目標など 300 字以内で記載 ・図，表の使用は不可
2　応募課題の内容	・(1)～(6)までで 6 ページ（A4）程度
(1) 企業が解決したい技術的課題	・企業担当者が記載 ・企業において製品・サービスの事業化に向けて，大学等のシーズを用い，協働で解決すべき，あるいは，確立すべき技術要素を具体的に記載。
(2) 技術的課題の解決に資する大学等の研究成果と本提案で取り組む内容（記載者：　）	※研究代表者あるいはコーディネータ等橋渡し人材が記載。 ・記載者欄に「研究代表者」,「橋渡し人材」のいずれかを記載。 ・企業の技術的課題を解決する可能性が見込まれる大学等の研究成果（研究開発の基礎となる大学シーズ）と本提案で取り組む内容について具体的に記載。 ・「解決・確立すべき課題（研究テーマ）」について記載。
(3) 技術的課題の解決により，期待される波及効果	・企業担当者が記載。 ・技術的課題の解決により，将来的に期待される事業化の可能性，社会的・経済的波及効果を市場規模，事業規模，達成時期を含め詳細に記載。 ・地域社会の持続的な発展への貢献について該当があれば，上記に加えて記載。
(4) 研究代表者による応募課題の研究開発に関する実績	・論文発表の有無（有の場合，代表論文 3 件まで） ・出願特許の有無（有の場合，代表的な特許 3 件まで） ・本課題に対する研究の経歴
(5) 応募課題の独創性（新規性）および技術の優位性（記載者：　）	・研究代表者あるいはコーディネータ等橋渡し人材が記載。 ・研究代表者，コーディネータ等橋渡し人材，および企業担当者が協働で記載内容を検討。 ・記載者欄に「研究代表者」,「橋渡し人材」のいずれかを記載。 ・応募時点での技術，研究開発終了後（1 年後）に確立を目指す技術，将来的に確立を目指す技術と既存技術や競合技術との比較表を作成。比較表の比較項目等は適宜変更。 ・比較表の各項目について，応募課題の独創性（新規性）および優位性について，データ等を用いて具体的に記載。 ・比較表を作成できない場合は，上記の比較を文章で記載。
(6) 本研究開発期間終了後の事業化に向けた構想（記載者：　） 1）企業での事業化に向けた構想	※企業担当者あるいはコーディネータ等橋渡し人材が記載してください。 ・研究代表者，コーディネータ等橋渡し人材，および企業担当者が協働で記載内容を検討。 ・記載者欄に「企業担当者」,「橋渡し人材」のいずれかを記載。 ・本研究開発期間が終了した後の，研究開発計画，企業における事業化に向けた取り組みなど，現在の構想をできるだけ具体的に記載。
2）企業での事業化に向けた構想の推進方策 ※実証研究タイプのみ記載必須。	・本研究開発期間が終了した後の，推進方策（外部資金の獲得，共同研究契約の締結等）などをできるだけ具体的に記載。

（出典）科学技術振興機構（JST）「研究成果最適展開支援プログラム　2019 年度機能検証フェーズ：試験研究タイプ　実証研究タイプ　公募要領」をもとに作成

7. 採択のポイント

「様式２　研究開発の内容」を選考の観点：① 目標設定の妥当性，② 課題の独創性（新規性）および技術の優位性，③ 計画の妥当性，④ イノベーション創出の可能性（研究成果の波及効果の可能性），⑤ その他（研究開発構想，事業化に向けた展開）から見て，高い評価を受けるように書くことが重要です。

また，他の節でも強調したように，様式で求められていることをロジカルにビジュアルにわかりやすく，審査委員の理解と共感が得られるように書きます。図表やフローチャートを効果的に記述することで，審査委員の理解と評価のフレームワークづくりが容易になります。SMART（Specific，Measurable，Achievable，Result-oriented，Time-bound）であることに留意ください。

企業ニーズに応え，エビデンスをもとに，研究開発のアウトカム（効果），社会貢献度やマーケットの大きさを定量的に記述し，重要性・比較優位性（価格，品質（速度・軽量性・強靭性・安全性・安定性等））を具体的に記述できると納得性・説得性が高まります。

研究開発の成果に基づき開発される製品が，世の中にとって有益で，広く普及し，利益が見込まれることを示すに当たって，6W2H が盛り込まれているかも，実現性の目安になります。

WHO（誰が）？：製作・販売会社等の組織・体制
WHAT（何を）？：製品，ライセンス対象技術　等
WHEN（いつ）？：研究開発・事業化スケジュール
WHERE（どこで，どこへ）？：立地，市場
WHY（なぜ，それを売るのか，売れるのか）？：商品・技術の環境分析（強み /S，弱み /W，機会 /O，脅威 /T）
WHOM（誰に）？：顧客，販売チャンネル　等
HOW TO（どうやって）？：研究開発計画，ビジネス・プラン
HOW MUCH（利益は見込めるか）？：原価・利益，採算

選考委員の構成にも配慮し，研究の重要性について，専門家にも専門外の委員にも印象に残るように書くことが大切です。

制度趣旨に合致しているか否かの確認のために，公募要領を熟読するとともに，公募説明会への参加や，プログラム担当窓口，マッチングプランナー等に事前相談しアドバイスを受けることも大切です。

また，提案書を提出する前に，第三者に申請書を読んでもらい，新規性・独創性，新規産業の創出可能性などが強く感じられるか確認しておくとよいでしょう。

平成 30 年度の評価者一覧は，表 3-45 のとおりです。

表 3-45　A-STEP 機能検証フェーズ 評価・推進会議委員一覧

氏名	所属機関・役職
飯田 香緒里	東京医科歯科大学 統合研究機構　教授／産学連携研究センター長
伊藤 弘昌	理化学研究所　客員主管研究員／東北大学　名誉教授
岩渕 明	岩手大学　学長
大江 瑞絵	徳島大学 研究支援・産学官連携センター　主席研究員
城野 理佳子	北海道大学 産学・地域協働推進機構 産学推進本部　産学協働マネージャー
仲井 朝美	岐阜大学 工学部 機械工学科 機械コース　教授
林 勇二郎	金沢大学　名誉教授
林 善夫	元　旭化成株式会社　新事業本部長
平原 彰子	鹿児島大学 産学・地域共創センター　特任専門員
松浦 栄次	岡山大学 中性子医療研究センター　教授／大学院医歯薬学総合研究科　教授／産学官連携センター（病態制御科学専攻 病態機構学講座（細胞化学分野））
村井 眞二	奈良先端科学技術大学院大学　特任教授／岩谷産業株式会社　取締役（非常勤）
山田 淳	公益財団法人九州先端科学技術研究所（ISIT）所長

平成 30 年 11 月 29 日現在（敬称略，五十音順）

（出典）科学技術振興機構（JST）ホームページ「研究成果展開事業 研究成果 最適展開支援プログラム（A-STEP）機能検証フェーズ 平成 30 年度第 2 回募集における新規課題の決定について」（平成 30 年 11 月 29 日）（https://www.jst.go.jp/pr/info/info1350/sankou3.html　2019 年 7 月 22 日閲覧）

Column　FAQ 2

Q．キーワードに赤字を使ってもいいですか。

A.「申請書を読みやすくするというのは大事です。しかし色覚異常の日本人男性は 50 人にひとりいるといいます。そう考えると赤字はあまりふさわしくありません。キーワードを目立たせるには，太字（ボールド）にする，書体を変える（地の文章を明朝体，キーワードをゴシック体など），下線を引く，という方法をとったほうがいいでしょう。読みやすくするという意味では漢字とひらがなのバランスも意識してください。採択された研究の概要などがサイトに出ているので内容だけでなく書き方も参考になるでしょう。キーワードを意識して申請書を構成するということはもっとも大事なことです。これを理解されているだけでもアドバンテージですね」（大隅典子東北大学教授・談）

Column　FAQ 3

Q．最近研究資金の不正使用が話題になっていますが，どんな点に気をつけたらいいでしょうか。

A．研究資金の不正使用が世間をにぎわすに従って，使用方法のガイドラインが研究資金ごとに明確に示されるようになりました。たまに大きな問題も起こりますが，研究者（特に若い研究者）のちょっとしたミスから起こったものが多いのです。

消しゴムひとつ買うときの手続きでも，その研究資金が定めた会計処理方法を必ず守らなければなりません。「規定や手続きを知らなかった」ということは言い訳になりませんし，「うっかり忘れてしまった」などということも，問題外です。規定を守らなかったり，うっかり手続きを忘れたりすることによって，研究資金の不正使用とされ，研究者が研究する機会を失ってしまうことにもつながります。そのような失敗はあってはならないことです。また，それらの研究資金のほとんどが，国民の税金から調達されているわけですから，「税金を使わせていただいている」という意識を，忘れてはなりません。

急な出費のときに，こういった不正使用は起こりやすいものです。例えば 18 時過ぎに実験しているとき，試薬がなくなってしまった。どうしても今すぐ必要だから，直接業者さんに電話して持ってきてもらう。伝票処理は遡って後からやるしかない――，など，切羽詰まった状況ではルールを逸脱しがちです。研究資金を悪用したわけではないのに，ルールから外れたために，「不正使用をした研究者」とレッテルを貼られてしまえば，研究者人生に大きく影を落とします。

研究資金を獲得したら，たとえどんなに手間だと思っても，確実に経理処理のルールに従ってください。もしルールに問題があるとしたら，それを然るべき方法で，ファンディング・エージェンシーに伝えましょう。それぞれのファンディング・エージェンシーは，皆さんの研究を支援する立場にありますから，ルールに無理がある場合は，その無理を何とか少なくするように対応してくれる場合も多いのです。

Column FAQ 4

Q．面接ではどのようなことに気をつければよいですか？

A．私は過去にいくつも研究資金を獲得していますが，なかには採択されなかったものもあります。その経験は，その後の申請で役に立っています。

CREST の面接で私はことばに詰まってしまったことがあります。私の研究テーマは，脳学習，神経機能と学習です。このとき面接をしたアドバイザーのおひとりは，教育関係の方でした。教育の見地からの予想していなかった質問にことばを詰まらせ，5 秒くらいの長い長い沈黙の時間を作ってしまったのです。そのためだけではありませんが，このときは落ちてしまいました。

この経験をもとに，それ以後は自分の専門外の方からの質問にも答えられるよう対応策を立てています。

面接は場数を踏むとわかってくることも多いものです。

大型の研究費によるプロジェクトにふさわしい人物と見られるためには，自信とリーダーシップ性が必要だと思います。女性がリーダーとしてヒアリングを受けるときは，サブリーダーの男性よりしっかり信頼できる人物であることが面接官に伝わらなくてはなりません。

そのために特に女性の方は声を意識してみてください。緊張すると声色が高くなりがちです。高い声は不安げな頼りなさを表します。声のトーンを少しおさえめに堂々と話すといいと思います。

（大隅典子東北大学教授・談）

第5節❖国際科学技術共同研究推進事業

1. 制度の概要

国際科学技術共同研究推進事業は，3つのプログラムから成ります。表3-46をご覧ください。

一つ目は，「地球規模課題対応国際科学技術協力プログラム」（SATREPS：Science and Technology Research Partnership for Sustainable Development，サトレップス）です。本プログラムでは，我が国の優れた科学技術と政府開発援助（ODA）との連携により，アジア・アフリカ等の開発途上国と，環境・エネルギー分野，防災分野，感染症分野，生物資源分野の地球規模の課題の解決につながる国際共同研究を推進しています。運営主体は，科学技術振興機構（JST），日本

表3-46　国際科学技術共同研究推進事業

制度の概要				
我が国の優れた科学技術と政府開発援助（ODA）との連携により，アジア・アフリカ等の開発途上国と，環境・エネルギー分野，防災分野，感染症分野，生物資源分野の地球規模の課題の解決につながる国際共同研究を推進する。 また，省庁間合意に基づくイコールパートナーシップ（対等な協力関係）の下，欧米等先進諸国との最先端分野の共同研究や，成長するアジア諸国との共同研究を戦略的に推進する。 さらに，アフリカにおいて発展の阻害要因となっている「顧みられない熱帯病（NTDs）」の対策のための国際共同研究をアフリカ諸国と推進する。				
配分機関	**募集対象**	**1件当たりの研究費額及び研究開発期間**	**申請書の受付期間**	**ホームページと問い合わせ先**
科学技術振興機構（JST）	**【地球規模課題対応国際科学技術協力プログラム（SATREPS）】**			http://www.jst.go.jp/global/index.html 科学技術振興機構 国際部　SATREPSグループ 電話：03-5214-8085
	国公私立大学，国公立試験研究機関，独立行政法人等の個人研究者等	研究費：3,500万円程度／年 研究期間：3年～5年	2019年度分 2018年9月11日～11月12日	
	【戦略的国際共同研究プログラム（SICORP）】			http://www.jst.go.jp/inter/index.html 科学技術振興機構 国際部　事業実施グループ 電話：03-5214-7375
	国公私立大学，国公立試験研究機関，企業，独立行政法人等の個人研究者等	研究費： 500万円～1億円／年 研究期間：1年～5年	2019年度分 ※国によって異なる（詳細はホームページを参照のこと）	
日本医療研究開発機構（AMED）	**【医療分野国際科学技術共同研究開発推進事業のうち，地球規模課題対応国際科学技術協力プログラム（SATREPS），戦略的国際共同研究プログラム（SICORP）及びアフリカにおける顧みられない熱帯病（NTDs）対策のための国際共同研究プログラム】**			国立研究開発法人日本医療研究開発機構（AMED）国際事業部 国際連携研究課 電話：03-6870-2215
	【地球規模課題対応国際科学技術協力プログラム（SATREPS）】 国公私立大学，国公立試験研究機関，独立行政法人等の個人研究者等	【地球規模課題対応国際科学技術協力プログラム（SATREPS）】 研究費：3,500万円程度／年 研究期間：3年～5年	【地球規模課題対応国際科学技術協力プログラム（SATREPS）】 2019年度分 2018年9月11日～11月12日	【地球規模課題対応国際科学技術協力プログラム（SATREPS）】 http://www.amed.go.jp/program/list/03/01/035.html
	【戦略的国際共同研究プログラム（SICORP）】 国公私立大学，国公立試験研究機関，企業，独立行政法人等の個人研究者等	【戦略的国際共同研究プログラム（SICORP）】 研究費： 500万～1億円程度／年 研究期間：1～5年	【戦略的国際共同研究プログラム（SICORP）】 2019年度分 ※国によって異なる（詳細はホームページを参照のこと）	【戦略的国際共同研究プログラム（SICORP）】 http://www.amed.go.jp/program/list/03/01/037.html
	【アフリカにおける顧みられない熱帯病（NTDs）対策のための国際共同研究プログラム】 国公私立大学，国公立試験研究機関，企業，独立行政法人等の個人研究者等	【アフリカにおける顧みられない熱帯病（NTDs）対策のための国際共同研究プログラム】 研究費：4,000万円上限／年 研究期間：原則5年	【アフリカにおける顧みられない熱帯病（NTDs）対策のための国際共同研究プログラム】 2019年度分 公募予定なし	【アフリカにおける顧みられない熱帯病（NTDs）対策のための国際共同研究プログラム】 http://www.amed.go.jp/program/list/03/01/042.html

（出典）内閣府ホームページ「平成31年度競争的資金制度一覧」（更新日：平成31年4月より）
（https://www8.cao.go.jp/cstp/compefund/kyoukin31_seido_ichiran.pdf　2019年7月19日閲覧）

医療研究開発機構（AMED）および国際協力機構（JICA）です。

二つ目は，「戦略的国際共同研究プログラム」（SICORP：Strategic International Collaborative Research Program，サイコープ）です。本プログラムでは，省庁間合意に基づくイコールパートナーシップ（対等な協力関係）の下，欧米等先進諸国との最先端分野の共同研究や，成長するアジア諸国との共同研究を戦略的に推進しています。平成 21（2009）年度から競争的資金事業として実施されています。事業の仕組みは，図 3-18 をご覧ください。二国間または多国間の国際共同研究と国際共同研究拠点の枠組みで行われています。

三つ目の「アフリカにおける顧みられない熱帯病（NTDs）対策のための国際共同研究プログラム」は，アフリカの新興国・途上国において，互いの科学技術，人材育成の強化を通じ，これらの国々の発展の大きな阻害要因となっている“顧みられない熱帯病（Neglected Tropical Diseases：NTDs）”対策に，科学技術力によって貢献していくことを目指し，国際共同研究を推進しています。本プログラムの運営は，日本医療研究開発機構（AMED）により行われてい

図 3-18　戦略的国際共同研究プログラム（SICORP）の概要

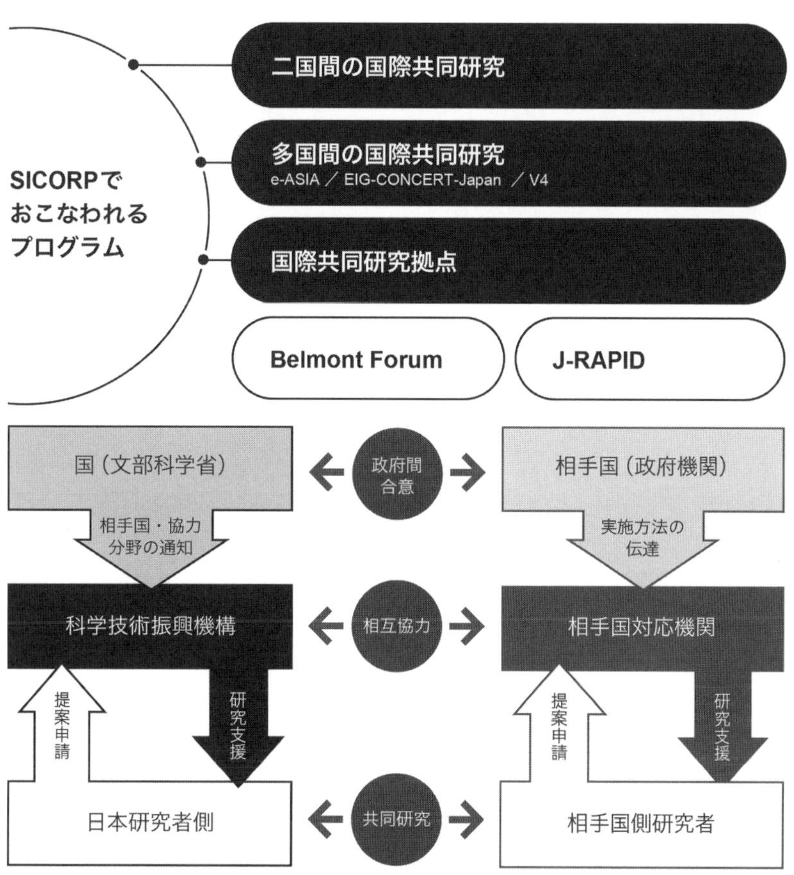

（出典）科学技術振興機構（JST）ホームページ「SICORP の概要」
（https://www.jst.go.jp/inter/program/structure/general.html　2019 年 7 月 21 日閲覧）

ます。2019年度は公募予定がありません。

これらの事業の2019年度予算額は，科学技術振興機構（JST）が約28億円，日本医療研究開発機構（AMED）が約9億円です。

本章では，次節以降，SATREPSについて説明します。

2. 地球規模課題対応国際科学技術協力プログラム（SATREPS）

(1) 概　　要

SATREPS（サトレップス）では，国内研究機関への研究助成のノウハウを持つ科学技術振興機構（JST），医療分野の研究開発を担う日本医療研究開発機構（AMED）がそれぞれ独立行政法人国際協力機構（JICA）と連携して，科学技術の競争的研究資金と政府開発援助（ODA：Official Development Assistance）を組み合わせることにより，開発途上国のニーズに基づき，地球規模課題の解決と将来的な社会実装に向けた国際共同研究を推進しています。

日本の科学技術外交の先行事例として，内閣府総合科学技術会議（CSTP）の政策のもとに，2008年度から開始されています。

目的は，① 日本と開発途上国との国際科学技術協力の強化，② 地球規模課題の解決と科学技術水準の向上につながる新たな知見や技術の獲得，これらを通じたイノベーションの創出，③ キャパシティ・ディベロップメント(注) を行うとともに，研究成果を社会実装することです。

（注：国際共同研究を通じた開発途上国の自律的研究開発能力の向上と課題解決に資する持続的活動体制の構築，また，地球の未来を担う日本と開発途上国の人材育成とネットワークの形成）

研究分野は，環境・エネルギー，生物資源，防災，感染症（表3-47）で，研究期間は3～5年，共同研究相手国は，ODAの技術協力の対象となっている開発途上国等です。プロジェクトの規模は，1課題あたり年間1億円程度で，その内訳はJSTまたはAMEDが年間3,500

表3-47　SATREPSの研究分野／領域

研究分野	研究領域
環境・エネルギー分野	1)「地球規模の環境課題の解決に資する研究」 （気候変動への適応，生態系・生物多様性の保全，自然資源の持続可能な利用，汚染対策などSDGsに貢献する研究）
	2)「低炭素社会の実現に向けた先進的エネルギーシステムに関する研究」 （クリーンエネルギー，気候変動の緩和などSDGsに貢献する研究）
生物資源分野	3)「生物資源の持続可能な生産と利用に資する研究」 （食料安全保障，健康増進，栄養改善，持続可能な農林水産業などSDGsに貢献する研究）
防災分野	4)「持続可能な社会を支える防災・減災に関する研究」 （災害メカニズム解明，事前の対策，災害発生から復旧・復興までSDGsに貢献する研究）
感染症分野※	5)「開発途上国のニーズを踏まえた感染症対策研究」

※感染症分野の研究課題は平成27年度より日本医療研究開発機構（AMED）に移管（平成26年度までに終了した課題を除く）
（出典）科学技術振興機構（JST）ホームページ「SATREPS研究分野／領域」
（https://www.jst.go.jp/global/area_of_research.html　2019年7月21日閲覧）

万円程度，JICAが年間6,000万円程度です。

2008年4月以降，2018年度までに計12回プロジェクトの募集・選考が行われ，世界51カ国で145プロジェクトが実施されてきました。なお，本プログラムの対象からは，日本からの単なる技術の移転・知識の提供等，共同研究を伴わない課題や，科学技術の発展に寄与しない単なる調査等，また，成果が一国にしか還元できない研究等は除かれています。

SATREPSの国際共同研究全体の研究開発マネジメントは，国内研究機関への研究助成のノウハウを有するJST（感染症分野の研究課題は平成27（2015）年度以降，AMEDに移管）または医療分野の研究開発を担うAMEDと開発途上国への技術協力を実施するJICAが協力して行います。

日本側の研究機関は開発途上国にあるフィールドや対象物を活用した研究を効果的に行うことができ，開発途上国側の研究機関（公共性のある活動を行っている大学・研究機関等。ただし軍事関係を除く）は研究拠点の機材整備や共同研究を通した人材育成等により，自立的・持続的活動の体制構築が可能となることが期待されます。

日本国内等，相手国内以外で必要な研究費についてはJSTまたはAMEDが委託研究費として支援し，相手国内で必要な経費についてはJICAの技術協力プロジェクトの枠組みにおいてJICAが支援します。図3-19に仕組みを示します。

JICAの経費は相手国の自立発展性を重視するODA技術協力プロジェクトによる支援であるため，相手国側の自助努力が求められます。このため，相手国側の人件費，相手国における事

図3-19　SATREPSのしくみ

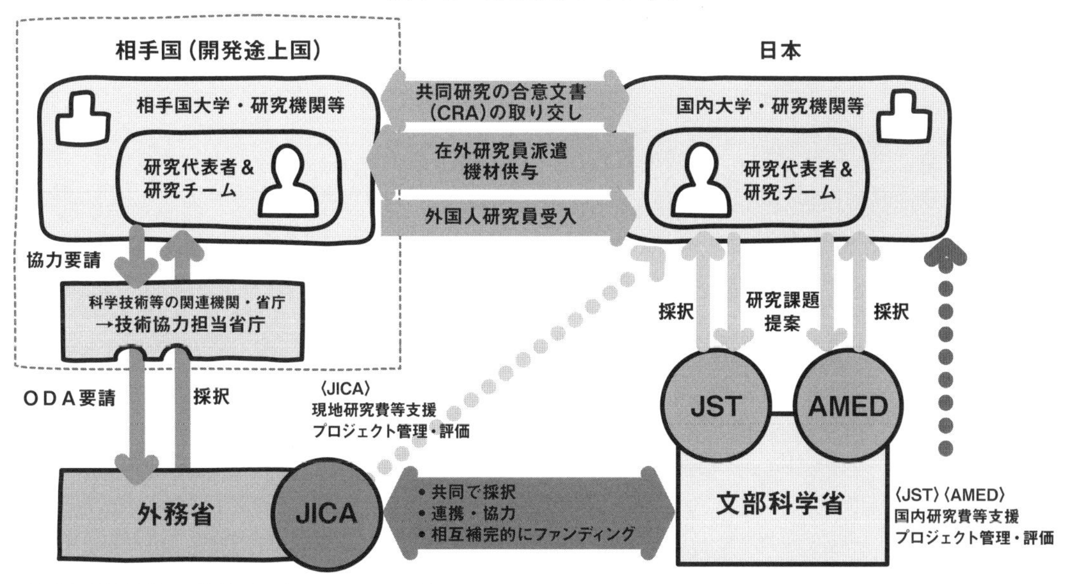

（出典）科学技術振興機構（JST）ホームページ「SATREPSパンフレット」
（https://www.jst.go.jp/global/public/shiryo/brochure2018_j.pdf　2019年7月21日閲覧）

務所借上費，相手国側が使用する消耗品，供与機材の運用や維持管理の経費，相手国側研究者の相手国内旅費，会議日当等は，原則として相手国側負担となります。

(2) 事業の流れ

2019年度において行われる令和2（2020）年度の公募は9月中旬から11月中旬が予定されています。2018年度に行われた公募は9月11日～11月12日正午に行われました。公募期間は，JST，AMEDのSATREPSのホームページやe-Rad公募情報で毎年度確認してください。

また，SATREPSは政府開発援助（ODA）との連携事業であり，相手国研究機関から相手国のODA担当省庁を通じ，日本政府に対する技術協力要請（https://www.jica.go.jp/activities/schemes/science/faq/answer.html）が行われる必要があります。このため，技術協力要請書の受付は例年6月中に開始され，提出期限は，日本側での公募締切より早く，2020年度（令和2年度公募）は令和元（2019）年10月28日が予定されています。相手国政府内での手続きに時間を要することがあり，かつ，相手国の事情によらず締切までに要請書が日本政府に届いていなければならず，相手国での要請手続きや所要日数等について，相手国研究機関と早めに相談されることが重要です。

一般的には，相手国研究機関が要請書を作成，所管省庁の承認後，ODA担当省庁を通じて日本大使館に提出され，大使館から外務本省に届く流れになっていますので，手続きや調整にかかる時間を十分考慮する必要があります。

2018年度（平成30年度公募）の実績では，書類選考は11月下旬～翌2月，書類選考結果の通知は同2月下旬～3月中旬，面接選考は同3月中旬～4月上旬，条件付採択決定・通知は同5月中旬（予算成立）以降です。相手国関係機関との実務協議の内容や相手国情勢などによっては，新規採択研究課題の中止も含め内容が変更となるなどの可能性もあるため，公募選考終了時点の採択は「条件付」です。

国際共同研究開始は同5月以降，JICAが相手国研究機関と締結するR/D（討議議事録，Record of Discussions）と研究代表者の所属機関と相手国研究機関が署名する合意文書（CRA: Collaborative Research Agreement; MOU: Memorandum of Understandingなど）の後になります。図3-20をご覧ください。

図 3-20　SATREPS における公募・選考から実施，評価，終了までの流れ

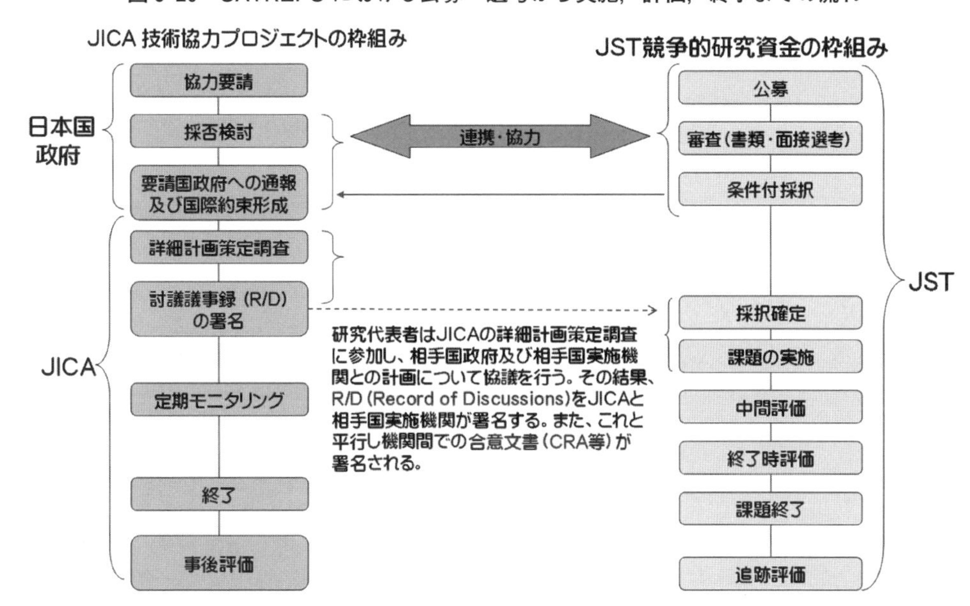

（出典）「平成 31 年度地球規模課題対応国際科学技術協力プログラム（SATREPS）」公募要領（科学技術振興機構（JST），平成 30 年 9 月）

以上の流れは他の公募事業よりも複雑ですので，公募要領をよく読み，正確な理解に努めてください。

(3) 採択課題と採択率

2018 年度の環境・エネルギー，生物資源，防災分野の総応募件数は 99 件，総採択件数は 7 件，採択率は 7.1％です。これらに係るデータを図 3-21 と表 3-48 に掲載します。また，AMED が実施した感染症分野の公募では，応募 18 件から，2 件が条件付きで課題決定されました（採択率：11.1％）。競争倍率が極めて高く，相手国との調整も含めて準備期間もかなり必要になることから，難度の最も高いプログラムの一つと言えます。

2018 年度の新規採択課題（計 9 件）は，表 3-49 のとおりです。

図 3-21　SATREPS 応募数と採択倍率

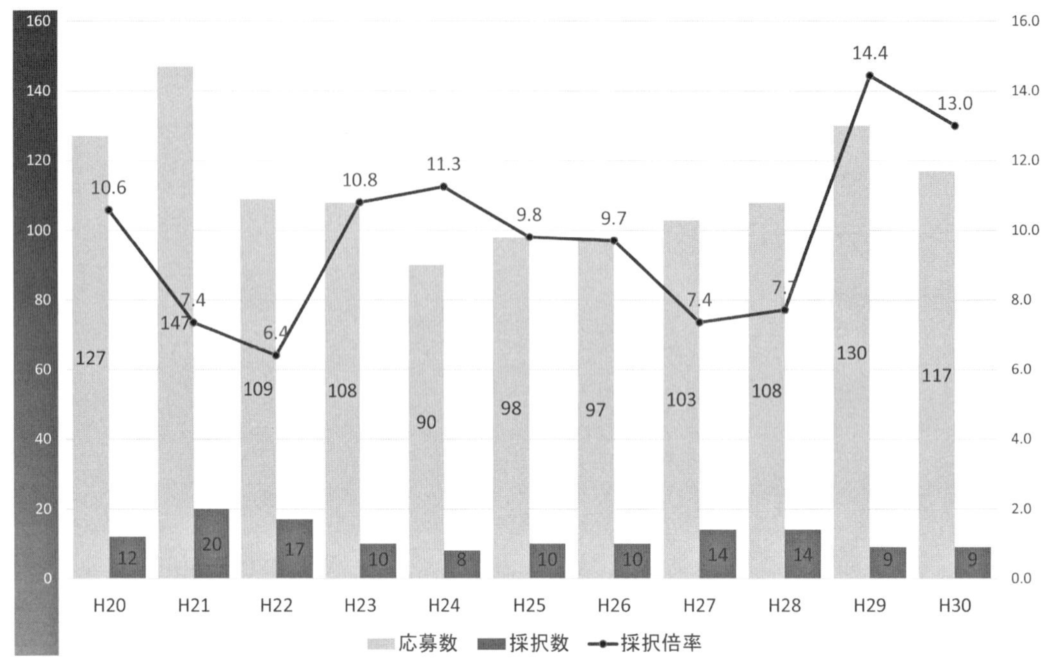

（出典）科学技術振興機構（JST）ホームページ「地球規模課題対応国際科学技術協力プログラム（SATREPS）　平成 31 年度提案募集のご案内」
（https://www.jst.go.jp/global/public/shiryo/koubosetsumei2019_JST.pdf　2019 年 7 月 21 日閲覧）

表 3-48　SATREPS 2018 年度新規採択課題について

研究分野別

研究分野	環境・エネルギー分野		生物資源分野	防災分野
研究領域	地球規模の環境課題の解決に資する研究	低炭素社会の実現に向けた高度エネルギーシステムに関する研究	生物資源の持続可能な生産と利用に資する研究	持続可能な社会を支える防災・減災に関する研究
応募件数	36	15	33	15
採択件数	2	2	2	1
採択率	5.6%	13.3%	6.1%	6.7%

地域別

地域別	アジア	アフリカ	中南米・その他
応募件数	61	28	10
採択件数	3	4	0
採択率	4.9%	14.3%	0.0%

（次ページに続く）

所属機関別

所属機関	国立大学等（注2）	公立大学	私立大学	独立行政法人（注3）	国立研究所	その他	合計
応募件数（注1）	69	0	14	13	0	3	99
採択件数	5	0	1	1	0	0	7
採択率	7.2%	-	7.1%	7.7%	-	0.0%	7.1%

（注1）応募時点の所属で記載している。
（注2）大学共同利用機関法人・国立高等専門学校機構を含む。
（注3）平成27年4月1日以降，法人名称が「国立研究開発法人」となった機関を含む。
（出典）科学技術振興機構（JST）ホームページ「地球規模課題対応国際科学技術協力プログラム（SATREPS）における平成30年度新規採択研究課題の決定～「科学技術外交」の強化に向けた政府開発援助（ODA）との連携による国際共同研究～」（平成30年5月17日）をもとに作成
（https://www.jst.go.jp/pr/info/info1317/index.html　2019年7月21日閲覧）

表3-49　平成30年度　SATREPS採択研究課題一覧

			研究課題名（採択時）	研究代表者	所属機関	相手国	主要相手国研究機関
1	環境・エネルギー分野	環境領域	オイルパーム農園の持続的土地利用と再生を目指したオイルパーム古木への高付加価値化技術の開発	小杉 昭彦	国際農林水産業研究センター	マレーシア	マレーシア理科大学
2			ジブチにおける広域緑化ポテンシャル評価に基づいた発展的・持続可能水資源管理技術確立に関する研究	島田 沢彦	東京農業大学	ジブチ共和国	ジブチ大学
3		低炭素領域	マレーシアにおける革新的な海洋温度差発電（OTEC）の開発による低炭素社会のための持続可能なエネルギーシステムの構築	池上 康之	佐賀大学	マレーシア	マレーシア工科大学
4			無電化農村地域におけるマイクログリッド導入に向けた発電用バイオ燃料油の革新的抽出技術の開発と普及	佐古 猛	静岡大学	タンザニア連合共和国	ダルエスサラーム大学
5	生物資源分野		スーダンおよびサブサハラアフリカの乾燥・高温農業生態系において持続的にコムギを生産するための革新的な気候変動耐性技術の開発	辻本 壽	鳥取大学	スーダン共和国	農業研究機構（ARC）
6			世界戦略魚の作出を目指したタイ原産魚介類の家魚化と養魚法の構築	廣野 育生	東京海洋大学	タイ王国	タイ農業協同組合省水産局
7	防災分野		エチオピア特殊土地盤上道路災害低減に向けた植物由来の土壌改質剤の開発と運用モデル	木村 亮	京都大学	エチオピア連邦民主共和国	アジスアベバ科学技術大学
8	感染症分野		ベトナムにおける治療成功維持のための“bench-to-bedside system”構築と新規HIV-1感染阻止プロジェクト	岡 慎一	国立国際医療研究センター	ベトナム社会主義共和国	国立熱帯病病院
9			アフリカにおけるウイルス性人獣共通感染症の疫学に関する研究	高田 礼人	北海道大学	ザンビア共和国／コンゴ民主共和国	ザンビア大学獣医学部（ザンビア共和国）／国立生物医学研究所（コンゴ民主共和国）

（注）※研究課題の並びは，研究代表者の五十音順
（出典）科学技術振興機構（JST）ホームページ「地球規模課題対応国際科学技術協力プログラム（SATREPS）における平成30年度新規採択研究課題の決定～「科学技術外交」の強化に向けた政府開発援助（ODA）との連携による国際共同研究～」（別紙1）（平成30年5月17日）をもとに作成
（https://www.jst.go.jp/pr/info/info1317/besshi1.htmll　2019年7月21日閲覧）
日本医療研究開発機構（AMED）ホームページ「医療分野国際科学技術共同研究開発推進事業　地球規模課題対応国際科学技術協力プログラム（SATREPS）における平成30年度新規採択研究課題の決定」（平成30年5月17日）
（https://www.amed.go.jp/news/release_20180517-besshi01.html　2019年7月21日閲覧）

(4) 選考の観点

2018年度に開催された公募説明会の資料では，選考の観点はパワーポイントスライド3ページにわたり，かなり多くの配慮を必要としています。

まず，プログラム趣旨の理解が必要です。以下，同資料の一部を引用します。

図3-22　SATREPS選考の観点

選考の観点(1/3)

～公募要領　プログラムの趣旨～

・開発途上国のニーズを基に、
・地球規模課題*1を対象とし、
・社会実装*2の構想を有する国際共同研究を推進

・新たな知見や技術を獲得し、イノベーションを創出

・開発途上国の自立的研究開発能力の向上
・課題解決に資する持続的活動体制の構築

・基礎研究や応用研究にとどまらず、
・相手国の課題・ニーズに応える社会実装を進め、
・日本と相手国の外交関係強化に寄与し、
・日本の国益にも資すること

＊1　一国や一地域だけで解決することが困難であり，国際社会が共同で取り組むことが求められている課題。
＊2　具体的な研究成果の社会還元。研究の結果得られた新たな知見や技術が，将来製品化され市場に普及する，あるいは行政サービスに反映されることにより社会や経済に便益をもたらすこと。
（出典）科学技術振興機構（JST）ホームページ「地球規模課題対応国際科学技術協力プログラム（SATREPS）　平成31年度提案募集のご案内」
（https://www.jst.go.jp/global/public/shiryo/kouboetsumei2019_JST.pdf　2019年7月21日閲覧）

選考の観点は以下のとおりです。公募要領と説明会資料でご確認ください。下線は，公募説明会資料を参考に引いています。

【社会実装の道筋と実現可能性】

社会実装の構想（内容，時期，手段と実現の目途）があること。研究協力期間中に必ずしも全てが達成されなければならないものではないが，研究計画において想定される研究成果を社会還元へ結び付けるための道筋（相手国側の活動の道筋や，他地域や市場への普及の道筋）と研究期間中に実現できる社会実装の内容がはっきりしていること。

【ODA方針への合致，ODA事業としての適性】

相手国に，地球規模で取り組むべき課題に関する明確なニーズがあり，相手国に対する日本のODAの方針に沿っているとともに，研究成果の社会実装を目指すODA事業として適切かつ実施可能であること。

【科学技術的価値】

地球規模課題解決のための新たな技術の開発及び科学技術水準の向上につながる新たな知見の獲得につながる研究課題であること。

【日本のメリット】

日本国内の研究だけでは達成できないような科学技術の発展，社会や産業界への貢献，日本の若手研究者の育成，日本の科学技術の相手国及び世界への効果かつプレゼンス向上が見込まれること。

【両国の実施体制】

相手国側研究者との間で具体的な共同研究計画を有しており，日本側及び相手国での研究の代表者が明確で，日本側及び相手国側において研究を実施できる組織的な体制が整っていること。日本側研究者は，研究期間中に必要な頻度及び期間で相手国において滞在，研究ができること。相手国側研究機関が他のプロジェクトに過剰な労力を取られず，実施体制が確保できること。また，日本側の協力終了後も相手国側で供与機材を維持管理して研究を持続できる見込みがあること。

【研究計画の妥当性】

国際共同研究を推進する上で，研究のコストパフォーマンスも考慮された適切な研究計画（資金計画も含む）があること。また，プロジェクト期間内に実施可能な内容であること。

【研究代表者の資質】

研究代表者がJICAの技術協力プロジェクトにおける研究チームの総括責任者としても相手国側研究者とともに国際共同研究を推進する強い意志と熱意を持っており，かつ信頼に基づく強いリーダーシップを発揮できること。

また，この他に，「留意事項」も示されています。ここでは，一部を抜粋していますので，全文については，公募要領をご確認ください。

- 共同研究相手国の適切な地域バランス（採択案件が同一の国や地域に過度に集中しない等）
- 研究課題のバランス（特定の研究に過度に集中しない等）
- 相手国内の活動地域における治安状況
- これまで採択課題のない国・採択課題の少ない国を歓迎
- 研究開発や社会実装の担い手となる企業等との連携（産学官連携）

・アフリカ地域や後発開発途上国を対象とした提案を歓迎，中長期的支援の計画の存在
・企業と連携（産学官連携）をした提案を歓迎
・「研究代表者が45歳未満の若手研究者」または「日本側研究チームの半数以上が35歳以下の若手研究者」を中心とした体制で構成される課題の積極的な提案を奨励
・ダイバーシティの一環として，女性研究者からの提案を歓迎，女性研究者の研究チームへの積極的な参画を期待
・相手国の政策やニーズを踏まえ，相手国の行政機関等の組織も含めた提案を期待
・先行課題に対して研究対象や実施地域を発展させた提案に対しては，課題解決への新たな貢献の大きさについて慎重に検討
・相手国側との十分な交流実績に基づいた提案を期待

選考は，JST／文部科学省及びJICA／外務省が連携して行います。JST／文部科学省は，主に科学的・技術的観点から，JICA／外務省は主にODAの観点からの評価を行います。

海外での研究はODA案件として実施するため，研究内容が対象国の課題解決等に資する協力であり，国別開発協力方針（旧国別援助方針）にも合致していること，また社会実装への道筋を示す具体的なアプローチが示されていること等も必要となります。

(5) 提案書の様式・作成要領

ここでは，JSTの課題提案書様式（環境・エネルギー分野，生物資源分野，防災分野）を見ていきます。表3-50をご覧ください。

表3-50　SATREPS課題提案書様式一覧（環境・エネルギー分野，生物資源分野，防災分野）

様式1	提案書
様式2	研究課題構想
様式3	日本側研究実施体制
様式4	他制度での助成等の有無
様式5	相手国研究機関実施体制
様式6	研究費計画
様式7	機関長からの承諾書
様式8	企業等の構想
様式9	提案に当たっての調整状況の確認

（出典）「平成31年度地球規模課題対応国際科学技術協力プログラム（SATREPS）」公募要領（科学技術振興機構（JST），平成30年9月）

まず最初に，準備期間が一番かかる「様式9　提案に当たっての調整状況の確認」を見ていきましょう。調整等の確認対象は12項目，チェック欄は22個です。詳細は，公募要領の提

案様式を確認してください。

〔提案に当たっての調整状況の確認〕

① 日本国内共同研究者との調整状況

・相手国機関のキャパシティ・ディベロップメントが含まれること

・様式 2 が 12 ページ以内

② 所属機関との調整状況

・機関長の承諾（他の競争的資金制度にはない責務※の留意）

※相手国機関との共同研究の実施に関する合意文書の締結，JICA との技術協力プロジェクトに関する取極め及び事業契約の締結，適正な ODA 経費経理事務等

・事務担当者にも相応の負担の理解

③ 研究代表者本人と他業務との調整状況

・研究代表者のマネジメントとそれに要するエフォートの検討

④ 在外公館等との情報交換

・在外公館や JICA 現地事務所との十分な情報交換，提案内容の検討

⑤ 安全対策

・相手国・国内の活動地域の治安状況や渡航情報の確認

⑥ 相手国研究機関との調整状況

・研究内容や具体的な進め方の相手国研究代表機関との合意，SATREPS 制度の十分な理解，相手国研究機関への資金供与でないことの理解

・相手側の研究代表者は相手国実施体制を統括できる能力を備えていること，研究機関の支援体制が十分整っていること

・共同研究実施のための十分な研究スタッフ（能力面・人数面）の確保

・共同研究実施のための十分な予算措置，相手国側が負担すべき経費の存在の理解

・共同研究実施のための必要なインフラ（施設・機材）の整備

・相手国研究機関の上位官庁や関係省庁との調整・役割分担の確認

・現地における社会実装について，相手国側研究機関・相手国行政機関・民間セクターの方針や意向を踏まえた検討

⑦ 機材供与

・安全保障貿易管理の方針に則し，供与機材を購入から輸送，据付まで責任をもって実施する体制が研究代表者所属機関に整っていること

・供与予定の機材に特殊機材や特注のプラント等が含まれている場合の対応についての検討

・プロジェクト終了後の取扱い・維持管理体制を考慮した機材供与計画

⑧ 施設整備

・施設整備が含まれている場合の対応について検討

⑨ 社会実装

・現実的な計画として社会実装の道筋が明確に立てられていること

・社会実装に向けた取組を行うため，民間企業や政府機関など関係機関の参画を含めた実施体制の整備

⑩ 同分野における日本の協力

・同分野において実施済あるいは実施中の日本の協力（JICA プロジェクトなど）についての確認

⑪ 同分野における他ドナーの協力

・同分野において実施済あるいは実施中の他ドナーの協力についての確認

⑫ SDGs への貢献

・提案内容は，国連の持続可能な開発目標（SDGs）の 17 の目標のうち，どの目標に貢献する取組か，目標番号を最大 3 つまで記入，最も貢献する目標番号を一番上に記入

次に，「様式 2　研究課題構想」を見ていきましょう。

評価はモノクロ印刷で行われますので，図表はカラーを用いず，モノクロ印刷で識別できるように作成します。また，A4 用紙 12 ページ以内を厳守します。

内容には，ODA 事業としての「妥当性（必要性）」「有効性」「効率性」「インパクト」「持続性」の観点を含めて記載します。

表 3-51　SATREPS 提案課題構想とキーワード

項目	キーワード
1. 研究の背景	
(1) 地球規模の課題解決に資する研究課題の背景	未解決の科学技術上の問題，それに起因する経済社会上の不利益，国際的な動向等 ・地球規模課題解決に資する重要性 ・科学技術・学術上の独創性・新規性
(2) 相手国のニーズ	相手国ニーズへの貢献について，相手国の社会・経済や科学技術の背景，相手国研究機関の体制，能力等を踏まえた現状と問題点，支援の必要性・有効性等も含めて具体的に記載 「国別開発協力方針（旧国別援助方針）」や「事業展開計画」のある場合は，相手国側の開発戦略との整合性,，相手国以外での貢献　等
2. 研究の成果目標シート	（公募要領中の図をご覧ください。）
3. 研究の目的	研究期間終了から 5 ～ 10 年後に実現することが期待される科学技術の発展，新産業創出，社会貢献等を含めた社会実装の構想）を具体的に記載 我が国の主な科学技術政策の実現に関する貢献度等の観点 産学官連携による研究提案を行なう場合，企業等からも研究成果をどのように社会実装につなげるか等
4. 研究の成果目標	本研究の成果目標（上記 2.『成果目標シート』における「プロジェクト目標」。知見，技術，材料，システム，提言など研究期間内で達成すべきもの）をその内容やレベルが明確になるよう具体的，定量的な仕様（機能，制度，経済性など）を付けて記載
5. 社会実装の道筋と実現可能性	研究成果を社会実装につなげる構想（内容，時期，手段と実現の目途）を具体的に記載 研究期間中に実施する内容と研究終了後に実施を予定している内容を明確に区別して記載 相手国研究機関の体制や役割，社会実装にあたっての課題等
6. 研究計画とその進め方（技術協力プロジェクトの活動計画） (1) 全体の研究内容及び研究計画	研究題目とマイルストーンを含めた，タイムスケジュールの大枠 社会実装やキャパシティ・ディベロップメント（我が国及び相手国研究機関の組織，個人の能力開発，外部連携構築等）に関する計画（目標，活動） 現時点で予想される問題点とその解決策案も記載
(2) 研究題目ごとの相手国研究機関との共同・分担等について	共同で実施する予定の研究内容，日本側研究機関の役割（リーダー氏名），相手国側研究機関の役割（リーダー氏名），日本側研究者の渡航計画，相手国からの研究員招へい計画，相手国に供与する機材
(3) 相手国のキャパシティ・ディベロップメントの計画	相手国研究機関の研究推進体制及び行政機関や民間セクターとの連携体制の構築，研究者の人材育成・能力開発等組織，個人，外部連携の各レベルにおけるキャパシティ・ディベロップメントの方針や計画について記載
7. 研究基盤及び準備状況 (1) これまでの研究基盤 (1-a) これまでの研究の経緯と成果	これまでの国内外の研究成果や研究提案者自身（及び必要に応じて研究参加者）のこれまでの研究の経緯と成果等
(1-b) 論文・著書リスト	今回の提案に関連し重要と思われるものを中心に選んで，現在から順に発表年次を過去に遡ってプロジェクト全体で最大 10 件まで
(1-c) 関連特許リスト	今回の提案に関連すると思われる重要なものを選んで，プロジェクト全体で最大 10 件まで
(2) 相手国研究機関との準備状況	相手国研究機関のインフラ整備状況や相手国研究機関の選定理由等，相手国研究機関の研究基盤及び相手国行政機関等との連携状況や国際共同研究に向けた準備状況。既に相手国研究機関と協定を締結している場合には，協定の内容及び交流状況等
(3) 倫理的配慮	相手国あるいは日本国の倫理基準への適合性審査の要否と審査状況を記載
(4) 生物資源・知的財産等の取扱いについての検討状況	研究成果の帰属，研究成果の実施，研究用試料の持ち込み，持ち出し等についての相手国研究機関との打ち合わせ状況を記載。研究成果の確実な確保を目的とした知財マネジメント
(5) 過去の提案から改善した点	過去に類似の提案を行っている場合，今回の提案で改善した点について記載

（出典）「平成 31 年度地球規模課題対応国際科学技術協力プログラム（SATREPS）」公募要領　提案書様式（科学技術振興機構（JST），平成 30 年 9 月）をもとに作成
（https://www.jst.go.jp/global/pdf/yoshiki2019.doc　2019 年 7 月 21 日閲覧）

(6) 採択のポイント

先述の「選考の観点」から見て，高い評価を受けるように記述することが重要です。

① 社会実装の道筋と実現可能性
② ODA 方針への合致，ODA 事業としての適性
③ 科学技術的価値
④ 日本のメリット
⑤ 両国の実施体制
⑥ 研究計画の妥当性
⑦ 研究代表者の資質
⑧ 留意点
- 共同研究相手国の適切な地域バランス
- 研究課題のバランス
- 相手国内の活動地域における治安状況
- 採択実績のない国・採択課題の少ない国を歓迎
- 研究開発や社会実装の担い手となる企業等との連携（産学官連携）
- 対象国（アフリカ地域や後発開発途上国）を歓迎
- 中長期的支援の計画の存在

他節でも強調しましたが，様式で求められていることをロジカルにビジュアルにわかりやすく，審査委員の理解と共感が得られるように書きます。図表やフローチャートを効果的に記述することで，審査委員の理解と評価のフレームワークづくりが容易になります。SMART（Specific, Measurable, Achievable, Result-oriented, Time-bound）であることに留意ください。

相手国や国際的ニーズに応え，エビデンスをもとに，研究開発のアウトカム（効果），社会貢献度やマーケットの大きさを定量的に記述し，重要性・比較優位性（価格，品質：速度・軽量性・強靭性・安全性・安定性等）を具体的に記述できると納得性・説得性が高まります。

選考委員の構成にも配慮し，研究の重要性について，専門家にも専門外の審査員にも印象に残るように書くことが大切です。

制度趣旨に合致しているか否かの確認のために，公募要領を熟読するとともに，公募説明会への参加や，JST または AMED，JICA プログラム担当窓口に事前相談しアドバイスを受けることは必須です。

特に，SATREPS は，ステークホルダーが多く，関係性が複雑ですので，準備期間を十分とって，先行事例もよく分析しましょう。

また，提案書を提出する前に，第三者に申請書を読んでもらい，新規性・独創性，新規産業

の創出可能性などが強く感じられるか確認しておくとよいでしょう。

平成31（2019）年度の公募審査の評価者一覧は，表3-52のとおりです。

表3-52　SATREPS（環境・エネルギー分野，生物資源分野，防災分野）
平成30年度 推進委員会および審査委員会委員

（所属機関・役職は平成30年5月17日現在）

	PD／研究主幹／審査・推進委員	氏名	所属機関・役職
研究分野	運営総括（PD）	薬師寺 泰蔵	慶応義塾大学　名誉教授 中曽根康弘世界平和研究所　特任研究顧問／理事
	研究主幹（国際事業総括担当）	本藏 義守	東京工業大学　名誉教授
環境・エネルギー分野（環境領域）	研究主幹（座長）	髙村 ゆかり	名古屋大学 大学院 環境学研究科　教授
	研究主幹	中静 透	総合地球環境学研究所　プログラムディレクター・特任教授
		安岡 善文	東京大学　名誉教授
	推進委員(注)・審査委員	井上 孝太郎	元　科学技術振興機構　上席フェロー（地球規模課題対応国際科学技術協力プログラム担当）
		小池 勲夫	東京大学　名誉教授
	審査委員	大塚 柳太郎	一般財団法人 自然環境研究センター　理事長
		北川 尚美	東北大学 大学院工学研究科　教授
		辻 昌美	元　国際協力機構　国際協力専門員
		長谷川 雅世	特定非営利活動法人 国際環境経済研究所　主席研究員
		鷲谷 いづみ	中央大学 理工学部 人間総合理工学科　教授
環境・エネルギー分野（低炭素領域）	研究主幹（座長）	神本 正行	弘前大学　学長特別補佐
	研究主幹	堤 敦司	元　東京大学 生産技術研究所・エネルギー工学連携研究センター　特任教授
	推進委員(注)	松見 芳男	大阪大学ベンチャーキャピタル株式会社　相談役
	推進委員(注)・審査委員	井上 孝太郎	元　科学技術振興機構　上席フェロー（地球規模課題対応国際科学技術協力プログラム担当）
		山地 憲治	公益財団法人地球環境産業技術研究機構　理事・研究所長
	審査委員	浦島 邦子	文部科学省 科学技術・学術政策研究所　上席研究官
		林 宏之	国際協力機構 産業開発・公共政策部　参事役
		松村 幸彦	広島大学 学術院（理工学分野）教授（バイオマスプロジェクト研究センター　センター長）
		山下 ゆかり	一般財団法人 日本エネルギー経済研究所　理事
		吉川 暹	京都大学　名誉教授
		吉高 まり	三菱UFJモルガン・スタンレー証券株式会社　クリーン・エネルギー・ファイナンス部　主任研究員
生物資源分野	研究主幹（座長）	長峰 司	元　農業・食品産業技術総合研究機構　理事
	研究主幹	浅沼 修一	名古屋大学　名誉教授
	推進委員(注)	岩永 勝	国際農林水産業研究センター　理事長
	推進委員(注)・審査委員	國分 牧衛	東北大学　名誉教授
		渡邉 紹裕	京都大学 大学院 地球環境学堂　教授
	審査委員	居在家 義昭	日産合成工業株式会社 学術開発部　技術顧問
		岩﨑 正典	株式会社岩崎食料・農業研究所　代表取締役
		西澤 直子	石川県立大学 生物資源工学研究所　特任教授

（次ページへ続く）

		増田 美砂	元　筑波大学 生命環境系　教授
		山内 晧平	北海道大学　名誉教授／岩手大学　客員教授
		山田 英也	国際協力機構　上級審議役
		山本 由紀代	国際農林水産業研究センター　プログラムディレクター
防災分野	研究主幹（座長）	浅枝 隆	埼玉大学 大学院理工学研究科　教授
	研究主幹	寶 馨	京都大学 大学院総合生存学館　学館長／教授
		藤井 敏嗣	特定非営利活動法人 環境防災総合政策研究機構 環境・防災研究所　所長
		本藏 義守	東京工業大学　名誉教授
	推進委員(注)・審査委員	田村 圭子	新潟大学 危機管理本部 危機管理室　教授
	審査委員	天野 玲子	防災科学技術研究所　審議役
		石渡 幹夫	国際協力機構　国際協力専門員（防災・水資源管理）
		有働 恵子	東北大学 災害科学国際研究所　准教授
		福和 伸夫	名古屋大学 減災連携研究センター　センター長・教授
		横尾 敦	鹿島建設株式会社 土木管理本部 生産性推進部　部長
国際関係	推進委員(注)	岩切 敏	国際協力機構　上級審議役

（注）推進委員とは，運営統括を委員長とする地球規模課題対応国際科学技術協力プログラム推進委員会の構成員であり，事業の推進，評価などを円滑に進めることを目的とし，課題の審査，領域の設定などを任務とします。
（出典）科学技術振興機構（JST）ホームページ「地球規模課題対応国際科学技術協力プログラム（SATREPS）における平成30年度新規採択研究課題の決定～「科学技術外交」の強化に向けた政府開発援助（ODA）との連携による国際共同研究～」（別紙4）（平成30年5月17日）
（https://www.jst.go.jp/pr/info/info1317/besshi4.htmll　2019年7月21日閲覧）

表3-53　SATREPS（医療分野）における平成30年度課題評価委員会委員

（所属機関・役職は平成30年3月2日現在）

氏名	所属機関
秋元　浩	知的財産戦略ネットワーク株式会社　代表取締役社長
有川　二郎	北海道大学　大学院医学研究院　特任教授
金井　要	独立行政法人国際協力機構　人間開発部　技術審議役
北　潔	長崎大学　大学院熱帯医学グローバルヘルス研究科　研究科長・教授
喜田　宏	北海道大学　人獣共通感染症リサーチセンター　特別招聘教授・統括
倉田　毅	学校法人国際医療福祉大学　塩谷病院　教授・中央検査部長
竹内　勤	聖路加国際大学　臨床疫学センター　特任教授
谷口　清州	独立行政法人国立病院機構　三重病院　臨床研究部長
森　康子	神戸大学　大学院医学研究科　教授
森兼　啓太	山形大学　医学部附属病院　検査部長・病院教授
山西　弘一	一般財団法人阪大微生物病研究会　理事長
山本　友子	千葉大学　真菌医学研究センター　特任教授
渡邉　治雄	公益財団法人黒住医学研究振興財団　理事長／国際医療福祉大学 大学院　教授
綿矢　有佑	岡山大学 大学院医歯薬学総合研究科　名誉教授

※五十音順に掲載

最終更新日　平成30年5月17日

（出典）日本医療研究開発機構（AMED）ホームページ「医療分野国際科学技術共同研究開発推進事業　地球規模課題対応国際科学技術協力プログラム（SATREPS）における平成30年度新規採択研究課題の決定」（別紙3）（平成31年5月17日）
（https://www.amed.go.jp/news/release_20180517.html　2019年7月25日閲覧）

第4章

科研費採択のための基本と重要ポイント

第1節❖高度な専門性・先進性を感じる伝え方

科研費の採択については，① 一人で何度も成功している，② 採択されてもその率が高くない，③ 何度チャレンジしても採択されない，という場合があります。真摯に研究を続けていて，研究内容や実力で採択者と比べて決して引けを取らないにもかかわらず，採択率に違いが出てしまうことがあります。採択されるためには，何か特別な書き方や採択されるためのコツがあるのでしょうか。

筆者は，これまでの研究計画調書の推敲支援の経験から，書き方にはコツがあると考えています。採択されるための効果的なアプローチ，審査委員に研究内容や実力を正確に伝える，高評価につながる近道があると考えています。もちろん研究計画や研究内容が優れていなければ採択されません。しかし，内容の秀逸性が研究計画調書の読み手である審査委員に十分に伝わらないこともあります。その原因を理解して対処すれば，採択率は格段に高まります。

研究計画調書は，審査委員が興味を持って先へ先へと読み進むことができる内容でなければなりません。審査委員との書面を通じたコミュニケーションには，心に印象強く，納得性・共感性を高める効果的な伝え方が必要です。是非，本章を参考に，このポイントをご理解いただきたいと思います。提案書への具体的な反映方法は，「第６章　採択事例に見る提案書作成のポイント」で見ていきます。

1. 的確なタイトル表現

採択されるタイトルには，多くの場合，以下の共通点があります。

①「学術研究」であることが伝わる。

② タイトルは長すぎず魅力的である。興味・関心を引く。

③ 学術用語が含まれ，高度な専門性・先進性が感じられる。

審査委員には，提案者の研究分野と同分野の専門家と異分野の専門家がいます。同分野と異分野の構成割合は，提案される研究内容，応募する種目や分野によって異なるので，できれば前年度までの委員構成を日本学術振興会（JSPS）の科学研究費助成事業サイトで，複数年度分，審査委員名簿を確認しましょう。同分野・異分野どちらの審査委員にも，新しい学術分野の開拓，新しいパラダイムの創出への強い期待感を感じてもらえるタイトルが必要です。タイトル一読で内容が伝わるように推敲を重ねましょう。

2. 先進的で高度な専門性を有した研究内容

採択される申請書の内容には，多くの場合，以下の共通点があります。

① 世界に先駆けている。文献がある。
② 概要が心に響く。論理的で理解のフレームワークを作りやすい。
③ 学術用語が含まれ，高度な専門性・先進性が感じられる。
④ 仮説が学術的に重要で，ビジョンが明確である。
⑤ 被引用度の高い重要論文を引用している。
⑥ ビジュアルで重要なポイントが見える。下線で強調する，小見出しをつける，写真や図がある，キャプションや注がある，などわかりやすい内容となっている。

3. 審査委員構成を意識した伝え方

審査委員には提案者の研究の専門分野外の方も含まれます。このため，読者の方々は，タイトルや内容はわかりやすく平易を心がけて，とお思いになるかもしれません。

しかし，世界のトップを走る学術研究の提案をしている科学者，というご自身の存在を客観的に思い起こしてみてください。提案する研究計画調書は，複数の審査委員から優れた内容，尊敬できる内容と認められなければ採択されません。

一般的に，相手に思いが伝わるときは，① 伝える内容が素晴らしい，② 伝える相手との親和性が高い，③ 伝え方が効果的である，④ ビジョンに共感できる，⑤ 熱意に溢れている等の総合点が高かったときと考えられます。印象強く高い評価を受ける研究計画調書の共通点は，容易には達成できず（新規性・独創性・チャレンジング），説明がやさしすぎず，高度な専門性・先進性が審査委員の心に響き，共鳴できる内容を持っていることです。

異分野の専門家が審査委員に含まれることを意識しすぎると平易になりすぎ，同分野の審査委員を意識しすぎると難解になりすぎるので，バランスが大切になります。

採択されるための本質は，審査基準に照らして高く評価される学術性・論理性，審査委員の思考のフレームワークに沿った説得性・共感性ですが，いろいろな背景を持つ審査委員の立場になって評点作業をシミュレーションすることも重要です。

研究計画調書の作成に当たって，まず以下のポイントに思いを巡らしてみましょう。

・研究課題の重要性・妥当性・普遍性・波及効果
・研究計画・方法の妥当性・適切性・明確性（フローチャートで説明できる）
・研究内容の独創性・革新性・先進性・論理性
・研究組織・体制の合理性，役割分担の明確化，準備状況
・申請者等の業績（論文等がある）
・研究経費の妥当性・必要性（費用対効果）
・当該分野及び関連分野への貢献度，波及効果
・研究費目及び審査区分としての適切性

第２節❖提案書作成のプロセスチェック

では，具体的に申請書をどのようなプロセスを経て作成していけばよいか，そのポイントを以下にご紹介します。

1．はじめに

ご自身の研究課題は，一つのことも，複数のこともあります。

複数の場合，どのように研究課題を選ぶか，また，一つであっても，どの領域・分野に出すか，迷われることが多いと思います。これまで誰も挑戦していない研究課題か，多くの人が取り組んでいる流行の課題か，どの研究種目・審査区分がよいか。採択率が高く，採択件数の多い広き門か，逆の狭き門か。信頼できるメンターに相談する必要も生じてきます。

メンターに相談する前に，まず以下を確認しましょう。

2．提案書作成の一般的プロセス

以下は，作成のプロセスの代表例です。各プロセスの順序は前後することがあります。科研費採択のためには，面倒でも，全てのプロセスを実施することが早道となります。

① 研究種目の公募要領を読む（制度の目的，募集対象，研究費額・期間，募集期間）。
② 応募したいと思う研究種目・審査区分の採択件数と採択率を確認する。
③ 自分の研究業績と分野内の位置づけを考える。
④ KAKEN データベースで先行課題を分析する。
⑤ 制度の目的と審査基準をよく読み，応募種目を決める。
⑥ 過去の審査委員構成を分析する。
⑦ 研究構想・計画のビジョンを明確にする（5W1H）。
⑧ 審査委員をイメージしながら，審査基準に合わせてビジュアルに応募書類を書く。
⑨ 不明な点は，担当者に問い合わせる。公募説明会に出席する。

上記の ① ② ⑤ ⑧ については，本書の「第３章　第１節　科学研究費補助金制度」を参考にしてください。同章では，基本的情報を説明しています。

③ ④ 分野内のポジショニングと先行課題については，「KAKEN（科学研究費助成事業）データベース」が重要情報を提供しています。KAKEN とキーワードを入れれば，インターネット検索ですぐ出てきますので，ぜひ活用ください。本データベースには，文部科学省および日本

学術振興会が交付する科学研究費助成事業により行われた研究の当初採択時のデータ（採択課題），研究成果の概要（研究実施状況報告書，研究実績報告書，研究成果報告書概要），研究成果報告書および自己評価報告書が収録されています。

本データベースにより，科研費全分野の最新の研究情報について検索することができます。ここから得られる情報を分析することで，先行課題の「キーワード」や優れた言い回し，採択の傾向を知ることができ，研究種目・審査区分や資金規模を検討するための目安が得られます。とても貴重な参考データを提供してくれます。

⑥の審査委員名簿は，日本学術振興会（JSPS）のホームページに公表されています。応募時点では，当該年度の審査委員名簿は公表されていませんが，旧審査区分の系・分野・分科・細目，新審査区分ごとに，過去の名簿は公表されていますので，ご自身の応募する区分番号の名簿の傾向を分析していきましょう。

⑨の公募説明会の出席も有効です。JSPS主催の説明会以外に，各大学や研究機関がJSPSの関係者や過去の採択経験者を講師にして行う説明会もあります。説明会に参加することで説明者が発信する文字以外の情報など，その場の臨場感とともに得られる情報も多いですし，疑問点の解消のための質問も対面でできますので，できるかぎり活用しましょう。

⑦の研究構想・計画のビジョンの明確化は，最も重要です。ご自身が最も行いたい，学術的に最重要と思っている研究構想と年次計画の整理が大切です。図やフローチャートで，ご自身の研究計画を可視化すると，何が審査委員に伝わりやすいか，伝わりにくいかが客観視できます。また，推敲を重ねることで，提案書の文章が洗練され，記述される研究仮説や計画内容の論理性や説得性が高まります。

3. 計画から実行のPDCAサイクル

科研費の提案書の作成においても，資源配分と成果を意識したPDCAサイクルをイメージした計画づくりが重要です。

① Plan（計画）
- ⅰ. Organization（組織，体制：どこで，何人で行うか）
- ⅱ. Priority（優先順位：まず何を行うか）
- ⅲ. Resource Allocation（資源配分：お金と人は？）
- ⅳ. Program and Project（施策：体制，内容，期間）

② Do（研究実施）

③ Check（評価）

④ Action（改善，成果実践）

「第３章第１節　6　評定基準と審査方式」（p. 24）で詳述した「評定基準」と「評定要素」と合わせてご覧ください。

適切なゴールとマイルストーン，研究体制・資金規模を設定するとともに，準備状況，達成可能性の吟味など，マネジメントの視点やリーダーシップを発揮して，優れた計画内容，遂行能力があると納得できる根拠を，これまでの実績とともに提案書に書き込んでいきましょう。

4. 自分のポジショニングと種目選択

過去の成功のアファメーションも含め，自分の実力を客観的に分析し，ご自身が研究代表となる個人型か，チーム型か，フォロアーシップを発揮するグループ参加型かを決めて，研究種目・審査区分を選びます。

選ぶ際には，「KAKEN データベース」で先行課題を確認し，傾向把握と分析を効果的・効率的に行いましょう。次に，研究種目・審査区分ごとの採択倍率や審査委員構成を見て，もう一度，よく検討しましょう。ご自身に合った研究種目と審査区分をじっくり選び，応募することが大切です。急がば回れは，成功の鉄則です。

第3節❖重要性が伝わる書き方のポイント

1. 最初のつかみを大切に

審査委員が読み続けたいと思う申請書を作成することが必要です。このため，特に，最初のつかみが大切になります。

○ 最初に，研究の学術的重要性を書く。
○ 次に，自分が世界に先立って研究を推進する意義・理由を書く。
○ さらに，研究成果の重要性を強調する。
○ 最後に，社会的意義，波及効果を書く。

研究計画調書の「1　研究目的，研究方法など」の欄に記載する最初の「概要」で，採否が決まると言っても過言ではありません。どのような仮説を立て，研究を進めるのか。なぜ，この提案書が優れているのか，達成可能か。小さなスペースの中に盛り込む必要があります。

図 4-1　基盤研究（A）研究計画調書「1　研究目的，研究方法など」欄

1　研究目的，研究方法など

本研究計画調書は「中区分」の審査区分で審査されます。記述に当たっては，「科学研究費助成事業における審査及び評価に関する規程」（公募要領 109 頁参照）を参考にすること。
本欄には，本研究の目的と方法などについて，5 頁以内で記述すること。
冒頭にその概要を簡潔にまとめて記述し，本文には，（1）本研究の学術的背景，研究課題の核心をなす学術的「問い」，（2）本研究の目的および学術的独自性と創造性，（3）本研究で何をどのように，どこまで明らかにしようとするのか，について具体的かつ明確に記述すること。
本研究を研究分担者とともに行う場合は，研究代表者，研究分担者の具体的な役割を記述すること。

（概要）

（本文）

（出典）「平成 31 年度科学研究費助成事業　科研費公募要領　別冊」（独立行政法人日本学術振興会）より抜粋。

様式の冒頭の欄内には，審査委員が，どのような内容を期待しているか，細かく親切に書いてあります。

特に，最初の「概要」の数行が重要です。冒頭の欄内の注意書きのインストラクションに沿って丁寧に書いていくことが重要です。筆者がこれまで見てきた例（旧様式）では，意外なことに，「研究目的」の欄に注意書きとして書いてある「① 研究の学術的背景」「② 研究期間内に何をどこまで明らかにしようとするのか」「③当該分野における本研究の学術的な特色・独創的な点及び予想される結果と意義」が小見出し付きで書かれていない例が多く，言及が不足しているものもありました。

平成30（2018）年度以降の新しい様式では，「(1) 本研究の学術的背景，研究課題の核心をなす学術的『問い』」「(2) 本研究の目的および学術的独自性と創造性」「(3) 本研究で何をどのように，どこまで明らかにしようとするのか」について具体的かつ明確に記述することが求められています。ご自身の主張や強調点が審査委員に一見で印象強く理解されるように，本文には小見出しを付け，重要部分にはアンダーラインやボールド（太字）を用いるなどして，ビジュアルにわかりやすく説明しましょう。

これらについて，具体的かつ明確に記述するときのポイントを見ていきましょう。

表4-1　記述すべき重要ポイント

具体的かつ明確に記述される対象	記述すべき重要ポイント
(1)-1　本研究の学術的背景	研究の学術的重要性（No.1，Only One），世界の潮流，自身のポジショニング（世界に先駆けて行った研究，業績），なぜ今か
(1)-2　研究課題の核心をなす学術的「問い」	リサーチクェスチョン，仮説・モデル 科学観・価値観，パラダイム変化
(2)-1　本研究の目的	Why（理由），何のために
(2)-2　本研究の学術的独自性と創造性	No.1，Only One，他との格段の違い，比較優位性（ポジショニング）
(3)-1　本研究で何を明らかにするか	What（対象），仮説，モデル，予想結果
(3)-2　本研究でどのように明らかにするか	How（方法），仮説検証のプロセス，マイルストーン
(3)-3　本研究でどこまで明らかにするか	Goal/When，上記の繰り返し・言い換えあり

「2　本研究の着想に至った経緯など」の欄には，「(1) 本研究の着想に至った経緯と準備状況」「(2) 関連する国内外の研究動向と本研究の位置付け」の記載が求められます。上記で記述した内容との整合性・重複性に留意しましょう。

この表は，筆者が提案書を見ながら提案者と一緒に考えるときのフレームワークになっています。

様式の「1　研究目的，研究方法など」欄に記載のある「科学研究費助成事業における審査及び評価に関する規程」（審査・評価基準）も重要です。この規程の意味と内容については，「第3章第1節　6　評定基準と審査方式」(p. 24)」で詳しく説明しています。

2. 自分のポジショニングと評点分布をイメージする

ご自身の分野内でのポジショニング（位置づけ）と評点分布をイメージして，提案書を書くことが重要です。ポジショニングは，世界の学術の潮流の中で，ご自身の論文業績や学会活動

表 4-2　基盤研究（B・C）（一般），若手研究の書面審査における評定基準等

（評定要素）平成 30（2018）年度以降	（旧評定要素）平成 29（2017）年度
(1) 研究課題の学術的重要性	(1) 研究課題の学術的重要性・妥当性
(2) 研究方法の妥当性	(2) 研究計画・方法の妥当性
(3) 研究遂行能力及び研究環境の適切性	(3) 研究課題の独創性及び革新性
~~(4) 研究課題の波及効果及び普遍性~~	(4) 研究課題の波及効果及び普遍性
~~(5) 研究課題の独創性及び革新性~~	(5) 研究遂行能力及び研究環境の適切性

評価要素ごとの評点

評点区分	評定基準
4	優れている
3	良好である
2	やや不十分である
1	不十分である

1 段階目の審査における総合評点

評点区分	評点分布の目安
4　非常に優れている	10%
3　優れている	20%
2　普通	40%
1　劣っている	30%
利害関係があるので判定できない	—

2 段階目の審査における総合評点

評点区分	評定基準	評点分布の目安
A	2 段階目の審査の対象となった研究課題のうち，最優先で採択すべき	採択件数に応じて調整
B	2 段階目の審査の対象となった研究課題のうち，積極的に採択すべき	
C	2 段階目の審査の対象となった研究課題のうち，採択してもよい	
D	A～C に入らないもの	
—	利害関係があるので判定できない	—

（出典）「科学研究費助成事業における審査及び評価に関する規程」（独立行政法人日本学術振興会　科学研究費委員会）をもとに作成

等の相対的な位置づけにより決まります。論文数や被引用度などの客観的ベンチマーキング指標も参考になります。書面審査の評定要素，評点区分，総合評点をイメージしながら，研究種目・区分選択，計画立案，様式への記入を効果的に進めていくことが重要です。

3. 比較優位性を印象づける

マネジメントを行うときによく使われる SMART も重要です。筆者はこの言葉を『起きていることはすべて正しい，運を戦略的につかむ，勝間式 4 つの技術』（勝間和代著，ダイヤモンド社）で見つけて，なるほどと感じ活用しています。提案書では，できるかぎり定量的・客観的な指標，アウトカム，マイルストーンを用いることを意識して，審査委員に比較優位性を印象づけることを心がけましょう。

① Specific（具体的）
② Measurable（測定可能）
③ Achievable（達成可能）
④ Result-oriented（結果重視）
⑤ Time-bound（期限つき）

どの世界でも，情報収集分析力，応用力の高さが競争順位を高めるので，過去の傾向分析と対策検討が重要です。情報リテラシーを高め，インテリジェンスを発揮していきましょう。

アウトカムのイメージやビジョンを五感で感じられるくらい鮮明に持つこと，そのイメージやビジョンが実現可能性と一緒に，タンジブルに共感をもって審査委員に伝えられることが大事です。何年後，何十年後の将来ビジョンから，今，何を行うかという「バックキャスト手法」の活用も有効です。

4. 研究倫理とコンプライアンス厳守

申請前までに研究倫理教育の受講を行うことが必須です。

研究不正と研究費不正の防止は，今回の申請に限らず研究資金を獲得し続けるため，所属機関や科学コミュニティ全体の信頼を確保するためということに加え，ご自身のキャリア形成のためにとても大切です。一度の不正で大切な将来を棒に振ることのないように気をつけましょう。

科研費公募要領をよく読み，申請前までに，研究代表者・分担者に求められる要件を満たすことを忘れないでください。

研究倫理教育の受講等について

【研究代表者が行うべきこと】

・交付申請前までに，自ら研究倫理教育に関する教材（『科学の健全な発展のために－誠実な科学者の心得』－日本学術振興会「科学の健全な発展のために」編集委員会，研究倫理 e ラーニングコース（e-Learning Course on Research Ethics [eL CoRE]），APRIN Japan e-ラーニングプログラム（CITI Japan）等）の通読・履修をすること，または，「研究活動における不正行為への対応等に関するガイドライン」（平成 26 年 8 月 26 日 文部科学大臣決定）を踏まえ研究機関が実施する研究倫理教育の受講をすること

・交付申請前までに，日本学術会議の声明「科学者の行動規範—改訂版—」や，日本学術振興会「科学の健全な発展のために—誠実な科学者の心得—」の内容のうち，研究者が研究遂行上配慮すべき事項について，十分内容を理解し確認すること

・研究分担者から

① 研究代表者が所属する研究機関に研究計画調書を提出（送信）するまでに，電子申請システム上で研究分担者として参画すること及び「当該研究課題の交付申請前までに，研究倫理教育の受講等をする」ことの承諾を得ること

② 交付申請前までに，研究分担者が研究倫理教育の受講等を行ったことを確認すること

【研究分担者が行うべきこと】

・研究代表者に，電子申請システム上で研究分担者として参画すること及び「当該研究課題の交付申請前までに研究倫理教育の受講等をする」旨の承諾を行うこと

・研究代表者が交付申請を行うまでに，自ら研究倫理教育に関する教材（『科学の健全な発展のために－誠実な科学者の心得－』日本学術振興会「科学の健全な発展のために」編集委員会，研究倫理 e ラーニングコース（e-Learning Course on Research Ethics [eL CoRE]），APRIN Japan e-ラーニングプログラム（CITI Japan）等）の通読・履修をすること，または，「研究活動におけ

る不正行為への対応等に関するガイドライン」（平成26年8月26日 文部科学大臣決定）を踏まえ，研究機関が実施する研究倫理教育を受講し，受講した旨を研究代表者に報告すること
・研究代表者が交付申請を行うまでに，日本学術会議の声明「科学者の行動規範－改訂版－」や，日本学術振興会「科学の健全な発展のために－誠実な科学者の心得－」の内容のうち，研究者が研究遂行上配慮すべき事項について，十分内容を理解し確認し，その旨を研究代表者に報告すること

（出典）「平成31年度科学研究費助成事業　科研費公募要領」（独立行政法人日本学術振興会）より抜粋

5. チャレンジ精神と十分な準備確保

「求めよ，さらば，与えられん」は，聖書を通じて多くの人々に与えられた名言です。何も行動せず，受動的なままではチャンスは到来しません。達成の意志を強く持ち，能動的に行動することが大切です。

おっくうがらずに，これぞと思う研究種目の様式をダウンロードして，提案書の案を少しずつでも書いてみましょう。一度，書き始めると，推敲が楽しくなってくることが多くあります。最初の山を越えれば，あとは慣性力も働きます。尊敬できる素敵なメンターを見つけられれば，提案書作成のプロセスがより楽しくなるでしょう。

十分な準備期間も成功率を高めます。申請直前の火事場の馬鹿力，短期集中の徹夜仕事が効果的なこともありますが，時間切れになってしまう場合も多くあります。募集期間に配慮して準備期間を設定することも忘れないでください。研究者番号の確認やe-Rad入力の練習も大切になります。

そして，採否には時の運，時代背景も関わってきます。時に利あらず，審査委員や種目・分野とご自身の価値観や研究スタイル・アプローチなどが合わないときもあります。

歴史を振り返ると，多くの優れた天才が生前に評価されていなかったことがわかります。たとえ，一度や二度，採択されなくても，長い人生，大差なしと考えてよいと思います。研究課題や分野にもトレンドがあります。「もしかしたら審査委員との相性が良くないのでは？」と感じたら，自分は大器晩成型と気分転換して，審査委員の任期も想像しましょう。あきらめずにインテリジェンスを働かせ，対策を練ることで，まったく新しい科学的発見ができる可能性が高まります。科学的・社会的価値の創造，真に画期的・飛躍的な研究成果やイノベーションを生み出す，捲土重来のチャンスが生まれます。

では，次の第5章では「提案書様式の構成，研究種目別の特色」，第6章では「採択事例に見る提案書作成のポイント」を見ていきましょう。

Column アドバイスを受けて得られたもの

超低速ミュオン顕微鏡が拓く物質・生命・素粒子科学のフロンティア（新学術領域）

山梨大学名誉教授　鳥養映子

物質や生命の機能に対して，界面などの境界条件は重要な役割を果たしている。界面は超伝導の増強や，新奇な物性を生む場としても注目される。私は，大型の科研費・新学術領域にチャレンジして「超低速ミュオン顕微鏡」を用いた新しい実空間イメージングの方法を確立し，界面において物理・化学・生命現象が現れる機構を解明して，物質設計に役立てる研究を行いたいと考えていた。

しかし，新学術領域は競争率も高く，原案のままでは採択が難しいかもしれないと考えた。共同研究者とも相談して，かねてより親しくし，『研究資金獲得法』の著者でもある塩満先生に連絡した。日程を調整し，共同研究者と一緒に和光市にある理化学研究所に集まり，約２時間，熱い議論を行い，その後，数回の申請書の推敲を重ねた。

アドバイスの中で特に印象に残っているのは，新学術領域のリーダーとして，ビジョンを明確にしていただきたいとおっしゃったことであった。世界最先端の科学を先導していること，新しい科学的概念を創出すること，科学的意義の高い仮説を研究期間内に証明できることなど，科学的ポテンシャルや実現性の高さを審査委員にお伝えする必要があるということであった。「物理学の専門書・解説書を見せてください。キラキラする概念やキーワードを探す必要があります」と言われて，どの部分が該当するか示したことを覚えている。また，科研費は技術開発ではない，ミュオン顕微鏡を作ったうえで何をどこまで解明するか，今のままでは先端装置の開発費と誤解されてしまうということも指摘された。

科研費採択には，ベストアプローチがあることを知る貴重なきっかけとなった。この経験を読者の皆様と共有したい。

第5章

提案書様式の構成，研究種目別の特色

研究計画調書の作成にあたっては，公募要領の作成・記入要領をよく読み，ルールにしたがうことが大切です。多数の応募課題が審査されることから，文字の大きさは11ポイント以上（英語の場合は10ポイント以上）で書くことが求められていることにも留意しましょう。

本章の説明のうち，基盤研究，若手研究，挑戦的研究および特別推進研究については，「平成31年度科学研究費助成事業 科研費公募要領 特別推進研究，基盤研究（S・A・B・C)，挑戦的研究（開拓・萌芽)，若手研究」（平成30年9月1日。独立行政法人日本学術振興会）および「「科学研究費助成事業における審査及び評価に関する規程」（独立行政法人日本学術振興会 科学研究費委員会）に基づき記述しています。

また，新学術領域研究については，「平成31年度科学研究費助成事業 科研費公募要領 新学術領域研究・特別研究促進費」（平成30年9月1日，文部科学省）および「科学研究費助成事業「新学術領域研究」の審査要綱」（平成29年9月5日最終改正，文部科学省科学技術・学術審議会学術分科会科学研究費補助金審査部会）等に基づき記述しています。

第1節❖基盤研究（A・B・C）（一般）と若手研究の提案書様式

「基盤研究（A・B・C)」は，1人又は複数の研究者が共同して行う独創的・先駆的な研究です。「若手研究」は，博士の学位取得後8年未満の研究者が1人で行う研究です。なお，平成31(2019）年度公募においては，経過措置として39歳以下の博士の学位を未取得の研究者が1人で行う研究も対象でした。研究期間と研究資金額については，表5-1をご覧ください。

表5-1　基盤研究（A・B・C）（一般）と若手研究の研究期間・研究資金総額

研究種目	研究期間	研究資金額
基盤研究（A)	3～5年間	2,000万円以上5,000万円以下
基盤研究（B)	3～5年間	500万円以上2,000万円以下
基盤研究（C)	3～5年間	500万円以下
若手研究	2～4年間	500万円以下

（出典）「平成31年度科学研究費助成事業　科研費公募要領」（独立行政法人日本学術振興会）をもとに作成

まず，審査方法を確認していきましょう。

「基盤研究（A）（一般）」の審査では，中区分ごとに，6人～8人の審査委員が，全ての応募研究課題について，書面審査を行った上で，同一の審査委員が合議審査の場で各応募研究課題について幅広い視点から議論により審査を行います（総合審査）。「基盤研究（B・C）（一般）」と「若手研究」では，小区分ごとに，「基盤研究（B）」は6人，「基盤研究（C）」「若手研究」は4人の審査委員が2段階にわたり書面審査を行います。合議審査は行いません（2段階書面審査）。

次に，本章の本題である「基盤研究（A・B・C）（一般）」と「若手研究」の研究計画調書の作成・記入要領を見てみましょう。

研究計画調書には，「Web入力項目」と「添付ファイル項目」があります。

○ Web入力項目：

・新規・継続区分
・研究計画最終年度前年度応募の有無
・審査を希望する区分
・研究代表者氏名
・研究代表者所属研究機関・部局・職
・学位，エフォート（※若手研究のみ）
・博士号取得年月日（※若手研究のみ）
・応募要件（※若手研究のみ）
・研究課題名
・研究の要約（※基盤研究（A）のみ）
・開示希望の有無
・研究組織（※若手研究を除く）
・研究経費とその必要性
・研究費の応募・受入等の状況

（出典）「平成31年度科学研究費助成事業　科研費公募要領　別冊　応募書類の様式・記入要領」（独立行政法人日本学術振興会）より抜粋

○添付ファイル項目

（1）「研究目的，研究方法など」欄
・応募する研究計画において何をしようとしているのか，その全体像を明らかにするため，研究計画調書に記載の指示に従って概要を含め記述。概要は10行程度で記述。
【研究計画調書に記載の指示（基盤研究（C）の場合）】
　・本研究の目的・方法などを3頁以内で記述。
　・冒頭に概要を簡潔にまとめて記述。
　・本文には，以下を具体的かつ明確に記述：
　　① 本研究の学術的背景，研究課題の核心をなす学術的「問い」
　　② 本研究の目的および学術的独自性と創造性

③ 本研究で何をどのように，どこまで明らかにしようとするのか

・本研究を研究分担者とともに行う場合は，研究代表者，研究分担者の具体的な役割を記述。

(2)「本研究の着想に至った経緯など」欄

・応募する研究計画について審査委員の理解をより深めるため，当該研究の特色について，研究計画調書に記載の指示に従って記述。

【研究計画調書に記載の指示（基盤研究（C）の場合)】

・以下を1頁以内で記述：

① 本研究の着想に至った経緯と準備状況

② 関連する国内外の研究動向と本研究の位置づけ

(3)「応募者の研究遂行能力及び研究環境」欄

・研究計画調書の指示書きに従って記入。

・「(1) これまでの研究活動」は，本研究計画の実行可能性を示すよう，本研究計画に関連した研究活動を中心に記述。研究分担者がいる場合には，その想定される役割に関連した研究活動を中心に記述。

・研究業績（論文，著書，産業財産権，招待講演等）を網羅的に記載するのではなく，本研究計画の実行可能性を説明。また，その根拠となる文献等の主要なものを適宜記載。(投稿中の論文を記載する場合は，掲載が決定しているものに限る。)

・研究業績を記載する場合は，当該発表業績を同定するに十分な情報を記載。学術論文の場合は論文名，著者名，掲載誌名，巻号や頁等，発表年（西暦），著書の場合はその書誌情報，など。

・産前産後の休暇及び育児休業の取得や，介護休業の取得など，研究活動を中断していた期間がある場合は，その事情を本欄に記述してもよい。

【研究計画調書に記載の指示（基盤研究（C）の場合)】

・以下を2頁以内で記述：

① これまでの研究活動（研究活動を中断していた期間がある場合にはその説明などを含めてもよい）

② 研究環境（研究遂行に必要な研究施設・設備・研究試料等を含む）

(4)「人権の保護及び法令等の遵守への対応」欄

・研究計画調書に記載している指示に従って記述。該当しない場合には，「該当なし」と記入。

【研究計画調書に記載の指示（基盤研究（C）の場合)】

・相手方の同意・協力，個人情報の取扱いの配慮，生命倫理・安全対策に対する取組など指針・法令等に基づく手続きが必要な研究が含まれている場合，講じる対策と措置を1頁以内で記述。

(5)「研究計画最終年度前年度応募を行う場合の記述事項」欄

・「研究計画最終年度前年度の応募」として新規に応募する場合は，研究計画調書に記載の指示に従い，各項目について10行程度で記述。該当しない場合は記述欄を削除することなく，空欄のまま提出。

【研究計画調書に記載の指示（基盤研究（C）の場合)】

・応募年度が最終年度に当たる継続研究課題の当初研究計画，その研究によって得られた新たな知見等の研究成果と本研究を前年度応募する理由を1頁以内で記述。

(出典)「平成31年度科学研究費助成事業　科研費公募要領　別冊　応募書類の様式・記入要領」(独立行政法人日本学術振興会）をもとに作成

基盤研究（A・B・C）（一般）と若手研究における「研究計画調書に記載の指示」の研究種目による主な違いは，表 5-2 のとおりです。詳細は，公募要領でよくご確認ください。

表 5-2　基盤研究（A・B・C）（一般）と若手研究の様式欄の比較

研究種目	審査区分	1 研究目的，研究方法など	3 応募者の研究遂行能力及び研究環境	5 研究計画最終年度前年度応募を行う場合の記述事項
基盤研究(A)	中区分	5 頁以内	2 頁以内	1 頁以内
基盤研究(B)	小区分	4 頁以内	2 頁以内	1 頁以内
基盤研究(C)	小区分	3 頁以内	2 頁以内	1 頁以内
若手研究	小区分	3 頁以内 研究分担者の役割の記述が求められていない	2 頁以内 研究分担者の役割の記述が求められていない	なし

（出典）「平成 31 年度科学研究費助成事業　科研費公募要領　別冊　応募書類の様式・記入要領」（独立行政法人日本学術振興会）をもとに作成

第2節❖基盤研究（B・C）（特設分野研究）の提案書様式

次に，基盤研究（B・C）（特設分野研究）の研究計画調書の構成を前節の研究種目と比較してみましょう。

この研究種目では，特設分野ごとに，8人～10人の審査委員が，審査（事前の選考）を行った上で，書面審査を行い，同一の審査委員が合議審査の場で各応募研究課題について幅広い視点からの議論により審査を行います（総合審査）。なお，応募件数が少ない場合は事前の選考は行われません。

Web入力項目では，「分野名」と「内容を表す用語」の記述が必要になりますが，他は基盤研究（B・C）（一般）と同じです。

添付ファイル項目では，(1)「研究計画調書の概要」欄，(2)「本特設分野研究への応募理由」欄が加わり，「一般」にはあった「(5)「研究計画最終年度前年度応募を行う場合の記述事項」欄がないことが相違点です。以下に添付ファイル項目で加わった欄の内容を「基盤研究(C)（特設分野研究)」を例に取り示します。

基盤研究（B・C）（特設分野研究）で追加されている添付ファイル項目

(1)「研究計画調書の概要」欄
- 研究計画調書に記載の指示に従って記述。
- 「特設分野研究」では「研究計画調書の概要」「本特設分野研究への応募理由」に研究計画調書（Web入力項目）の前半部分を加えた「研究計画調書（概要版）」のみによる事前の選考（応募件数が少ない場合，事前の選考は行わない）。
- 本欄は書面審査及び合議審査では参照できないため注意。

【研究計画調書に記載の指示（基盤研究（C）の場合)】
- 研究計画調書に記載した「1 研究目的，研究方法など」「2 本研究の着想に至った経緯など」「3 応募者の研究遂行能力及び研究環境」について，その概要を2頁以内で簡潔にまとめて記述。

(2)「本特設分野研究への応募理由」欄
- 研究計画調書に記載の指示に従って記述。
- 本欄は事前の選考，書面審査及び合議審査で使用。

【研究計画調書に記載の指示（基盤研究（C）の場合)】
- 応募研究課題が，小区分よりも本特設分野に応募することが相応しい理由を1頁以内で具体的かつ明確に記述。

(出典)「平成31年度科学研究費助成事業　科研費公募要領　別冊　応募書類の様式・記入要領」(独立行政法人日本学術振興会）をもとに作成

特設分野研究における基盤研究（B）と基盤研究（C）の違いは，一般と同じです。「1 研究目的，研究方法など」欄で求められる記述量が，基盤研究（B）では4頁，基盤研究（C）では3頁になります。

詳細は，公募要領でよくご確認ください。

第3節❖基盤研究（S）の提案書様式

「基盤研究（S）」は，研究計画調書及び専門分野が近い研究者が作成する審査意見書（国内の研究機関に所属する審査意見書作成者，3名程度が作成）等に基づき，大区分ごとに，6人の審査委員が全ての応募研究課題について，書面審査を行います。その後，書面審査と同一の審査委員が合議審査の場で各応募研究課題について幅広い視点から議論により審査を行い，ヒアリング対象課題を選定し，ヒアリング審査を行います（総合審査）。

Web入力項目では，「審査意見書作成者として避けてほしい者（任意）」，「主な現有設備」の記述が必要になりますが，他はおおむね基盤研究（A・B・C）（一般）と同じです。

添付ファイル項目では，基盤研究（A・B・C）（一般）にある「応募者の研究遂行能力及び研究環境」欄がなく，応募年度の「研究者調書」欄に「（1）（研究代表者・研究分担者の）これまでの研究活動」，「（2）研究代表者の研究環境（研究遂行に必要な研究施設・設備・研究資料等を含む）」，「（3）研究組織全体の研究環境（研究遂行に必要な研究施設・設備・研究資料等を含む）」を記述します。「1 研究目的，研究方法など」欄では，応募する課題の研究目的と研究方法などについて，5頁以内で記述します。

詳細は，公募要領でよくご確認ください。

第4節❖挑戦的研究の提案書様式

「挑戦的研究」は，1人又は複数の研究者で組織する研究計画であって，これまでの学術の体系や方向を大きく変革・転換させることを志向し，飛躍的に発展する潜在性を有する研究です。なお，「萌芽研究」については，探索的性質の強い，あるいは芽生え期の研究も対象とします。「開拓研究」の研究期間は3～6年間，研究資金額は500万円以上2,000万円以下，「萌芽研究」の研究期間は2～3年間，研究資金額は500万円以下です。

審査方法は，中区分または特設審査領域ごとに，6人～8人の審査委員が，審査（事前の選考）を行った上で，書面審査を行い，同一の審査委員が合議審査の場で各応募研究課題について幅広い視点から議論により審査を行います（総合審査）。なお，応募件数が少ない場合，事前の選考は行われません。

〔萌芽研究〕

最初に，「萌芽研究」を見ていきましょう。

Web入力項目では，特設審査領域を選択した場合，「内容を表す用語」の記述が必要になりますが，他はおおむね基盤研究（A・B・C）（一般）と同じです。添付ファイル項目では，2つの様式に記入します。

萌芽研究の添付ファイル項目

1.【様式S－42－1】

本様式には，「研究計画調書の概要」欄があります。挑戦的研究では，本様式と研究計画調書（Web入力項目）の前半部分を合わせた「研究計画調書（概要版）」のみによる事前の選考が行われます。応募件数が少ない場合，事前の選考は行われません。

また，本様式は書面審査及び合議審査の際には参照されないため，本様式と【様式S－42－2】は独立に作成する必要があります。

本様式に載せた図を【様式S－42－2】で引用することはできないため，必要な図はそれぞれに記載する必要があります。

2.【様式S－42－2】

本様式は，研究計画調書（本体）（PDFファイル）の中間部分に当たります。

「研究目的及び研究方法，応募者の研究遂行能力」「挑戦的研究としての意義（本研究種目に応募する理由）」欄について，それぞれ研究計画調書に記載されている指示に従って記述します。

「1　研究目的及び研究方法，応募者の研究遂行能力」欄

・以下を2頁以内で焦点を絞って具体的かつ明確に記述。

　① 本研究の目的

　② その研究目的を達成するための研究方法（研究体制（「研究組織」にある研究者及び研究協力者のそれぞれの役割）を含む）

③ 応募者の研究遂行能力（これまでの研究活動の具体的な内容等。必要に応じて今回の研究構想に直接関係しないものを含めてもよい。）

「2　挑戦的研究としての意義（本研究種目に応募する理由）」欄
・本研究種目では，これまでの学術の体系や方向を大きく変革・転換させる潜在性を有する挑戦的研究を募集。
・以下を1頁以内で記述。
① これまでの研究活動を踏まえ，この研究構想に至った背景と経緯
② 学術の現状を踏まえ，本研究構想が挑戦的研究としてどのような意義を有するか，探索的性質の強い，あるいは芽生え期の研究計画である場合には挑戦的研究としての可能性を有するか
③「本研究構想が当該特設審査領域に合致する理由」（特設審査領域に応募する場合）

「3　人権の保護及び法令等の遵守への対応」欄
・相手方の同意・協力，個人情報の取扱いの配慮，生命倫理・安全対策に対する取組など指針・法令等に基づく手続きが必要な研究が含まれている場合，講じる対策と措置を1頁以内で記述。

（出典）「平成31年度科学研究費助成事業　科研費公募要領　別冊　応募書類の様式・記入要領」（独立行政法人日本学術振興会）をもとに作成

〔開拓研究〕

「開拓研究」も上記の萌芽研究と同様，Web入力項目では，特設審査領域を選択した場合，「内容を表す用語」の記述が必要になりますが，他はおおむね基盤研究（A・B・C）（一般）と同じです。

添付ファイル項目では，2つの様式に記入します。

開拓研究と萌芽研究の違いは，研究計画調書（本体）の中間部分に当たる【様式S－41－2】において，「1 研究目的及び研究方法」，「2 挑戦的研究としての意義（本研究種目に応募する理由）」，「3 応募者の研究遂行能力」のように3つのパートに分かれていることです。萌芽研究では，1と3は同じ欄の中に書かれます。開拓研究では，「1 研究目的及び研究方法」で，使用する研究施設・設備・研究資料等，現在の研究環境の状況の説明を行います。

表5-3　萌芽研究と開拓研究の様式の比較

挑戦的研究（萌芽）	1 研究目的及び研究方法，応募者の研究遂行能力（2頁以内）	2 挑戦的研究としての意義（本研究種目に応募する理由）（1頁以内）		3 人権の保護及び法令等の遵守への対応（1頁以内）
挑戦的研究（開拓）	1 研究目的及び研究方法（3頁以内）	2 挑戦的研究としての意義（本研究種目に応募する理由）（1頁以内）	3 応募者の研究遂行能力（1頁以内）	4 人権の保護及び法令等の遵守への対応（1頁以内）

（出典）「平成31年度科学研究費助成事業　科研費公募要領　別冊　応募書類の様式・記入要領」（独立行政法人日本学術振興会）をもとに作成

詳細は公募要領でよくご確認ください。

第5節❖特別推進研究の提案書様式

「特別推進研究」は，新しい学術を切り拓く真に優れた独自性のある研究であって，格段に優れた研究成果が期待される1人又は比較的少人数の研究者で行う研究です。研究期間は3～5年（真に必要な場合は最長7年），研究資金額は1課題2億円以上5億円まで（真に必要な場合は5億円を超える応募も可能））です。

審査方法は，はじめに，研究計画調書及び専門分野が近い研究者が作成する審査意見書（国内及び海外の研究機関に所属する審査意見書作成者，各3名程度が作成）等に基づき，人文社会，理工，生物の3つの分野別委員会において，8人～14人の審査委員が全ての応募研究課題について書面審査を行います。その後，書面審査と同一の審査委員が，合議審査の場で各応募研究課題について幅広い視点から議論により審査を行い，ヒアリング対象課題を選定し，ヒアリング審査を行います（総合審査）。

Web入力項目では，基盤研究（A・B・C）（一般）の項目に加えて，「関連分野研究者」，「研究施設」，「現有設備」等の記述が必要になります。

添付ファイル項目は，以下の3つの様式に記入します。

特別推進研究の添付ファイル項目

1．研究計画調書【様式S－1（1)】

本様式は，「PROJECT DISCRIPTION」（4頁以内），「CURRICULA VITAE」，「RECENT RESEARCH ACTIVITIES I (Publications)」，「RECENT RESEARCH ACTIVITIES II (Invited Lectures and Talks, Prizes, etc.)」で構成され，その記入は全て英語で行われます。

この調書の内容は，海外の研究機関に所属する審査意見書作成者が，以下について審査を行うための資料になります。

① 当該研究分野の現状と動向の中で当該研究課題の目的，内容が新しい学術を切り拓く真に優れた独自性のあるものであるか

② 当該研究課題は，当該研究者の着想に基づいた独創性の高い優れた研究課題であるか

③ 当該研究者は当該研究課題を実行できる能力が認められるか

について審査を行うための資料になります。また，他の2つの研究計画調書様式と応募情報（Web入力項目（後半部））と合わせて，科学研究費委員会の審査委員及び国内の研究機関に所属する審査意見書作成者が行う審査に付されます。

2．研究計画調書【様式S－1（2)】

本調書は，以下の4つの欄から構成されます：

(1)「研究目的，背景など」欄

・応募研究課題において，何をしようとしているのか，その全体像を明らかにするため，研究計画調書に記載の指示に従って概要を含め記述。

・概要については，10行程度で記述。

【研究計画調書に記載の指示】

・冒頭にその概要を簡潔にまとめて記述。

・本文には，以下を具体的かつ明確に記述：

① これまでの研究活動を踏まえ，本研究の着想に至った経緯

② 本研究の学術的背景，研究課題の核心をなす学術的「問い」

③ 本研究の目的および学術的独自性と創造性

④ 本研究で何をどこまで明らかにしようとするのか

⑤ 関連する国内外の研究動向と本研究の位置づけ

(2)「特別推進研究としての意義」欄

・特別推進研究としての意義について，研究計画調書に記載の指示に従って記述。

【研究計画調書に記載の指示】

・本研究種目は，新しい学術を切り拓く真に優れた独自性のある研究を支援。

・期待される研究成果と新しい学術を切り拓く上での本研究の学術上の意義・インパクトに留意して，具体的かつ明確に記述。

(3)「研究計画・方法」欄

・応募研究課題の研究目的を達成するための研究計画・方法について，研究計画調書に記載の指示に従って記述。

・研究計画を実施する上で必要とする研究施設・設備・研究資料等の研究環境に関する準備状況は，「応募者の研究遂行能力及び研究環境」欄に記載。

・研究分担者がいる場合は，研究分担者の状況を含む。

【研究計画調書に記載の指示】

・次の点に留意して，具体的かつ明確に記述。

・研究の準備状況（本応募研究課題を実行する際に前提となる，データの収集・分析・評価・検討，基礎となる予備実験，実験機器（装置）の設計・製作，手法の開発，研究組織の構築（研究協力者等の参画）などの準備状況と，研究計画との関係がわかるように記述すること。）

・研究分担者とともに行う場合は，研究代表者，研究分担者の具体的な役割

(4)「応募者の研究遂行能力及び研究環境」欄

・研究計画調書の指示書きに従って記入。

【研究計画調書に記載の指示】

・応募者の研究計画の実行可能性を示すため，以下を記述：

① これまでの研究活動とその成果の具体的な内容

② 研究環境（研究遂行に必要な研究施設・設備・研究資料等を含む）

・なお，①には，必ず，これまでに受けた研究費とそれによって得られた成果等も含めて記述。必要に応じて今回の研究構想に直接関係しないものを含めてもよい。研究活動を中断していた期間がある場合にはその説明などを含めてもよい。

3. 研究計画調書【様式S－1（3)】

(1)「人権の保護及び法令等の遵守への対応」欄

・研究計画調書に記載の指示に従って記述。

・該当しない場合には，「該当なし」と記入。

【研究計画調書に記載の指示】

・相手方の同意・協力，個人情報の取扱いの配慮，生命倫理・安全対策に対する取組など指針・法

令等に基づく手続きが必要な研究が含まれている場合，講じる対策と措置を 1 頁以内で記述。

(2)「研究計画最終年度前年度の応募を行う場合の記述事項」欄
・「研究計画最終年度前年度の応募」として新規に応募する場合は，研究計画調書に記載の指示に従い，各項目について 10 行程度で記述。
・該当しない場合は，記述欄を削除することなく，空欄のまま提出。
【研究計画調書に記載の指示】
・応募年度が最終年度に当たる継続研究課題の当初研究計画，その研究によって得られた新たな知見等の研究成果と本研究を前年度応募する理由を 1 頁以内で記述。

(3)「海外の研究者に審査意見書を求めることが適当でない場合，その理由」欄
・研究計画調書に記載の指示に従って記述。
・該当しない場合には，その旨記述。
【研究計画調書に記載の指示】
・海外の研究者による審査意見書の作成を求めることが適当ではないと判断する場合その理由を具体的に記入。
・この理由の適否については，科学研究費委員会において検討。

(出典)「平成 31 年度科学研究費助成事業　科研費公募要領　別冊　応募書類の様式・記入要領」(独立行政法人日本学術振興会) をもとに作成

詳細は，公募要領でよくご確認ください。

第 6 節❖新学術領域研究の提案書様式

平成 31（2019）年度まで，「新学術領域研究」は，多様な研究者グループにより提案された，我が国の学術水準の向上・強化につながる新たな研究領域について，共同研究や研究人材の育成，設備の共用化等の取組を通じて発展させる研究として行われています。研究期間は原則 5 年間，研究資金額は 1 領域単年度当たり 1,000 万円～ 3 億円程度が原則です。

令和 2（2020）年度公募では，従来の「新学術領域研究（研究領域提案型）」を発展的に見直し，「学術変革領域研究（A・B）」が創設されます。当該種目の公募は，令和 2（2020）年度予算政府案決定後の令和 2（2020）年 1 月以降に開始する予定です。詳細は，「令和 2（2020）年度科学研究費助成事業（科研費）の公募に係る制度改善等について」（令和元年 8 月 9 日，文部科学省研究振興局学術研究助成課，独立行政法人日本学術振興会研究事業部）」など，文部科学省や日本学術振興会のホームページに掲載されている新着情報でご確認ください。

本節では，平成 31 年度に実施された公募・審査について説明いたします。

審査希望区分には，「人文・社会系」，「理工系」，「生物系」，「複合領域」があり，新規の研究領域での採択件数は，おおむね十数領域です。

研究領域は，「計画研究」と「公募研究」により構成されます。「計画研究」は，「総括班」と個々の「計画研究」により構成されます。「公募研究」は，領域設定期間の 1 年目と 3 年目に公募を行い，それぞれの採択目安が 10 件を上回り，その経費総額が領域全体の研究経費の 10％を上回ることが求められます。

審査は，文部科学省科学技術・学術審議会学術分科会科学研究費補助金審査部会に設置された各系委員会で書面審査を実施し，合議によりヒアリング研究領域を選定し，ヒアリングの後，合議により採択候補領域，採択候補研究課題の選定を行います。

審査についての詳細は，「科学研究費助成事業「新学術領域研究」の審査要綱」（平成 29 年 9 月 5 日最終改正，文部科学省科学技術・学術審議会学術分科会科学研究費補助金審査部会）をご覧ください。

以下，提案書様式を見ていきましょう。平成 31 年度新学術領域研究（研究領域提案型）「領域計画書」の応募情報（Web 入力項目）は，以下のとおりです。

1. 審査希望区分
2. 国際活動支援
3. 仮領域番号
4. 応募領域名
5. 領域代表者氏名
6. 領域代表者所属研究機関・部局・職
7. 応募領域の研究概要
8. 関連研究分野（小区分）
9. 研究の対象
10. 過去の「新学術領域研究（研究領域提案型）」又は「特定領域研究」からの発展
11. 研究組織
12. 研究経費
13. 領域代表者住所，連絡先
14. 事務担当者
15. 審査意見書作成者として適当でないと思われる研究者
16. 社会的発展可能性

（出典）「平成31年度　科学研究費助成事業　公募要領　新学術領域研究・特別研究促進費　（応募書類の様式・記入要領）」（文部科学省）より抜粋

「領域計画書」の応募内容ファイル（添付ファイル項目）の構成は，以下のとおりです。詳細は，「平成31年度　科学研究費助成事業　公募要領　新学術領域研究・特別研究促進費　（応募書類の様式・記入要領）」をご覧ください。

1．領域の目的等
（1）目的（5頁以内）
全体構想及び研究目的について，特に以下の点について焦点を絞り具体的かつ明確に記述：
1）研究の学術的背景
・応募研究領域の着想に至った経緯
・関連するこれまでの研究活動（研究水準の現状・実績）
2）対象とする学問分野
3）本領域の重要性・発展性
・本領域が以下のいずれであるかについて，国内外の動向，比較・位置付け，国際的水準から見た現状等を含めて記述：
（ⅰ）国際的優位性を有する（期待される）もの，
（ⅱ）我が国固有の分野もしくは国内外に例を見ない独創性・新規性を有する（期待される）もの，
（ⅲ）学術の国際的趨勢等の観点から見て重要であるが，我が国において立ち遅れており，当該領域の進展に格段の配慮を必要とするもの
4）研究期間終了後に期待される成果等
5）過去の採択領域等からの発展性等（該当する研究領域のみ）

（2）準備状況（1 頁以内）
（3）その他（1 頁以内）

2．領域推進の計画・方法
（1）領域推進の計画の概要（2 頁以内）
・以下について，概念図等を用いて記述。初年度と次年度以降に分けて研究計画・方法を記述（2 頁以内）
1）基本的な研究戦略（研究項目を設ける場合にはその考え方を含む），
2）領域における具体的な研究内容（研究項目を設ける場合には項目ごとの研究内容を含む）
3）各研究項目，各計画研究の必要性及び研究項目間，計画研究間での有機的連携を図るための具体的方法
・概念図の記入要項（本欄の範囲内。研究項目間，計画研究間の関係を示し，領域として何を目指すか明確に記述）
（2）領域のマネジメント体制（3 頁以内）
1）領域代表者を中心とした領域推進に十分貢献できる研究者による有機的な連携体制（必要に応じ，概念図で示す）
2）領域代表者の領域推進に当たってのビジョン及びマネジメント実績
3）総括班，各研究組織の役割及び活動内容
（3）領域推進の計画・方法の妥当性（1）～3）は 2 頁以内）
1）領域及び計画研究の具体的な達成目標
（研究期間終了時の達成目標，学術上の意義・インパクトを含む）
2）1）を実現する具体的な計画・方法
（共同研究，若手を含む研究人材の育成，設備の共用化等の取組を含む）
3）国際的なネットワークの構築，国内外の優れた研究者との共同研究，海外の研究機関との連携，国内外への積極的な情報発信など
4）各計画研究（総括班を除く）の研究組織及び研究内容の概要（1/2 頁程度）
5）公募研究の役割（1 頁以内）
3．研究経費の妥当性
（1）研究期間との関連性を含めた研究経費の必要性（1 頁以内）
（2）各計画研究の費目別内訳及び主要な設備備品費（可能な限り 2 頁以内，3 頁可）
4．主要研究業績（5 頁以内）
（1）領域代表者
（2）各計画研究の研究代表者及び研究分担者

（出典）「平成31年度　科学研究費助成事業　公募要領　新学術領域研究・特別研究促進費　（応募書類の様式・記入要領）」（文部科学省）をもとに作成

続いて「研究計画調書」を見ていきましょう。Web 入力項目は 12 項目あります。

1. 仮領域番号
2. 研究項目番号
3. 研究代表者氏名
4. 研究代表者所属研究機関・部局・職
5. 研究課題名
6. 研究経費
7. 関連研究分野（小区分）
8. 研究代表者連絡先
9. 研究組織
10. 主な現有設備
11. 各経費の明細及びその必要性
12. 研究費の応募・受入等の状況

（出典）「平成 31 年度科学研究費助成事業　公募要領　新学術領域研究・特別研究促進費（応募書類の様式・記入要領）」（文部科学省）より抜粋

「研究計画調書」の応募内容ファイル（添付ファイル項目）には，「総括班」と「計画研究」の２つの様式があります。

以下，表 5-4 にそれぞれの様式の欄の項目のみを抜粋します。応募にあたっては，各欄に記載されている指示に従い，審査基準等に留意しながら記述していきます。

公募要領をよくご確認ください。

表 5-4　新学術領域研究　研究計画調書の構成（総括班，計画研究）

総括班	計画研究
(1)「計画概要」欄	(1)「研究概要」欄
(2)「総括班の目的」欄	(2)「研究目的」欄
(3)「総括班の計画・方法」欄	(3)「研究計画・方法」欄
(4)「今回の計画を実施するに当たっての準備状況及び研究成果を社会・国民に発信する方法」欄	(4)「今回の研究計画を実施するに当たっての準備状況及び研究成果を社会・国民に発信する方法」欄
(5)「国際活動支援の目的等」欄	
(6)「これまでに受けた研究費とその成果等」欄	(5)「これまでに受けた研究費とその成果等」欄
(7)「人権の保護及び法令等の遵守への対応」欄	(6)「人権の保護及び法令等の遵守への対応」欄
(8)「応募者の研究遂行能力及び研究環境」欄	(7)「応募者の研究遂行能力及び研究環境研究業績」欄

（出典）「平成31年度　科学研究費助成事業　公募要領　新学術領域研究・特別研究促進費　（応募書類の様式・記入要領）」（文部科学省）をもとに作成

前述のとおり，「新学術領域研究（研究領域提案型）」の新規の研究領域については，令和２（2020）年度公募は行われず，新たな研究種目「学術変革領域研究」が創設されます。同種目の文部科学省による公募開始は，令和２（2020）年度予算政府案決定後の令和２（2020）年１

月以降が予定されています。なお,「新学術領域研究（研究領域提案型）」の継続の研究領域の公募研究については，令和元（2019）年９月に文部科学省による公募が行われます。

「学術変革領域研究（A)」は，これまでの新学術研究領域研究（研究領域提案型）の後継となる区分，新設の「学術変革領域研究（B)」は，より挑戦的かつ萌芽的な研究に小規模・少人数で短期的に取り組む研究を対象とします。詳細は，科研費公募要領でご確認ください。

第6章

採択事例に見る提案書作成のポイント

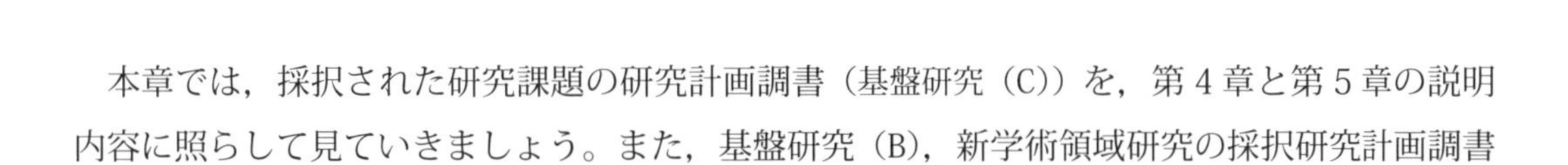

本章では，採択された研究課題の研究計画調書（基盤研究（C））を，第４章と第５章の説明内容に照らして見ていきましょう。また，基盤研究（B)，新学術領域研究の採択研究計画調書の一部もご紹介します。

採択研究計画調書の掲載に当たり，お茶の水女子大学名誉教授　大塚譲先生，山梨大学名誉教授　鳥養映子先生に深く感謝申し上げます。

現在の研究計画調書の様式（基盤研究）は，平成30（2018）年度からの科研費制度改革に伴い変更になっていますが，提案書作成と採択に向けた重要ポイントは共通です。

第１節❖科研費採択のための重要ポイント

もう一度，「第３章　第１節　科学研究費補助金制度」と「第４章　科研費採択のための基本と重要ポイント」を振り返ってみましょう。

重要ポイントは，以下のとおりです。

表 6-1　科研費採択のための重要ポイント

項目	内容
0－1　評定要素の確認	① 研究課題の学術的重要性 ② 研究方法の妥当性 ③ 研究遂行能力及び研究環境の適切性 上記全てで「優れている」という評点を得られるように書く。
0－2　応募課題を取り巻く情勢・傾向分析	① 研究種目・区分の採択率等の分析 ② 自分の研究業績と応募区分内のポジショニングの確認 ③ KAKEN データベース等で先行課題を分析 ④ 過去の委員構成を分析
1　的確なタイトル表現	①「学術研究」であることが伝わる。 ② タイトルは長すぎず魅力的である。興味・関心を引く。 ③ 学術用語が含まれ，高度な専門性・先進性が感じられる。
2　先進的で高度な専門性を有した研究内容	① 世界に先駆けている。文献がある。アファメーション。 ② 概要が心に響く。論理的で理解のフレームワークを作りやすい。 ③ 学術用語が含まれ，高度な専門性・先進性が感じられる。 ④ 仮説が学術的に重要で，ビジョンが明確である。 ⑤ 被引用度の高い重要論文を引用している。 ⑥ ビジュアルで重要なポイントが見える。下線，小見出し，フローチャート，写真・図を活用し論点がわかりやすい。 ⑦ 比較優位かつ SMART（Specific; Measurable; Achievable; Result-oriented; Time-bound）であること。
3　審査委員構成を意識した伝え方	① 審査基準に照らして高く評価される学術性・論理性 ② 審査委員の思考のフレームワークに沿った説得性・共感性。 ③ 委員の専門性を意識したバランスの良い記述の難易度 ④ 委員の立場になって評点作業をシミュレーション
4　研究経費の妥当性	① 研究計画書との整合性，真に必要なものの計上 ② 有効に使用されることの見込み ③ 具体性
5　総合的なバランス	① 様々な情報を分析して相場観を形成

第2節❖基盤研究（C）の採択事例の分析

基盤研究は，令和元（2019）年度採択件数（12,918件）が研究種目の中で最も多く，その採択率は28.2％です。応募総数（45,758件）の2/3が採択されませんが，研究内容が素晴らしいのに，重要ポイントが審査委員に伝わりにくいケースも多くあると筆者は考えています。

お茶の水女子大学名誉教授　大塚譲先生のご厚意で平成28（2016）年度基盤研究（C）の採択研究計画調書をご覧いただくことが可能になりましたので，重要ポイントを確認していきましょう。

平成30（2018）年度からの科研費制度改革により，平成28（2016）年度の研究計画調書様式と審査基準は旧制度のものになりますが，採択の重要ポイントは新旧共通です。

表6-1に沿って，重要ポイントを確認していきましょう。

0－1　評定要素の確認

基盤研究（C）の３つの評定要素「研究課題の学術的重要性」「研究方法の妥当性」「研究遂行能力及び研究環境の適切性」が審査基準であることを確認し，この全てで「優れている」（評点4）を獲得できるように記述します。

0－2　応募課題を取り巻く情勢・傾向分析

①　研究種目・審査区分の採択率等の分析

平成28（2016）年度の基盤研究（C）の審査は，「細目」（食生活学）で行われました。平成30（2018）年度以降の「小区分」とは異なるので，ここでは，平成30（2018）年度の基盤研究（C）・小区分で一番近い「08030：家政学および生活科学関連」と「38050：食品科学」を選択し，巻末資料の表9から応募件数・採択件数・採択率を確認します。

これら３つの数値は，それぞれ順に303件，85件，28.1％と289件，75件，26.0％です。令和元年度の速報値では，基盤研究（C）の小区分における平均採択率は，27.9％ですので，上記の値は，平均値に近いと言ってよいでしょう。

なお，旧細目「食生活学」は，「08030：家政学および生活科学関連」（生活文化，家庭経済，消費生活，ライフスタイル，衣文化，食文化，住文化，衣生活，食生活，住生活，生活科学一般，家政学一般，家政教育，など）に含まれますが，小区分内での一部になりますので，分析対象の選択にあたっては注意が必要です。

もしも小区分の選択で迷うことがあれば，上記３つの数値について，過去３年間の傾向を分析しましょう。また，審査委員構成の確認も重要です。

② 自分の研究業績と応募区分内のポジショニングの確認

大塚教授は，食品科学分野で研究業績の多い著名な研究者でいらっしゃるので，基盤研究(C) の研究遂行能力について高い評点を得られます。このため，ポジショニング分析は必要ありません。

一方，若手の研究者の方々や応募対象の学術分野で新しく研究を始められた方々は，ご自身の研究業績と区分内のポジショニングを確認して，研究種目・応募区分の採択率（①），KAKEN データベース（③），審査委員構成（④）などを分析する必要があります。

ご自身のポジショニングが上位 25％に達していないと考えられる場合は，研究代表者ではなく，研究分担者で当該年度の応募を行うことも，採択に向けた効果的なアプローチになります。

③ KAKEN データベース等で先行課題を分析

第 4 章 p. 120 でも紹介したように，国立情報学研究所の提供する「KAKEN：科学研究費助成事業データベース」により，応募しようとする研究課題に関連した重要情報を得ることができます。過去に採択された研究課題の概要，キーワード，優れた言い回し，採択の傾向を分析することにより，どの研究種目・応募区分を選択するか，戦略的に検討できます。

図 6-1　KAKEN データベースの検索例

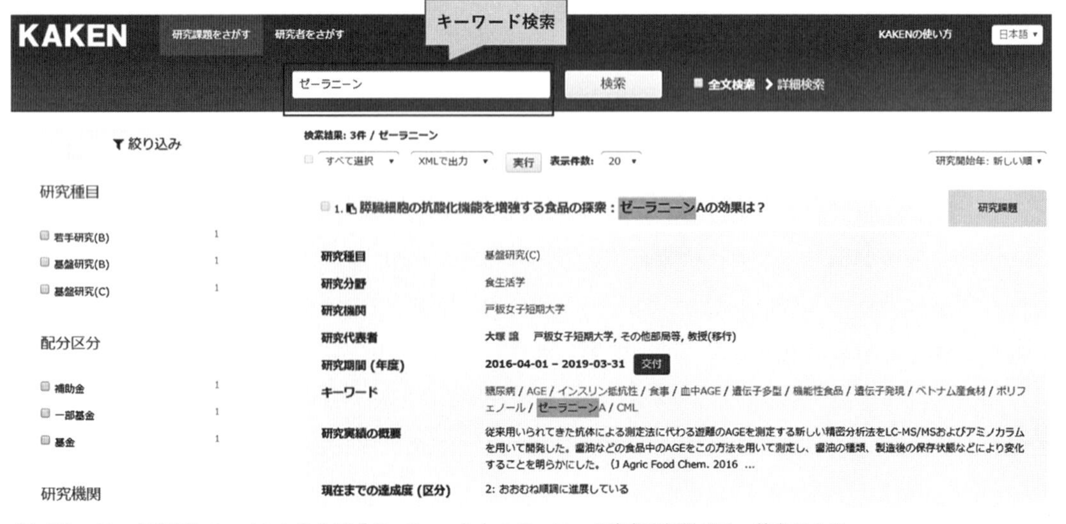

注）「キーワード検索」のコメントおよび「ゼーラニーン」のキーワード検索の網掛けは，筆者による。

（出典）国立情報学研究所「KAKEN（科学研究費助成事業データベース）」（https://kaken.nii.ac.jp/）を用いて「ゼーラニーン」を筆者がキーワード検索した結果。

図 6-1 は，「ゼーラニーン」で検索した結果です。検索結果は 3 件，大塚譲先生の研究が 2 件です。研究課題名をクリックすると，より詳細な情報を見ることができます。

また，左端には，検索結果について，順に「研究種目」「配分区分」「研究機関」「研究課題種別」「研究期間（年度）」「研究課題ステータス」「キーワード」「研究者」の情報が得られます。特に，どの研究種目に何件あるか，どの研究種目を選択すべきか，年間どれくらいの採択があるか，年次推移はどうか，どのような研究者がいるか，を知ることで，この検索キーワードに関するご自身のポジショニング情報が得られます。

また，研究計画調書の概要や本文にどのような学術用語を含んだらよいか，専門性や言葉の難度はどれくらいの水準にすべきかについても，KAKEN データベースの情報分析により良い指針が得られます。

検索キーワードで多くの検索結果を得た場合は，「テキストで出力」してみましょう。

エクセル表の左端列から順に，①研究課題名，②研究課題名（英文），③研究課題／領域番号，④研究期間（年度），⑤研究代表者，⑥研究分担者，⑦連携研究者，⑧研究協力者，⑨特別研究員，⑩外国人特別研究員，⑪受入研究者，⑫キーワード，⑬研究分野，⑭審査区分，⑮研究種目，⑯研究機関，⑰応募区分，⑱総配分額，⑲総配分額（直接経費），⑳総配分額（間接経費），㉑各年度配分額，㉒各年度配分額（直接経費），㉓各年度配分額（間接経費），㉔現在までの達成度（区分コード），㉕現在までの達成度（区分），㉖理由，㉗研究開始時の研究の概要，㉘研究概要，㉙研究概要（英文），㉚研究成果の概要，㉛研究成果の概要（英文），㉜研究実績の概要，㉝現在までの達成度（段落），㉞今後の研究の推進方策，㉟次年度の研究費の使用計画，㊱次年度使用額が生じた理由，㊲次年度使用額の使用計画，㊳自由記述の分野，㊴評価記号，㊵備考，が出力されます。

検索結果のエクセル表で多くの研究課題ごとの情報を一覧することで，傾向分析を効率的に行うことができます。また，特に参考になるのは，①研究課題名，⑫キーワード，㉖理由，㉘研究概要，㉜研究実績の概要，㉝現在までの達成度（段落），㉞今後の研究の推進方策，です。

応募者が研究計画調書の構想を練るとき，研究計画調書〔研究課題名，概要，本文〕を書き始めるとき，研究種目と応募区分を決めるときに，特に効力を発揮します。筆者も，応募者の支援に当たって必ずエクセル表の作成を行って情報分析結果を説明し，研究計画調書の推敲に役立てています。応募の際には，是非，KAKEN データベースを活用ください。

④ 過去の委員構成を分析

基盤研究と若手研究の審査委員名簿は，日本学術振興会（JSPS）の科研費ホームページに公表されています。

科研費ホームページ・メニュー「審査・評価について」をクリック→ News 一覧から「審査

図 6-2　科研費ホームページ（日本学術振興会）審査委員名簿

（出典）科研費ホームページ（独立行政法人日本学術振興会）
（https://www/jsps.go.jp/j-grantsinaid/01_seido/03_shinsa/shinsa_meibo/29.htm　2019 年 7 月 21 日閲覧）

委員名簿の更新について」→「審査委員名簿」をクリックすると，以下の画面にたどりつきます。2019 年 7 月現在時点では，平成 29 年度の審査委員が掲載されています。

例えば，旧細目「食生活学」は，総合系・複合領域・生活科学からたどりつきます（表 6-2)。

応募時点では，当該年度の審査委員名簿は公表されていませんが，旧審査区分の系・分野・分科・細目，新審査区分ごとに，過去の名簿は公表されていますので，ご自身の応募する審査区分番号の名簿の傾向を分析していきましょう。

表 6-2　第 1 段審査（書面審査）委員　平成 29 年度　基盤研究（C）

分科：生活科学　細目：食生活学

1703A	九州大学・農学研究院・准教授	本城　賢一
	日本大学・生物資源科学部・准教授	松藤　寛
	同志社女子大学・生活科学部・教授	村上　恵
	国立研究開発法人農業・食品産業技術総合研究機構・食品研究部門・ユニット長	日下部　裕子
1703B	国立研究開発法人農業・食品産業技術総合研究機構・果樹茶業研究部門・ユニット長	杉浦　実
	京都府立大学・生命環境科学研究科・准教授	桑波田　雅士
	静岡県立大学・食品栄養科学部・准教授	林　久由
	山梨大学・総合研究部・准教授	望月　和樹
	金沢大学・医学系・准教授	小川　和宏
	大阪府立大学・生命環境科学研究科・講師	赤川　貢
	長崎県立大学・看護栄養学部・教授	古場　一哲
	大分大学・教育学部・教授	望月　聡
1703C	国立研究開発法人医薬基盤・健康・栄養研究所・栄養教育研究部・室長	高田　和子
	東京大学・農学生命科学研究科・准教授	小林　彰子
	同志社女子大学・生活科学部・教授	小切間　美保
	慶應義塾大学・薬学部・教授	登美　斉俊
	奈良女子大学・研究院・教授	高地　リベカ
	静岡大学・教育学部・教授	村上　陽子
	新潟薬科大学・応用生物科学部・教授	佐藤　眞治
	武庫川女子大学・国際健康開発研究所・講師	森　真理

（出典）科研費ホームページ（独立行政法人日本学術振興会）より作成
（https://www.jsps.go.jp/j-grantsinaid/01_seido/03_shinsa/shinsa_meibo/first_29_mei_kiban_c_1.html#a-09　2019 年 7 月 21 日閲覧）

1. 的確なタイトル表現

採択研究計画調書の研究課題名は「膵臓細胞の抗酸化機能を増強する食品の探索：ゼーラニーン A の効果は？」です。

表 6-1 のポイントに照らしてみましょう。

このタイトル表現は，従来型の「～の解明」「～の研究」などとは異なり，「食品の探索」という実用的な研究の印象も与えます。また，「効果は？」という表現で研究課題を書くことも，どちらかといえば，異例です。しかし，既に，その審査区分内（アカデミック・グループ）で，高い学術的評価やポジショニングを得ている場合は，問題ありません。逆に，審査委員に次の「概要」に何が来るだろうと期待させ，引き込む効果があります。

ただし，若手研究者の方々やこの区分に新しく参入する方々は，先行採択事例を分析して，以下の 3 点に留意ください。

① 「学術研究」であることが伝わる。

② タイトルは長すぎず魅力的である。興味・関心を引く

③ 学術用語が含まれ，高度な専門性・先進性が感じられる。

研究種目	基礎研究(C)	審査区分	一般
分　野	複合領域		
分　科	生活科学		
細　目	食生活学		
細目表 キーワード	機能性食品		
細目表以外の キーワード	遺伝子発現		

研究課題名	膵臓細胞の抗酸化機能を増強する食品の探索：ゼーラニーンAの効果は？

（出典）「平成28年度（2016年度）基盤研究（C）（一般）採択研究計画調書」（大塚譲先生）より作成

2. 先進的で高度な専門性を有した研究内容

研究計画調書の様式について，「第5章　第1節　基盤研究（A・B・C）（一般）と若手研究の提案書様式」p. 129と見比べながら分析しましょう。

現行様式「(1)「研究目的，研究方法など」欄の冒頭部分は，旧様式の「研究目的」欄に相当します。

まず概要を見てみましょう。

研　究　目　的（概要）　※ 当該研究計画の目的について，簡潔にまとめて記述してください。

申請者は膵臓細胞の抗酸化機構の解明と食事によるその防御を目指している。本研究では酸化ストレス等による糖尿病合併症を軽減できる新規の機能性食品を開発することを目的とする。これまであまり検討されてこなかったベトナムや台湾等の地域の食品素材を含めて検討対象とする。

膵臓細胞における酸化ストレス軽減のため，主たる抗酸化酵素ヘムオキシゲナーゼの上流で転写活性を調節しているNR4A3遺伝子の転写を向上させる植物成分を探す。

膵臓由来1.1B4培養細胞系をNR4A3ノックダウンしたモデル細胞で，元通りに生き返らせる食品成分をスクリーニングし，さらに糖尿病モデルマウスを用いてその効果を検証する。

（出典）「平成28年度（2016年度）基盤研究（C）（一般）採択研究計画調書」（大塚譲先生）より引用

ここでは，比較的親しみやすく実用的研究をイメージさせるタイトル「膵臓細胞の抗酸化機能を増強する食品の探索：ゼーラニーンAの効果は？」の表現からは大きく変わり，硬い文章で学術的内容が一目でわかる表現になっています。

まず，第1文目で「膵臓細胞の抗酸化機構の解明」と書かれ，学術研究であることがわかります。また，「食事によるその防御」「酸化ストレス」「糖尿病合併症を軽減」「新規の機能性食品を開発」の部分で，タイトル内容と整合しています。また，審査委員の関心の高いキーワードが盛り込まれています。さらに「これまであまり検討されてこなかったベトナムや台湾等の地域の食品素材を含めて検討対象」のところで，新規性を期待させます。

次の段落では，最初の段落をより学術的・専門的に補強する内容で，「抗酸化酵素ヘムオキシゲナーゼの上流で転写活性を調節している NR4A3 遺伝子の転写を向上させる植物成分」の探索を目指すことが記述され，単なる機能性食品の探索ではなく，科学的・学術的な遺伝子調節，代謝経路の基礎に立って探索が行われることが伝えられています。

最終段落では，さらに用いる培養細胞系，特定の遺伝子をノックダウンしたモデル細胞を用いることで分子生物学的手法が用いられること，糖尿病モデルマウスを用いた効果検証が行われることで，高度な専門性・先進性が感じられる内容となっています。

この概要には，「ゼーラニーン A」が何か？述べられていませんので，「概要」から「本文」への審査委員の興味を持続させ，読み進める移行を円滑にする効果も潜在的にあったことが推察されます。

上記により，

① 世界に先駆けている。文献がある。アファメーション。

② 概要が心に響く。論理的で理解のフレームワークを作りやすい。

③ 学術用語が含まれ，高度な専門性・先進性が感じられる。

が満たされていることがわかります。

科研費改革制度が実施に移された 2018 年度以降は，「学術的「問い」」に強調がおかれていますので，

④ 仮説が学術的に重要で，ビジョンが明確である。

の重要性がさらに増しています。概要の中でご自身が検証しようとしている「仮説」をわかりやすく書くと，審査委員の理解のフレームワークを作りやすいでしょう。

次に旧様式「研究目的」の本文をご覧ください。

① **研究の学術的背景**

生活習慣病になると酸化ストレスが昂進する例が多い。中でもⅡ型糖尿病では，高血糖により過酸化物が増えて酸化ストレスがたまると，もともと抗酸化酵素の発言が弱い（Robertson, 2004）ランゲルハンス島のβ細胞が酸化ストレスによって崩壊し，急激に糖尿病が悪化する。申請者は膵臓細胞の抗酸化機構の解明と食事によるその防御を目指し，膵臓細胞における酸化ストレス時の抗酸化酵素群の発言制御機構を明らかにするとともに，ベトナム食用植物から新規の抗酸化物質ゼーラニーンAを分離精製し，糖尿病などの生活習慣病予防効果を明らかにしようとしている。

申請者はこれまでに，ヒト膵臓細胞由来の1.1B4細胞を用いて過酸化水素を添加し，抗酸化酵素や各種の遺伝子の発現をDNAマイクロアレイにより分析してきた。過酸化水素等の酸化ストレス時には，1.1B4細胞で抗酸化効果を高める働きをする抗酸化酵素であるヘムオキシゲナーゼやグルタチオン合成酵素GCLCの遺伝子発現が上昇し，スーパーオキサイドジスムターゼやカタラーゼ，グルタチオンパーオキシダーゼ等の主要な抗酸化酵素の遺伝子発現はほとんど変化せず，抗酸化機構への寄与は少ないことを明らかにした。従って膵臓細胞における抗酸化機構の中ではヘムオキシゲナーゼとGCLCが糖尿病による酸化ストレスから細胞を保護するうえで最も重要な抗酸化酵素であることが明らかとなった。また，マイクロアレイの実験結果を詳細に解析したところ，オーファンレセプターであるNR4A3遺伝子の発現が際立って上昇していた。膵臓細胞以外のHUC-F2細胞でも同様の現象が認められた。そこでNR4A3が細胞の抗酸化機構に重要な働きをしている可能性が考えられたのでNR4A3のmRNAをsiRNA法によりノックダウンし，酸化ストレスに対する耐性を見たところ，酸化ストレスに極めて弱くなっていた。それと同時にヘムオキシゲナーゼの発現も顕著に減少した。これらの結果から膵臓細胞における抗酸化の機構は，酸化ストレスに対してNR4A3転写因子が反応し，ヘムオキシゲナーゼの転写を活性化し，酸化ストレスに対抗していると推定した。

一方申請者のグループはベトナム栄養研究所のマイ博士らと共同で，ベトナムの食用植物の抗酸化能や生活習慣病に対する効果を調べてきており，各種の抗酸化活性の高い食用植物を見付けた。その中から最も強い抗酸化活性を有するTRAMという植物を選び，その抗酸化活性物質の分離精製を試みたところ，非常に強い抗酸化ポリフェノールの分離精製に成功し，NMRなどにより構造決定したところ新規物質であることが判明し，ゼーラニーンAと命名した。この物質の抗酸化活性を検討したところ，紫外線照射による細胞死を顕著に抑制することが明らかになった。さらに動物に投与してその効果を見る実験を準備している。この他，ゼーラニーン以外にもベトナム食用植物から抗酸化ポリフェノール，ミリシトリン等を分離精製している。

研　究　目　的（つづき）

血糖値の上昇が糖尿病合併症を生む機構については十分に解明されているわけではないが，原因の一つに糖とアミノ酸のメイラード反応で生じるCELなどのいわゆるAGEs（Advanced Glycation End Products）の蓄積がある。そこで各種AGEsをLC-MS/MSで定量する方法を開発し，糖尿病患者とそうでない健常者とでどのAGEsに変化が起きるかを比較した。従来これらのAGEsは抗体を用いて測定されていたが，非特異的に反応するものが多く，正確には測定できないでいた。今回申請者らは非放射性同位体を内部標準とする非常に正確なAGEs測定法を開発することができた。この方法で血液を分析し，糖尿病患者と健常者とを比較したところ，CEL，CML，MG-H1が糖尿病患者で顕著に上昇していた。さらに一部の患者の尿中の含有量を測定したところ，尿中に排泄される量は血液よりはるかに多く，やはり糖尿病患者で増加していた。

②　研究期間内に何をどこまで明らかにしようとするのか

これまでに糖尿病における酸化ストレスを防ぎ糖尿病合併症の悪化を食い止める薬剤，食品成分の探索が行われているが，いまだ十分な効果は得られていない。上述のように膵臓細胞では抗酸化酵素の発現が弱く，かろうじてヘムオキシゲナーゼとGCLCが酸化ストレスに反応し，抗酸化効果を発揮しているだけである。このことから膵臓細胞では，ヘムオキシゲナーゼを活性化することにより，高血糖による酸化ストレスで細胞が崩壊することを防ぐことができると考えられる。

そのためには酸化ストレスに反応しヘムオキシゲナーゼの転写活性化を行うオーファンレセプターであるNR4A3を活性化する食品成分を探すことが重要であると考えている。しかしながらNR4A群の転写調節群の反応は複雑で，NR4A3のmRNAをノックダウンするとNR4A2の転写が上昇し，それに伴ってもう一方の抗酸化酵素であるGCLCの転写も上昇する。従ってNR4A3を上昇させるだけではなく，NR4A2も同時に活性化させる食品成分を探す必要がある。

そこで，本研究ではNR4A3およびNR4A2を同時に活性化させる食品成分を探索する。そのために膵臓由来1.1B4細胞を用いて各種の食品成分を添加し，これらNR4A群の転写を活性化させる成分を探す。またNR4A3をノックダウンし酸化ストレスに弱くなった細胞を救済する食品を探索する。

③　当該分野における本研究の学術的な特色・独創的な点及び予想される結果と意義

高血糖における膵臓細胞死を防ぐ方法には，ヘムオキシゲナーゼの転写活性化を行う方法の他に，抗酸化能力を失った細胞に抗酸化成分を直接与える，という二つの方法が考えられる。申請者らはNR4A3をノックダウンして抗酸化能力の低下した膵臓細胞に過酸化水素を与えると細胞は完全に死滅するが，酸化ストレスを除くと細胞の生育が回復することを見つけている。従って，ノックダウン細胞を作製し，酸化ストレス耐性を失った細胞の生育を活性化する植物成分を見つけることも一つの方法と考えている。

そこで本研究ではこの2つの方法で膵臓細胞死を防ぎ，糖尿病合併症の進展を防止できる食品成分を探す。特に，申請者らが新規ポリフェノールとして精製し，既にある程度効果があることが示されている，ゼーラニーンAやベトナム植物から見つけたポリフェノール類を最初に試す。

次にこれらのテストで効果のあった成分について，自然に高血糖になる系統のモデルマウスを用いた飼育実験を行い，血糖値を下げることができるか，また高血糖によるメイラード反応生成物AGEsを減らすことができるかを明らかにする。糖尿病合併症が起きる原因は，高血糖そのものではなく，高血糖による糖化反応によるAGEs類の生成によるものだとも考えられている。従って，AGEsを直接LC-MS/MSで測定することにより，食品成分の糖尿病合併症への効果を明らかにすることができる。

糖尿病は現在まで根治する方法は見つかっていないが，その合併症をできるだけ少なくすれば普通の生活が送れる。従って本研究で合併症を予防またはその進展を遅らせることのできる食品が見つかれば多くの糖尿病予備軍，患者にとって良報となり，機能性食品の開発につながる。

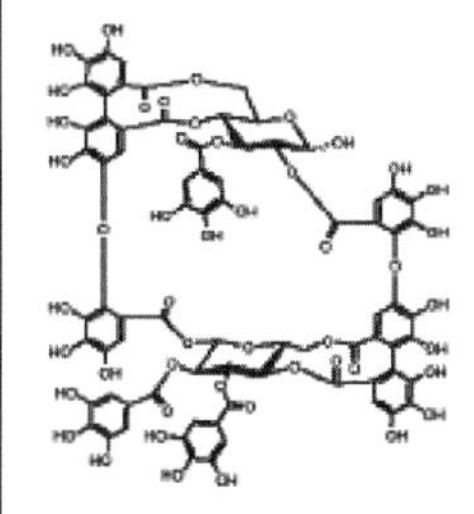

（左図　ゼーラニーンA）

（出典）「平成28年度（2016年度）基盤研究（C）（一般）採択研究計画調書」（大塚譲先生）より引用

ここでは，Robertson，2004 年の論文が引用されています：

R. Paul Robertson, Jamie Harmon, Phuong Oanh T. Tran and Vincent Poitout, "β-Cell Glucose Toxicity, Lipotoxicity, and Chronic Oxidative Stress in Type 2 Diabetes", Diabetes 2004 Feb; 53 (suppl 1): S119-S124.

（表 6-1 2⑤ 被引用度の高い重要論文を引用している。）

また，大塚先生のグループは，新規物質ゼーラニーン A の命名者であることが示されています。（同① 世界に先駆けている。文献がある。アファメーション。）

1. 本研究を達成するための具体的な方法

＜平成 28 年度の計画＞

1）糖尿病モデル動物の作成と検討（研究代表者大塚 及び 研究分担者 三原 ：戸板女子短大）

ストレスに弱い KK-Ay マウス等を用いて糖尿病モデルマウスを作製する。予備飼育後高血糖にし、検査試料（食品成分）を与え、尿糖を随時採取測定し、糖尿病状態をモニターしながら飼育する。飼育後解剖して、血糖値を測定するとともに血液試料を採取し凍結する。また膵臓や肝臓等も瞬時に凍結する。インスリンやグルカゴンの抗体を用いた免疫組織化学法により膵臓のβ細胞の崩壊度を測定し、試料の効果を明らかにする。インスリンなどの抗体による染色は比較的簡単であるが、膵島の発育にかかわる PDX1 や転写調節因子 NR4A3、NR4A2 は発現量が少ないが、抗体による染色を行う。（写真参照：膵臓β細胞を PDX1 抗体で染色）

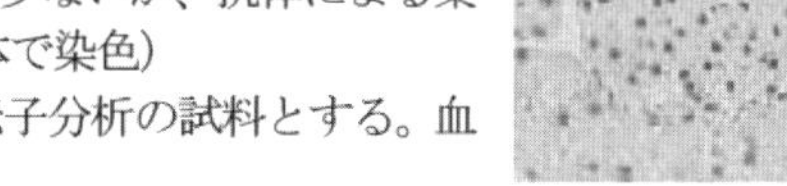

凍結臓器の一部は上田のもとに送付し、遺伝子分析の試料とする。血液試料等は上田及び能見に送付する。

（出典）「平成 28 年度（2016 年度）基盤研究（C）（一般）採択研究計画調書」（大塚譲先生）より引用

また，下線が多用されるとともに，ゼーラニーン A の構造式もバランス良く示されています。旧様式の「研究計画・方法」では，写真も掲載されています。（同⑥ビジュアルで重要なポイントが見える。下線，小見出し，写真・図を活用し論点がわかりやすい。）

また，研究体制図，研究の流れも，以下のフロー図で明確になっています。（同⑥）

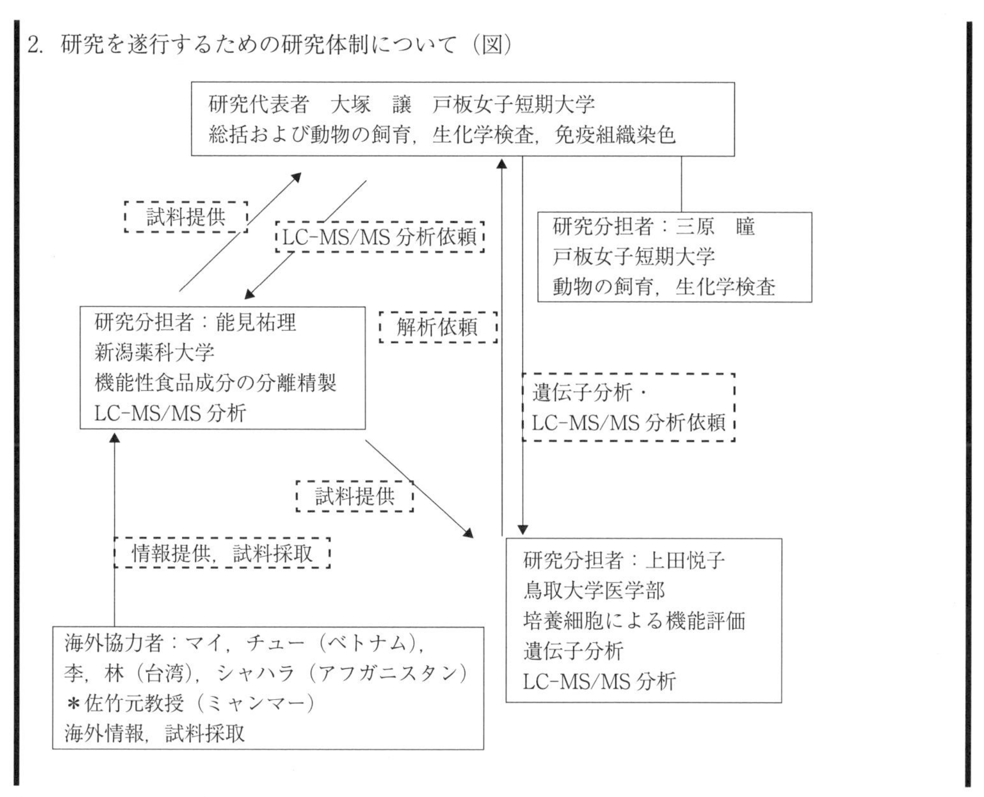

（出典）「平成 28 年度（2016 年度）基盤研究（C）（一般）採択研究計画調書」（大塚譲先生）より引用

現在，科研費獲得の優れた解説書が複数出版されていること，各大学・研究機関のメンターやリサーチ・アドミニストレータの方々の効果的な推敲支援が行われていることから，研究計画調書の見栄え，読みやすさなど，ビジュアル面でのテクニックも高度になっています。

このため，科研費採択経験が十分でない応募者の方々は，さらに，下線，小見出し，写真・図を活用し審査委員の理解のフレームワークづくりを意識していただくとよいでしょう。

⑦ 比較優位かつ SMART であること

比較優位性と SMART（Specific; Measurable; Achievable; Result-oriented; Time-bound）の重要性は，「第 4 章　第 3 節　重要性が伝わる書き方のポイント」p. 123 でご紹介しました。大塚先生の採択研究計画調書も，世界に先駆けた研究であること，SMART であることがよく伝わる内容になっています。

最後に，審査委員構成を意識して推敲を繰り返しましょう。タンジブルに重要性が審査委員に伝わることが大切です。

3. 審査委員構成を意識した伝え方

① 審査基準に照らして高く評価される学術性・論理性

② 審査委員の思考のフレームワークに沿った説得性・共感性。

③ 委員の専門性を意識したバランスの良い記述の難易度

④ 委員の立場になって評点作業をシミュレーション

4. 研究経費

「第３章　第１節　６　評定基準と審査方式」の中で述べたとおり，「研究経費」は「評定要素」の「(2) 研究方法の妥当性」で「研究経費は研究計画と整合性がとれたものとなっているか」の審査を受けます（p.24）。また，評定要素の他の評価項目として，「研究経費の妥当性」では妥当性・有効性・必要性等が審査されます（p.27）。

また，是非，留意していただきたい重要ポイントに「具体性」があります。例えば，設備備品費・消耗品費であれば，何をどれだけ購入するのか，できるだけ具体的に記入することが重要です。機械器具，図書，資料，薬品，実験動物など内訳の記載も大切です。旅費では，国際学会への参加が記載されていることが望ましいでしょう。成果発表の学会スケジュール・開催予定地の記載があることが，書き方のコツの共有が進む近年では標準になっています。

また，「設備備品費，消耗品費の必要性」の欄においても，説得性・合理性・論理性の高い説明を丁寧に行うことが重要です。ご自身の所属する機関，あるいは他機関で既存の設備備品費が利用可能であることへの言及があることも，効率性・必要性を審査委員に伝える重要ポイントになります。

大塚先生の好事例については，基盤研究（B）の採択研究計画調書でご紹介します。

第3節❖基盤研究（B）の採択研究計画調書

次に，お茶の水女子大学名誉教授　大塚譲先生の平成25年度（2013年度）基盤研究（B）（一般）の採択研究課題「食用植物由来新規エラジタンニンZeylaniin Aの生活習慣病改善機能」の研究計画調書の一部をご紹介します。旧審査区分（細目）の複合領域分野・生活科学・食生活学で審査が行われています。

旧様式での記述ですので，新しく応募される方は，新様式（第5章でも説明）を公募要領で確認ください。

研　究　目　的（概要） ※ 当該研究計画の目的について、簡潔にまとめて記述してください。

ベトナムの食用植物Tramには非常に強い抗酸化活性が認められており、申請者らはその成分を分析し、抗酸化活性の非常に強いポリフェノールを精製し、Zeylaniin Aと命名し構造を決定し新規エラジタンニンであることを明らかにした。このZeylaniin Aやまだ未同定のTramの他の含有物質を生活習慣病予防などに用いるためにはその機能の解明および安全性の確認が必要である。そこで本研究ではin vitroアッセイ系や動物実験により抗酸化力、抗紫外線活性等のほか、各種のポリフェノールで認められているガン、糖尿病等の生活習慣病にたいする予防作用等を明らかにする。

① 研究の学術的背景（本研究に関連する国内・国外の研究動向及び位置づけ、応募者のこれまでの研究成果を踏まえ着想に至った経緯

糖尿病、心筋梗塞、ガンなどの生活習慣病は世界の人口の数十%が抱えており、糖尿病だけでも約5〜6%となっている。我が国でも、生活習慣の変化や、高齢化に伴い年々増加している。これらの生活習慣病の予防には野菜の摂取が有効で、特にその抗酸化成分が重要といわれている。ポリフェノールを多く含む食品や飲料の摂取により、糖尿病などの生活習慣病のリスクを減らせることが疫学的研究により明らかにされているが、この要因としてポリフェノールの抗酸化性や糖質分解酵素阻害が示唆されている。そこでこれらの活性を基準とした食品素材の探索が、日本のみならず世界中で行われてきた。例えば、グアバの葉の抽出物はポリフェノールを多く含有し、糖の吸収を抑えることから特定保健用食品として用いられており、機能性食品として大きな市場価値を占めている。

申請者らはベトナムで食用とされている植物約40種類をスクリーニングにかけ、フトモモ科の*Syzyguim zeyalanicum (L.)DC.*；（Tram；ベトナムではトラムと呼んでいる）の葉（上図）に強い抗酸化活性と多くのポリフェノールを含んでいることを見出した。カリフォルニア大学デービス校のShibamoto教授と共同研究を行い、DPPHラジカル捕捉活性の他、脂質酸化抑制も非常に強いことを認めた。さらにTramにはリポキシゲナーゼ阻害活性が認められ抗炎症作用が示唆された。[*J. Sci. Food. Agric.* (2011) 91: 2259-2264]。このTramは、熱帯地方に多く繁殖しており、ベトナム南部ではこの葉を生で食べる習慣があることから、安全性は高いと推測される。

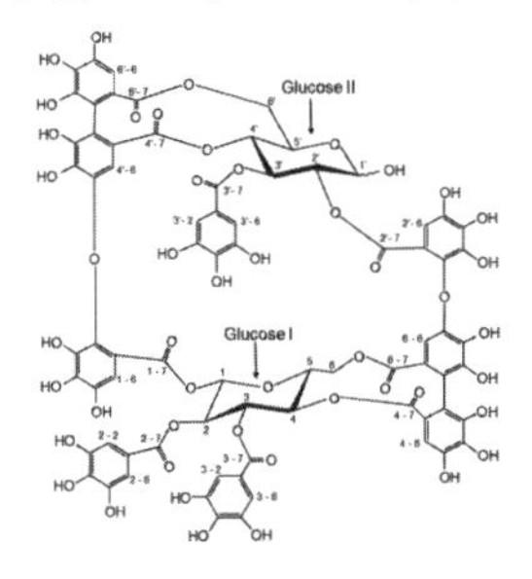

そこでTram含有の抗酸化成分を明らかにするため、Tramメタノール抽出液を溶媒分画したところ、ブタノール画分、水画分に強いラジカル消去活性（抗酸化活性）がみられた。このうち、水抽出画分についてHP20カラムクロマトグラフィーおよびODSカラムを用いた分取HPLCにより精製を行い、3種類の抗酸化物質（ピーク1，2，3）を得ることに成功した。そのうち、最も収量の多かったピーク2についてMSおよびNMRを用いて構造解析を行った結果、**分子量1720の新規なエラジタンニンの一種**であることを明らかにし、この物質をZeylaniin Aと命名した[*J. Agric. Food Chem.* (2012)]。Zeylaniin AのDPPH**ラジカル消去活性**はTrolox当量で19.18 molTE/molと強く、ORAC**活性**は4.37molTE/molであった。また、マロンアルデヒドによる**脂質過酸化の抑制**効果も認められ、

（出典）「平成25年度（2013年度）基盤研究（B）（一般）採択研究計画調書」（大塚譲先生）より引用

研　究　目　的（つづき）
Zeylaniin A はすべてのアッセイ系において抗酸化作用を発揮した。この値は、最も抗酸化活性の強いポリフェノール類であるケルセチン、ルチンの純品３～１０mmol Trolox eq/g[Oszewska & Michel, Nat Pro Res (2011)]と比較してみても、今までにない強い抗酸化活性を有することは明らかである。従って Zeylaniin A は天然の抗酸化剤として様々な機能に強い期待が持てる。

Quideau らのポリフェノールに関する総説では以下のことが述べられている。毎日野菜と果物を食べることが健康長寿につながるがその理由についてはまだはっきりとわかっていない。しかし、これらの食品に多く含まれるポリフェノールが関与しているだろう。さらにポリフェノール類の生理活性については心臓病や痴呆、ガン、糖尿病等の生活習慣病防止作用があることが多くの研究で明らかにされている。そしてポリフェノールは抗酸化活性が高いが、重合するとタンパク質と非特異的に結合し、酵素を失活させる。そしてポリフェノール類は高次の立体構造をとるために特異的に特定の酵素阻害を行うものもある。また、ゲニステインのようにホルモン受容体と特異的に結合し生理活性を示すものもあると述べている。［S. Quideau et al., *Angew. Chem. Int. Ed.* (2011), 50, 586-621］。

従って申請者らが精製した新規抗酸化化合物 Zeylaniin A にもこれらの生理機能を持つことが考えられるが、まだ誰も検討していない。

②　研究期間内に何をどこまで明らかにしようとするのか
そこで、本研究では以下のことを目的とする。

1．過酸化水素などの**酸化**ストレスを与えた細胞に対する Zeylaniin A の**保護作用**について、正常培養細胞などを用いて明らかにする。
2．血中抗酸化力測定装置を用い、実験動物に与える Zeylaniin A の**抗酸化作用**を明らかにする。
3．**紫外線照射**を受けた細胞のアポトーシスに対する Zeylaniin A の保護作用について、培養繊維芽細胞を用いて明らかにする。
4．**外来異物**を与えると細胞に酸化ストレスが生じ、細胞はアポトーシスを起こすが、Zeylaniin A で保護できるかを肝臓由来培養細胞を用いて明らかにする。
5．いくつかのエラジタンニンや構造の近いガロタンニンでは抗ガン作用があることが知られている。そこで Zeylaniin A がガン化した細胞特異的に増殖抑制などの**抗ガン作用**を示すが、正常細胞にはその作用がないかどうかを明らかにする。
6．Zeylaniin A の**安全性**について、培養細胞や突然変異物質に感受性の強いマウスを用いて検討する。
7．Tram には Zeylaniin A 以外にもピーク 1,3 やブタノール画分に**抗酸化物質**を含んでいることが明らかであることから、これらの物質の**分離精製**を行い、その化学**構造**を明らかにする。
8．Tram は生野菜として食べるにはやや肉厚なので Tram をさらに食べやすくするために乾燥法、調理法、加工法を検討し、食べやすい料理法を開発する。

③　当該分野における本研究の学術的な特色及び予想される結果と意義
今まで多くの抗酸化機能を含んだ食品素材についての研究がおこなわれてきているが、抗酸化の本体の物質の構造まで解明した研究は少なく、物質を特定し、その構造を明らかにしたうえでの研究である。近年特定保健用食品として認可を受けるにはその機能性成分の特定が必要で、本研究ではそれが満たされている。**老化の原因**には諸説あるが、酸化ストレスや、紫外線ストレスもその一因と考えられている。従って本研究により我々が発見した新規**抗酸化物質** Zeylaniin A を用いた**老化予防食品**の開発が可能となることが考えられる。また Zeylaniin A による抗紫外線活性を明らかにできれば皮膚の**紫外線防止効果**が明らかにでき、化粧品などの開発に用いることができる。Zeylaniin A がガン細胞増殖抑制やガン細胞を特異的に殺すことを明らかにすれば、ガン予防食品として利用できる。特に、この物質を含む**ベトナム食品 Tram は食経験も長いので、安全な食品**として期待できる。

（出典）「平成 25 年度（2013 年度）基盤研究（B）（一般）採択研究計画調書」（大塚譲先生）より引用

世界に先駆けた研究であること，学術的であること，論理的であることなど，読みやすいことなど，優れているポイントをご覧ください。

また，研究組織体制も，国際的かつ役割分担が明確になっています。研究の流れも，学術性・独創性・論理性とともに，社会貢献性の高い研究成果が期待できる内容になっています。

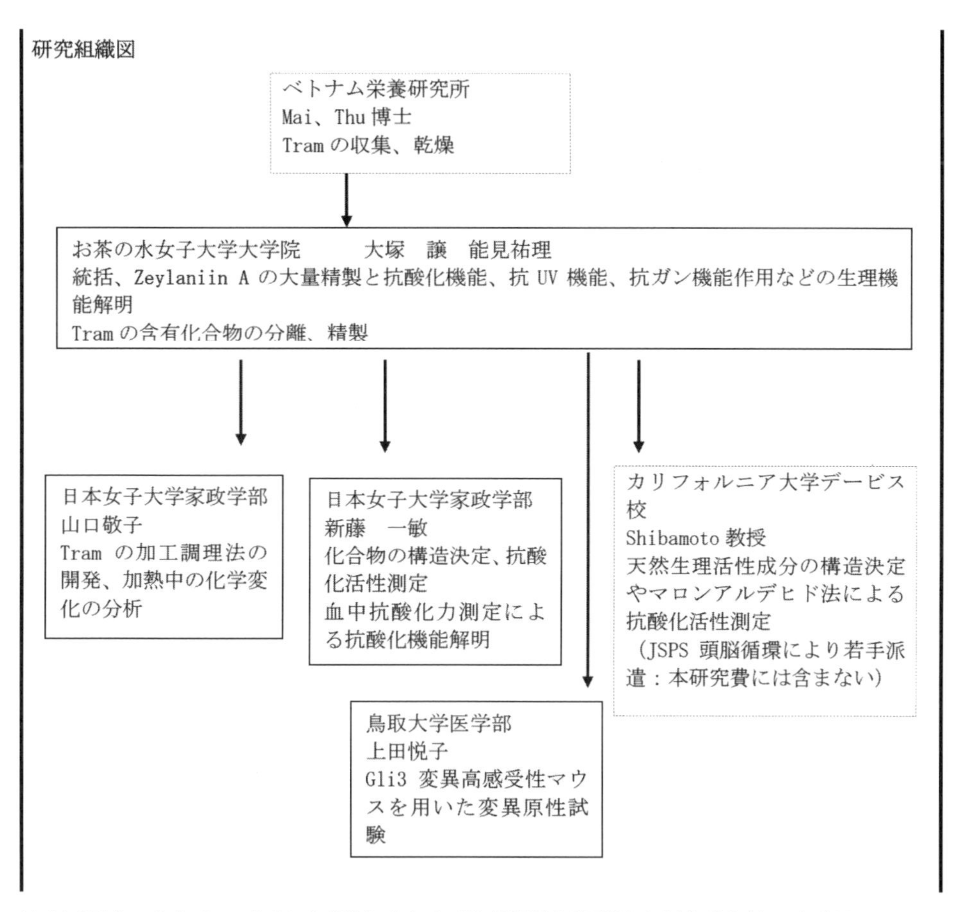

（出典）「平成 25 年度（2013 年度）基盤研究（B）（一般）採択研究計画調書」（大塚譲先生）より引用

基盤Ａ・Ｂ（一般）－１３

（金額単位：千円）

設備備品費の明細 ［記入に当たっては、基盤研究（Ａ・Ｂ）（一般）研究計画調書作成・記入要領を参照してください。］			消耗品費の明細 ［記入に当たっては、基盤研究（Ａ・Ｂ）（一般）研究計画調書作成・記入要領を参照してください。］	
年度	品名・仕様 （数量×単価）（設置機関）	金　額	品名	金　額
２５	超微量分光光度計	1,470	DNA マイクロプレート　10 枚	980
	サーモサイエンティフィック		siRNA, ZnfingerNuclease	800
	NanoDrop2000		一般試薬	2,000
	（1 台 x1,470,000 円）		マウス、培養細胞	350
			ガラス器具	1,000
	（お茶の水女子大学）		論文投稿料、別刷り代	350
	計	1,470	計	5,480
	プレート専用遠心機	208	DNA マイクロプレート　5 枚	490
２６	クボタ　PlateSpin		siRNA, ZnfingerNuclease	800
	（1 台×207,900 円）		一般試薬	2,000
			マウス、培養細胞	300
	（お茶の水女子大学）		ガラス器具	1,000
			論文投稿料、別刷り代	450
	計	208	計	5,040
		113		
２７	電気泳動装置		DNA マイクロプレート　5 枚	800
	フナコシ　TV100		siRNA, ZnfingerNuclease	2,000
	（1 台×113,000 円）		一般試薬	300
			マウス、培養細胞	1,000
	（お茶の水女子大学）		ガラス器具	600
			論文投稿料、別刷り代	
		113		4,700
	計		計	

（出典）「平成 25 年度（2013 年度）基盤研究（B）（一般）採択研究計画調書」（大塚譲先生）より引用

購入する設備備品費，消耗品費がとても具体的で，研究計画内容と合致しているお手本となる内容です。

基盤A・B（一般）－14

（金額単位：千円）

旅費等の明細（記入に当たっては、基盤研究（A・B）（一般）研究計画調書作成・記入要領を参照してください。）

年度	国内旅費		外国旅費		人件費・謝金		そ の 他	
	事 項	金額	事 項	金額	事 項	金額	事 項	金額
25	分子生物学会発表 神戸2泊3日 4名 研究打ち合わせ 東京2泊3日 1名 計	240 70 310	研究打ち合わせ ベトナム3泊4日 1名1回 計	300 300	資料整理 1人x10日x 8000円 計	80 80	計	0
26	学会発表 大阪2泊3日 3名 学会発表 札幌2泊3日 1名 計	180 90 270	研究打ち合わせ アメリカ3泊4日 1名1回 計	400 400	資料整理 1人x10日x 8000円 計	80 80	計	0
27	学会発表 神戸2泊3日 3名 学会発表 札幌2泊3日 1名 計	180 90 270	学会発表 ドイツ5泊6日 1名1回 計	400 400	資料整理 1人x10日x 8000円 計	80 80	印刷費 計	100 100

（出典）「平成25年度（2013年度）基盤研究（B）（一般）採択研究計画調書」（大塚譲先生）より引用

国内では分子生物学会での成果発表，外国では研究打合せのためのベトナム出張があることがわかります。

科研費採択経験の少ない研究者の方々は，外国旅費の記述をもう少し頑張り，具体的な国際学会名，開催予定地を記述すると更に良いでしょう。

第4節❖新学術領域研究の採択研究計画調書

新学術領域研究は，「第5章　第6節　新学術領域研究の提案書様式」（p. 140）で述べたように，大変多くの研究者が参加し，様式も複雑です。

ここでは，山梨大学名誉教授　鳥養映子先生のご厚意で領域計画書の表紙と領域の目的等の部分をご紹介させていただくことができました。

新しい学術分野を拓く未来志向の研究領域のイメージを共有いただけましたら幸いです。

平成23年度（2011年度）新学術領域研究（研究領域提案型）　領域計画書

平成22年11月10日
2版

審査希望区分	□ 人文・社会系 ■ 理工系 ● 数物系科学 ○ 化学 ● 工学 □ 生物系	整理番号	理工065
仮領域番号	4YVPQ	領域略称名	超低速ミュオン
応募領域名	超低速ミュオン顕微鏡が拓く物質・生命・素粒子科学のフロンティア		
英訳名	Frontier of Materials, Life and Elementary Particle Science Explored by Ultra Slow Muon Microscope		
領域代表者氏名	（フリガナ）	トリカイ エイコ	
	（漢字等）	鳥養 映子	
所属研究機関	山梨大学		
部局	医学工学総合研究部	職	教授
応募領域の研究概要	「超低速ミュオン顕微鏡」によるイメージング法を確立し、スピン時空相関という概念に着目して、界面が関わる多様な物理・化学・生命現象の発現機構を理解する新しい学術領域を開拓する。深さ方向にナノメートル、横方向にサブミクロンの分解能で、局所的な電子状態とそのダイナミクスを明らかにすることにより、界面のスピン伝導や触媒反応、表面－バルク境界領域のヘテロ電子相関など、表面・界面・薄膜・微小領域における基礎研究、応用研究を展開する。そのために 超低速ミュオン顕微法を確立し、さらに物質創成の原理に迫るミュオンの超冷却と尖鋭化に取り組む。これにより、大強度陽子加速器施設J-PARCの世界最強パルスミュオンを生かした、物質・生命・素粒子基礎物理研究の世界的研究拠点を構築する。		

	(1) 関連研究分野（細目）	(2) 関連研究分野（細目）
細目番号	4303	4902
分野	数物系科学	工学
分科	物理学	応用物理学・工学基礎
細目	物性Ⅱ	薄膜・表面界面物性

研究の対象	
	■(1)既存の学問分野の枠に収まらない新興・融合領域の創成を目指すもの。
	■(2)異なる学問分野の研究者が連携して行う共同研究等の推進により、当該研究領域の発展を目指すもの。
	■(3)多様な研究者による新たな視点や手法による共同研究等の推進により、当該研究領域の新たな展開を目指すもの。
	■(4)当該領域の研究の発展が他の研究領域の研究の発展に大きな波及効果をもたらすもの。
	□(5)学術の国際的趨勢等の観点から見て重要であるが、我が国において立ち遅れており、当該領域の進展に格段の配慮を必要とするもの。

（出典）「平成23年度（2011年度）新学術領域研究（研究領域提案型）採択領域計画書」（鳥養映子先生）より引用

様式Ｓ－１－１８（「領域計画書」応募内容ファイル（添付ファイル項目）） 領域計画書－１

1 領域の目的等

（1）目的

目指す新たな研究領域：本計画の目的は、「超低速ミュオン顕微鏡」によるイメージング法(超低速ミュオン顕微法)を確立し、多様な物理・化学・生命現象の発現機構を、スピン時空相関という概念を導入して理解する新しい学術領域を開拓することにある。

スピン偏極した正ミュオンは、物質に止まり崩壊する際のスピン方向への、空間異方的陽電子放出により、多くの臨界現象が起こるピコ秒からマイクロ秒までの広い時間域において、その微視的状態を高感度に検出するプローブである。核磁気共鳴(NMR)や中性子回折法では見えない時間域において、磁気秩序、電子状態を、温度・圧力・磁場などの外部条件に制約されずに測定できる。この大きな特徴により、世界各地の加速器施設において、物質科学研究に用いられている。超低速ミュオンは、熱エネルギー状態にある真空中のミュオニウム（正ミュオンと電子の水素状原子；Mu)からレーザー解離法で得られるものである。さらにこれを加速収束させて3次元的な顕微プローブを創る。このようにして深さ方向にナノオーダーの局所性と走査性を創りだし、界面のスピン伝導や触媒反応、表面–バルク境界のヘテロ電子相関などの機構を微視的に解明する、新たな超低速ミュオン科学領域を拓く。

「超低速ミュオン顕微法」は、物質の表面近傍から内部にわたる現象の走査的な観測により、表面とバルクの関係性を明らかにし、また界面という境界条件自体が作り出す諸現象の微視的機構を解明するものである。一方、生命科学においても生体の空間イメージングなどの新たな可能性を拓く。加えて、さらなるビームの低温化・尖鋭化により、「標準理論」を越える素粒子/基礎物理のフロンティアを推進する。

図1に、超低速ミュオン顕微鏡の特徴的な観測の空間スケールを示す。物質・生命の研究に最も必要なのは、①物質表面から深さ方向にナノメーター(nm)の分解能での連続走査性能、②サブミクロン(μm)分解能での物質内部3次元走査性能、および、③マイクログラム(μg)を切る測定感度である。第一段階ではミュオンの超低速化により、表面近傍の打ち込み深さ(横軸)を連続的に変化させ、nm 分解能での走査性能を実現する。第二段階では加速によりビームを尖鋭化し、μg オーダーの微量試料の観測や、物質深部をサブμm オーダーのビームサイズ(縦軸)で 2 次元マッピングする機能の完成を目指す。世界の研究者が、これらの局所性を目標としながら、他の方法では原理的な壁を越えることができなかった。この新しい顕微法により、大強度陽子加速器施設(J-PARC)に物質・生命・素粒子基礎物理研究の世界的研究拠点を構築する。

公募対象との整合性：新しい測定方法の導入による現象の多角的な理解は、それぞれの分野に飛躍的な発展をもたらす。超低速ミュオン顕微法の持つ潜在能力を十分活用し、異分野への展開を積極的に図ること、ミュオンが活躍する領域を拡げることが、我が国の学術の進展のために重要である。最高性能のミュオン顕微鏡を完成させるためには、物性、化学、生命科学はもとより、加速器科学、レーザー科学、素粒子原子核物理にわたる広範な分野からの最先端の知識と技術を結集する必要がある。

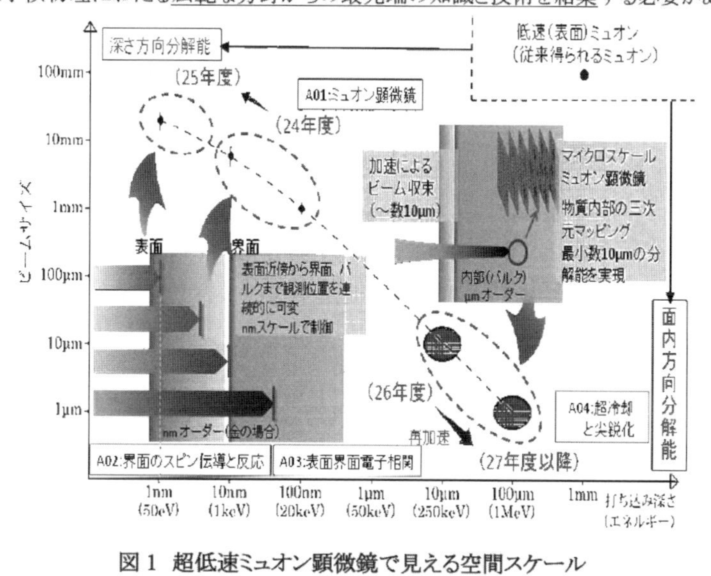

図 1 超低速ミュオン顕微鏡で見える空間スケール

（出典）「平成 23 年度（2011 年度）新学術領域研究（研究領域提案型）採択領域計画書」（鳥養映子先生）より引用

学術的背景：ミュオンスピン回転法（μSR)による物質科学研究は、弱い相互作用の空間反転対称性の破れが発見された1957年に原理が提案され、その後、着実に物性研究の新手法として発展してきた。零磁場ミュオンスピン緩和法(山崎他；PRL、1978年)、高エネルギー物理学研究所(KEK：現在は機構)における世界初のパルス状ミュオンビーム発生(永嶺他；Hyperfine Interactions、1981年)、パルスを活かした新しい研究方法(鳥養、門野、下村、西山他；PRL、1994年他)等を、本領域の研究者が主導する形で創出してきた。現在では、磁性、半導体、超伝導、化学反応、蛋白質の研究等の多彩な分野に広がりを見せている。しかしながら従来得られてきたミュオンは、ビームサイズが数10mmφ、打ち込み深さがmmオーダーで、バルクの性質を見るものであった。超低速ミュオンは、KEKで20年余り前に原理実証された(三宅、岩崎、下村、永嶺他、PRL、1995年)。その後、KEKと理化学研究所(理研)の共同開発研究によって、強度は毎秒20個ながらも深さ分解能(nm)と時間分解能(ns)の画期的な性能が確認された。この優れたビームの実用化が世界の研究者から待望されている。

一方、物質の表面・界面では並進対称性の破れにより、バルクと異なる特有の性質を持つ低次元の新物質相が出現することが知られている。これらの発現機構の解明のためには構造のみならず、その性質の根源にあるスピン時空相関の理解が重要である。例えば、触媒反応や水素貯蔵物質における、表面及びその近傍(サブサーフェイス)における水素電子状態とそのダイナミクスの解明は，グリーンイノベーションのための緊急の課題である。超低速ミュオンは，これらに対する他の追従を許さない決定的なプローブとなるであろう。また走査型プローブ顕微鏡(SPM)技術の飛躍的な発展によって、物質の表面からバルクに至る性質の統一的な理解が重要であることが一層明らかとなってきた。表面、サブサーフェイス、バルクと電子状態を連続的に走査検出できる超低速ミュオン顕微法は、まさにこの目的に相応しい微視的研究手段である。

期間内到達目標と波及効果：「超低速ミュオン顕微法」によって、表面・界面が関与する物理、化学、生命の諸現象の解明から、基礎物理定数の精密測定まで、さまざまな分野において、従来の研究を飛躍的に発展させる突破口を開くことができる。本グループは、この融合領域を共通の基盤にしてさらなる新分野を開拓する、という強い研究動機と使命を持って結集したグループである。本領域の目的達成における役割と将来展望により4つのテーマに分類される。

(1)超低速ミュオン顕微鏡：顕微鏡の開発を先導し、微小領域を３次元的にマッピングする顕微法を確立する。従来より100万分の1以下の微量な試料や薄膜の研究を可能にすることにより、これまで不可能であったアクチナイド物質における多極子相関や分子性結晶のフラストレーションに伴う、特異なスピン時空相関を解明する。さらにエネルギーが揃ったミュオンの干渉性を用いて、物質内部を探る「回折ミュオン顕微鏡」の基盤を創る。

(2)界面のスピン伝導と反応：スピン偏極した正ミュオンの、物質中での電子の捕獲、放出を伴う素過程を利用すると、磁性を持たない物質の性質を超高感度で探ることができる。スピントロニクス材料界面における伝導電子のスピン寿命、高分子膜・生体中の電子伝達や、電池電極反応におけるイオン伝導の経路同定に焦点をあて、極微領域における伝導現象の本質に迫る。また界面水素、細胞中の酸素、金属触媒や光触媒など、表面・界面に関わる反応をスピン時空相関によって解明する。

(3)表面－バルク境界領域のヘテロ電子相関：スピン時空相関の敏感な局所プローブである超低速ミュオン顕微法を用いて、表面近傍からバルクへの境界領域における、様々な長さスケール($1〜10^3$nm)で生起する協同現象(強磁性金属－絶縁体界面の電子状態、空間的制限下での異方的超伝導の秩序変数と渦糸状態、金属表面を持つトポロジカル絶縁体の準表面電子状態等)を観察し、通常の電子相関(<nm)とこれらが絡み合う複合的(ヘテロ)電子相関の物理を明らかにする。

(4)物質創成の原理を極める超冷却と尖鋭化：本研究で実現する超低速ミュオンをさらに室温以下に冷却し、究極的にエミッタンスの良い偏極ミュオンビームを実現する。これにより、縦収束作用のない一様磁場のみの蓄積リングにビームを閉じ込めてのミュオン異常磁気能率測定実験など、標準理論を超える物理研究を実現できる。ここで実現するビームの冷却と短バンチ化技術は、超低速ミュオン顕微法の適用範囲を格段に広げ、物性研究の幅をさらに広げるための極限性能を目指す基幹技術としても重要である。

本領域の発展による学術水準の強化：表面・界面・薄膜が関わる諸現象の微視的機構解明は、基礎研究においても、グリーンイノベーションにつながる応用研究においても、緊急の課題である。「超低速ミュオン顕微法」で得られる、電子状態とスピン状態の時空相関に関する局所的かつ俯瞰的な理解は、これらの解明に不可欠である。この新しい量子測定手法は、これまで本領域の研究者らによって開発された画期的な超低速ミュオン発生技術に加えて、従来を3桁上回るJ-PARCの超強パルスミュオンビームをもって初めて実現できるものである。J-PARCが完成した今こそ、超低速ミュオン顕微鏡の夢を実現できる時である。この新しい測定法により、世界の物質・生命科学の進展に貢献したい。

（出典）「平成23年度（2011年度）新学術領域研究（研究領域提案型）採択領域計画書」（鳥養映子先生）より引用

第5節❖総合的なバランス

研究計画調書は，難しすぎても，易しすぎても高い評価を得られず，ちょうど良いバランスがあります。このバランス感覚・相場観は，自分一人で習得できるわけではなく，研究室のPI，先輩，メンター，リサーチ・アドミニストレータから伝えられて会得できることが多いでしょう。あるいは，日本学術振興会が開催してくださる公募説明会でも重要情報を得ることができます。また，採択された研究計画調書を複数読むことで総合的なバランスを理解することができると思います。科研費採択のポイントを解説する良書も多くありますので，巻末資料を参考にしてください。

Column 1 科研費応募前の準備

科研費応募に向けて，研究ビジョンを構想し，研究種目・審査区分の選択を始めた方は，科研費公募要領の「応募する方へ」の章をご覧ください。

応募の前に行うべきことは,

（1）応募資格の確認

（2）研究者情報登録の確認（e-Rad）

（3）電子申請システムを利用するための ID・パスワードの取得

の 3 点です。

（1）応募資格の確認には，①所属する研究機関により，「当該機関で研究活動を行うことを職務として認められている」，「研究活動に実際に従事している」，「学生でない」ことが確認されていること，②競争的資金の不正使用・不正受給・不正行為を行ったとして，「その交付の対象としないこと」とされていないことが必要です。

（2）e-Rad への登録は所属する研究機関が行うので，事務担当者の方に，ご自身の登録期限や登録状況の確認方法等の手続きについて確認することが必要です。

（3）取得した e-Rad の ID・パスワードにより電子申請システムにアクセスし，応募書類案を作成してみましょう。応募書類は未完成でも，システムへの一時保存は可能です。応募書類の作成手順の理解を深めると，アクション・アイテムも具体的になり，安心感や応募意欲が高まり，効果的・効率的に書類作成を進められます。

また，平成 31（2019）年度科研費審査から，審査の際に researchmap（https://researchmap.jp/）および科学研究費助成事業データベース（KAKEN：https://kaken.nii.ac.jp/ja/）の掲載情報を必要に応じて参照する取扱いになっています。応募前に researchmap へ研究者情報を登録し，ご自身の研究遂行能力を審査委員にアピールできるエビデンス情報を記載しましょう。研究者情報の検索は，researchmap に登録されている「研究者番号」で行われますので，番号登録も忘れないようにしましょう。

さらに，応募前に，科研費公募要領で，3 つのルールを確認しておきましょう。

① 応募ルール：応募・申請に関するルール

② 評価ルール：事前評価（審査）・中間評価・事後評価・研究進捗評価に関するルール

③ 使用ルール：交付された科研費の使用に関するルール

採択された後，科研費の交付を受ける研究者の方々には，法令および研究者使用ルール（補助条件又は交付条件）に従い，これを適正に使用する義務が課せられています。また，科研費の管理は，研究者が所属する研究機関が行うこととされ，各研究機関が行うべき事務（機関使用ルール）も定められています。

さらに，「競争的資金の適正な執行に関する指針」において，不合理な重複や過度の集中の排除の方針が示されています。また，不正使用・不正受給・不正行為を行った研究者等には，一定期間科研費を交付しない，全部または一部の返還が求められます。

研究倫理については，「第4章第3節4. 研究倫理とコンプライアンス厳守」で記述しましたので，ご確認ください。

これらのルールを十分理解して，研究計画調書を作成し，採択後は，コンプライアンスを大切に，倫理的に研究活動を行い，適正に研究費を執行し，成果を発信していきましょう。

（出典）「平成31年度科学研究費助成事業　科研費公募要領」（独立行政法人日本学術振興会）に基づき作成

Column 2 令和２（2020）年度科研費公募の変更点について

日本学術振興会（JSPS）の科研費ホームページの新着情報（https://www.jsps.go.jp/j-grantsinaid/index.html）をご覧ください。

2019年８月９日付のお知らせで，令和２（2020）年度科研費の公募に係る主な変更点が掲載されています。

> 主な変更点は，以下のとおりです：
>
> ○ より大規模な研究への若手研究者による挑戦を促進するため，「若手研究（２回目）」と「基盤研究（S・A・B）」との重複応募制限を緩和するとともに，「研究活動スタート支援」と他研究種目との重複受給制限を緩和します。
>
> ○ より幅広い研究者層の挑戦を促進するため，「挑戦的研究（開拓）」と「基盤研究（B）」との重複応募，受給制限を緩和します。
>
> ○ 昨年度公募から，研究計画調書における「研究業績」欄を「応募者の研究遂行能力及び研究環境」欄に変更したことについて，変更の趣旨等が必ずしも十分に浸透しなかったことを踏まえ，「応募者の研究遂行能力及び研究環境」欄において，適切な研究業績を応募者が選択し記載することが可能であることなど，変更等の趣旨を改めて明確にします。
>
> ○ 従来の「新学術領域研究（研究領域提案型）」を発展的に見直し，「学術変革領域研究（A・B）」を創設します。当該種目の公募は，令和２（2020）年度予算政府案決定後の令和２（2020）年１月以降に開始する予定です。
>
> ○ 研究機関から提出される「体制整備等自己評価チェックリスト」及び「研究不正行為チェックリスト」について，提出の締切時期等を変更します。両チェックリストの提出がない研究機関に所属する研究者に対しては，交付決定を行いませんので，手続に遺漏のないよう御留意ください。

（出典）科研費ホームページ「令和２（2020）年度科学研究費助成事業（科研費）の公募に係る制度改善等について」（独立行政法人日本学術振興会）
（https://www.jsps.go.jp/j-grantsinaid/06_jsps_info/g_190809/index.html　2019年８月15日閲覧）

詳細情報は，ホームページでご確認ください。

特に，「応募者の研究遂行能力及び研究環境欄」は，第３章第１節，第４章，第５章，第６章で紹介した「評定要素」に関連する新しい重要情報です。本ホームページ上に掲載されている「事務連絡」「別紙」「参考資料」をご覧ください。さらに，９月２日に公開される科研費公募要領等を熟読し，審査委員の評価方法を知り，高い評点につなげていきましょう。

1. 競争的資金制度一覧

表 1　平成 31（2019）年度競争的資金制度一覧

（内閣府ホームページより。更新日：平成 31 年 4 月）

府省名	配分機関	制度名	制度の概要	募集対象	1 件当たりの研究費額及び研究開発期間	申請書の受付期間	ホームページと問い合わせ先
内閣府	食品安全委員会事務局	食品健康影響評価技術研究	科学を基本とする食品健康影響評価（リスク評価）の推進のため，優先実施課題を設定し公募を行う提案公募型の競争的資金制度により，リスク評価に関するガイドライン・評価基準の策定等に資する研究として実施する。	大学・試験研究機関等の研究者	単年度 1 課題当たりの研究費額：公募する研究内容等に応じて配分 研究開発期間：1 課題につき原則 2 年以内	2019 年度分 2018 年 9 月 20 日～2018 年 10 月 19 日 追加公募 2019 年 4 月 2 日～2019 年 4 月 23 日	http://www.fsc.go.jp/chousa/kenkyu_index.html 内閣府食品安全委員会事務局評価第一課 電話：03-6234-1119, 1123
総務省	総務省	戦略的情報通信研究開発推進事業	戦略的情報通信研究開発推進事業（以下「SCOPE」という。）は，情報通信技術（ICT）分野において新規性に富む研究開発課題を大学・国立研究開発法人・企業・地方公共団体の研究機関などから広く公募し，外部有識者による選考評価の上，研究を委託する競争的資金です。これにより，未来社会における新たな価値創造，若手ICT研究者の育成，中小企業の斬新な技術の発掘，ICT の利活用による地域の活性化，国際標準獲得等を推進します。	大学，公的研究機関・民間企業等に所属する研究者	【重点領域型研究開発】 （ICT 重点研究開発分野推進型 2 年枠） フェーズⅡ：単年度 1 課題あたり上限 2,000 万円（消費税込み・間接経費込み），最長 2 か年度 （ICT 重点研究開発分野推進型 3 年枠） フェーズⅡ：単年度 1 課題あたり上限 1,000 万円（消費税込み・間接経費込み）最長 2 か年度 【ICT 研究者育成型研究開発】 （若手研究者枠） フェーズⅡ：単年度 1 課題あたり上限 1,000 万円（消費税込み・間接経費込み）最長 3 か年度＋2 か月 【地域 ICT 振興型研究開発】 フェーズⅡ：単年度 1 課題あたり上限 1,000 万円（消費税込み・間接経費込み）最長 2 か年度 【社会展開指向型研究開発】 （2 年枠） フェーズⅡ：単年度 1 課題あたり上限 2,000 万円（消費税込み・間接経費込み），最長 2 か年度 （3 年枠） フェーズⅠ：1 課題あたり上限 300 万円（消費税込み・間接経費込み）1 か年度 フェーズⅡ：単年度 1 課題あたり上限 1,000 万円（消費税込み・間接経費込み）最長 2 か年度	（重点領域型研究開発） 2019 年度　継続評価のみ （若手研究者枠） 2019 年度　継続評価のみ （地域 ICT 振興型研究開発） 2019 年度　継続評価のみ （社会展開指向型研究開発 2 年枠，3 年枠及び ICT 基礎・育成型研究開発 1 年枠） 2019 年度分 2019 年 1 月 4 日～2019 年 2 月 4 日	http://www.soumu.go.jp/main_sosiki/joho_tsusin/scope/ 「重点領域型研究開発」，「ICT 研究者育成型研究開発」，「地域 ICT 振興型研究開発」，「社会展開指向型研究開発」及び「ICT 基礎・育成型研究開発」の問い合わせは総務省国際戦略局技術政策課 電話：03-5253-5725

府省名	配分機関	制度名	制度の概要	募集対象	1件当たりの研究費額及び研究開発期間	申請書の受付期間	ホームページと問い合わせ先
（続く）	（続く）	（続く）	（続く）	（続く）	【ICT 基礎・育成型研究開発】 （1 年枠） フェーズⅠ：1 課題あたり上限 300 万円（消費税込み・間接経費込み）1 か年度 （3 年枠） フェーズⅠ：1 課題あたり上限 300 万円（消費税込み・間接経費込み）1 か年度 フェーズⅡ：単年度 1 課題あたり上限 1,000 万円（消費税込み・間接経費込み）最長 2 か年度	（ICT 基礎・育成型研究開発 3 年枠） 2019 年度分 2019 年秋（予定）	（続く）
					【電波有効利用促進型研究開発】 （先進的電波有効利用型） フェーズⅠ：1 課題あたり上限 500 万円（消費税込み・間接経費別途配分）1 か年度 フェーズⅡ：単年度 1 課題あたり上限 3,000 万円（消費税込み・間接経費別途配分）最長 2 か年度 フェーズⅡ（社会展開促進型）：単年度 1 課題あたり上限 3,000 万円（消費税込み・間接経費別途配分）最長 2 か年度 （電波 COE 研究開発プログラム） 平成 31 年度上限 40,000 万円（消費税込み・間接経費込み）最長 4 か年度	（先進的電波有効利用型） 2019 年度分 2019 年 1 月 4 日～2019 年 2 月 4 日 （電波 COE 研究開発プログラム） 2019 年度分 2019 年 3 月 1 日～2019 年 5 月 15 日	「電波有効利用促進型研究開発」についての問い合わせは下記 総務省総合通信基盤局電波部電波政策課 電話：03-5253-5876
					【国際標準獲得型研究開発】 研究開発経費：単年度 1 課題当たり上限 4,000 万円（消費税込み・間接経費込み）であるが課題により異なる 研究開発期間：最長 3 か年度	2019 年度分 2019 年 5 月 ～ 6 月（予定）	総務省国際戦略局通信規格課 電話：03-5253-5763
		ICT イノベーション創出チャレンジプログラム	ICT 分野における我が国発のイノベーションを創出するため，民間団体等や大学法人等の公益法人による技術成果の具現化を目指す研究開発プロジェクトを支援し，情報通信技術の展開を推進する。	民間企業，大学等	【研究開発機関支援】 1 課題あたり，直接経費及び間接経費合わせて 7,000 万円を上限 研究期間：最長 1 年間	2019 年度分 公募予定なし	http://www.soumu.go.jp/menu_seisaku/ictseisaku/ictR-D/ichallenge/index.html 総務省国際戦略局技術政策課 電話：03-5253-5727
		デジタル・ディバイド解消に向けた技術等研究開発	高齢者・障害者に有益な技術の研究開発に対する政策的支援を行うことで，高齢者・障害者向け通信・放送サービスの充実を図る。	民間企業等	1 年当たり上限 3,000 万円（身体障害者等支援研究開発は 4,000 万円），（助成率 2 分の 1，間接経費別途配分）3 年間以内	2019 年度分 2019 年 3 月 12 日～4 月 12 日	http://www.soumu.go.jp/main_sosiki/joho_tsusin/b_free/b_free03.html 情報流通行政局情報流通振興課情報活用支援室 電話：03-5253-5743
	消防庁	消防防災科学技術研究推進制度	国民の安心・安全に暮らせる社会の実現を目指し，消防防災に係る課題解決に向けて，産学官において研究活動に携わる者等から幅広く募り，高い意義が認められる提案者に対して研究を委託する制度。	産学官の研究開発機関，調査機関，学協会，NPO 等の機関，団体または研究者個人，もしくはこれら機関等で構成されるグループ（消防機関等に所属する者が，研究グループに必ず参画するように企画）	（すべて単年度 1 課題について，直接経費・間接経費の合計） 実用可能性調査（フェーズ 1） 最長 1 年間，上限 260 万円【テーマ設定・自由型研究開発共通】 基盤研究（フェーズ 2） 最長 2 年間，上限 2,600 万円／年【テーマ設定型研究開発】 最長 2 年間，上限 1,300 万円／年【テーマ自由型研究開発】 社会実装支援（フェーズ 3） 最長 2 年間，上限 5,000 万円／年【テーマ設定型研究開発】 最長 2 年間，上限 2,500 万円／年【テーマ自由型研究開発】	2019 年度分 2018 年 10 月 25 日～2018 年 12 月 20 日	https://www.fdma.go.jp/mission/develop/develop001.html 消防庁総務課 電話：03-5253-7541

府省名	配分機関	制度名	制度の概要	募集対象	1件当たりの研究費額及び研究開発期間	申請書の受付期間	ホームページと問い合わせ先
（続く）	（続く）	（続く）	（続く）	（続く）	テーマ設定型研究開発～消防庁があらかじめテーマを設定したもの。 テーマ自由型研究開発～研究者が自らテーマを設定したもの	（続く）	（続く）
文部科学省	日本医療研究開発機構	国家課題対応型研究開発推進事業	国としての重要課題への対応等のため，国が研究開発課題を詳細に設定し，技術的な目標達成等の成果を重視して，優れた提案を採択する競争的資金。	【社会のニーズを踏まえたライフサイエンス（再生医療実現拠点ネットワークプログラム）】			http://www.amed.go.jp/program/list/01/02/006.html 国立研究開発法人 日本医療研究開発機構 戦略推進部再生医療研究課 電話：03-6870-2220
				・大学及び大学共同利用機関法人 ・国公立試験研究機関 ・独立行政法人，特殊法人及び認可法人 ・特例民法法人又は一般社団・財団法人若しくは公益社団・財団法人 ・民間企業（法人格を有する者） ・特定非営利活動促進法第十条第一項の規定により認証を受けた特定非営利活動法人	（iPS細胞研究中核拠点） 研究費：27億円程度／年 研究期間：原則10年	2019年度分 公募予定なし	
					（疾患・組織別実用化研究拠点A） 研究費：原則，4億円程度／年 研究期間：原則，最長10年間	2019年度分 公募予定なし	
					（疾患・組織別実用化研究拠点B） 研究費：技術開発期間（3年以内）は原則1億円程度／年，ステージゲート後は原則4億円程度／年 研究期間：原則，最長10年間	2019年度分 公募予定なし	
					（技術開発個別課題） 研究費：原則，～5,000万円程度／年 研究期間：3年以内（予定）	2019年度分 2019年3月18日～4月18日または5月20日	
					（再生医療の実現化ハイウェイ） 研究費：課題B　原則，3億円以内／年 課題C　原則，2億円以内／年 課題D　原則，5,000万円以内／年 研究期間：原則，最長15年間程度（課題B，C及びD）	2019年度分 公募予定なし	
					（幹細胞・再生医学イノベーション創出プログラム） 研究費：800万円～1,500万円程度／年（間接経費を含まず） 研究期間：原則3年間	2019年度分 公募終了	
					（疾患特異的iPS細胞の利活用促進・難病研究加速プログラム） 研究費：研究拠点Ⅰ・Ⅱ 4,000万円～9,000万円程度／年 バンク活用促進課題 5,000万円程度／年 iPS細胞樹立課題 5,000万円程度／年 研究期間：最長6年間（研究拠点Ⅰ） 最長3年間（研究拠点Ⅱ，バンク活用促進課題及びiPS細胞樹立課題）	2019年度分 公募予定なし	
				【社会のニーズを踏まえたライフサイエンス（脳科学研究戦略推進プログラム・革新的技術による脳機能ネットワークの全容解明プロジェクト）】			http://www.amed.go.jp/program/list/01/04/ 国立研究開発法人日本医療研究開発機構 戦略推進部 脳と心の研究課 電話：03-6870-2222
				国内の機関であって，国公私立大学，高等専門学校及び大学共同利用機関法人，公設の試験研究機関及び独立行政法人の研究機関又は法人格を有する民間等の研究機関・企業	（脳科学研究戦略推進プログラム） 研究費：数千万円程度～数億円程度／年 研究期間：原則2年	2019年度分 2019年春から夏（予定）	
					（革新的技術による脳機能ネットワークの全容解明プロジェクト（戦略的国際脳科学研究推進プログラムを含む）） 研究費：数千万円程度～数億円程度／年 研究期間：3～5年	2019年度分 2019年春から夏（予定）	

府省名	配分機関	制度名	制度の概要	募集対象	1件当たりの研究費額及び研究開発期間	申請書の受付期間	ホームページと問い合わせ先
文部科学省	文部科学省	国家課題対応型研究開発推進事業	国としての重要課題への対応等のため，国が研究開発課題を詳細に設定し，技術的な目標達成等の成果を重視して，優れた提案を採択する競争的資金。	【光・量子科学研究拠点形成に向けた基盤技術開発】			文部科学省科学技術・学術政策局研究開発基盤課量子研究推進室 電話：03-6734-4115
				国内の産学官の研究開発機関・組織（なお，研究者個人は対象となりません。）	研究費：数千万円～3億円程度／年 研究期間：3年～10年程度	2019年度分 公募予定なし	
				【光・量子飛躍フラッグシッププログラム(Q-LEAP)】			http://www.mext.go.jp/b_menu/boshu/detail/1402996.htm 文部科学省科学技術・学術政策局研究開発基盤課量子研究推進室 電話：03-6734-4115
				国内の機関（法人格を有するものに限る）に所属する者からなるチームを対象とする。公募対象は機関であり，課題の応募は代表機関の長が行う。	(Flagship プロジェクト) 研究費：3～4億円程度／年 研究期間：最大10年 (基礎基盤研究) 研究費：2～3千万円／年 研究期間：最大10年	2019年度分 公募予定なし	
				【元素戦略プロジェクト】			文部科学省研究振興局参事官（ナノテクノロジー・物質・材料担当）付 電話：03-6734-4178
				大学，高等専門学校，大学共同利用機関，独立行政法人，民間企業等（研究者個人は対象となりません。）	研究費：1.5億円～5億円程度／年 研究期間：10年	2019年度分 公募予定なし	
				【材料の社会実装に向けたプロセスサイエンス構築事業（Materealize）】			文部科学省研究振興局参事官（ナノテクノロジー・物質・材料担当）付 電話：03-6734-4178
				大学，高等専門学校，大学共同利用機関，国立研究開発法人等（研究者個人は対象となりません。）	研究費：1～2億円程度／年 研究期間：原則7年	2019年度分 2019年3月18日～2019年5月31日	
				【宇宙航空科学技術推進委託費】			http://www.mext.go.jp/b_menu/boshu/detail/1401208.htm 文部科学省研究開発局宇宙開発利用課 電話：03-6734-4151
				国公私立大学，企業，独立行政法人等	【宇宙航空人材育成プログラム・宇宙利用技術創出プログラム】 研究費：2,000万円を上限／年 研究期間：最長3年	2019年度分 2019年3月8日～5月9日	
				【原子力システム研究開発事業】			文部科学省研究開発局原子力課核燃料サイクル室 電話：03-6734-4543
				自ら研究を実施する以下に示す国内の大学，研究開発機関，企業等に所属する職員，またはこれらの機関に所属する職員で構成するチーム	【基盤研究開発分野】 (革新技術創出型研究開発) 研究費：総額3,000万円～3億円程度 研究期間：原則4年	2019年度分 公募予定なし	
					(革新技術創出発展型研究開発) 研究費：総額6億円～12億円以下 研究期間：原則3年	2019年度分 公募予定なし	
					【特別推進分野】 研究費：総額4,000万円～16億円以下 研究期間：原則4年	2019年度分 公募予定なし	
					【安全基盤技術研究開発】 研究費：タイプA 1億円以下／年（初年度は8,000万円以下） タイプB 2,000万円以下／年（初年度は1,650万円以下） 研究期間：タイプA，Bとも4年以内	2019年度分 2019年5月15日～6月28日（予定）	
					【放射性廃棄物減容・有害度低減技術研究開発】 研究費：タイプA 1億円以下／年（初年度は8,000万円以下） タイプB 2,000万円以下／年（初年度は1,650万円以下） 研究期間：タイプA，Bとも4年以内	2019年度分 2019年5月15日～6月28日（予定）	

府省名	配分機関	制度名	制度の概要	募集対象	1件当たりの研究費額及び研究開発期間	申請書の受付期間	ホームページと問い合わせ先
(続く)	(続く)	(続く)	(続く)	【英知を結集した原子力科学技術・人材育成推進事業】（平成30年度の新規採択課題に係る公募から日本原子力研究開発機構の補助金事業に移行）			文部科学省研究開発局 原子力課 電話：03-6734-4962
				自ら研究を実施する以下に示す国内の大学，研究開発機関，企業等に所属する職員，またはこれらの機関に所属する職員で構成するチーム ・大学及び大学共同利用機関法人 ・高等専門学校 ・国公立試験研究機関 ・独立行政法人（国立研究開発法人を含む），特殊法人及び認可法人 ・一般社団法人または一般財団法人 ・公益社団法人または公益財団法人 ・民間企業（法人格を有する者） ・特定非営利活動促進法の認証を受けた特定非営利活動法人（NPO法人）	（原子力基礎基盤戦略研究プログラム） ○廃炉加速化研究プログラム 研究費：2,000万円以下／年 研究期間：3年以内 ○戦略的原子力共同研究プログラム 研究費：500万円～2,000万円程度／年 研究期間：3年以内 （廃止措置研究人材育成等強化プログラム） 研究費：1課題当たり3,000万～1億円程度／年 研究期間：5年以内 （課題開始後3年目に中間評価を行い，その結果に応じて計画の変更等見直しを行う。）	2019年度分 公募予定なし 2019年度分 公募予定なし 2019年度分 公募予定なし	
				省エネルギー社会の実現に資する次世代半導体研究開発			文部科学省研究開発局 環境エネルギー課 電話：03-6734-4159
				大学，国立研究開発法人，企業等	（中核拠点） 研究費：6億円程度／年 研究期間：5年 （フィージビリティスタディ実施機関） 研究費：1,000万円程度 研究期間：1年 （評価基盤領域） 研究費：1～2億円程度／年 研究期間：5年 （パワーデバイス・システム領域） 研究費：2～3億円程度／年 研究期間：5年 （レーザーデバイス・システム領域） 研究費：2億円程度／年 研究期間：4年 （高周波デバイス・システム領域） 研究費：1.3億円程度／年 研究期間：3年	2019年度分 公募予定なし 2019年度分 公募予定なし 2019年度分 公募予定なし 2019年度分 公募予定なし 2019年度分 公募予定なし 2019年度分 公募予定なし	

府省名	配分機関	制度名	制度の概要	募集対象	1件当たりの研究費額及び研究開発期間	申請書の受付期間	ホームページと問い合わせ先
（続く）	文部科学省 日本学術振興会	科学研究費助成事業（科学研究費補助金，学術研究助成基金助成金）	人文学・社会科学から自然科学まで全ての分野にわたり，基礎から応用までのあらゆる「学術研究」（研究者の自由な発想に基づく研究）を格段に発展させることを目的とするものであり，ピアレビュー（専門分野の近い複数の研究者による審査）により，豊かな社会発展の基盤となる独創的・先駆的な研究に対する助成を行う。	国公私立大学，国公立試験研究機関，企業，独立行政法人等の研究者（1人又は複数）	【特別推進研究】 研究費：2億円以上5億円まで（真に必要な場合は5億円を超える応募も可能） 研究期間：3年～5年（真に必要な場合は最長7年） 【新学術領域研究（研究領域提案型）】 研究費：1,000万円～3億円程度／年（1領域あたり）研究期間：5年 【基盤研究】 （S）研究費：総額5,000万円以上2億円以下 研究期間：5年 （A）研究費：総額2,000万円以上5,000万円以下 研究期間：3年～5年 （B）研究費：総額500万円以上2,000万円以下 研究期間：3年～5年 （C）研究費：総額500万円以下 研究期間：3年～5年 【挑戦的研究】 （開拓）研究費：総額500万円以上2,000万円以下 研究期間：3年～6年 （萌芽）研究費：総額500万円以下 研究期間：2年～3年 【若手研究】 研究費：総額500万円以下 研究期間：2年～4年 【研究活動スタート支援】 研究費：150万円以下／年 研究期間：2年以内 ※その他詳細はホームページ参照	2019年度分 2018年9月1日～11月7日 【研究活動スタート支援】 2019年度分 2019年3月1日～5月15日	http://www.mext.go.jp/a_menu/shinkou/hojyo/main5_a5.htm 文部科学省研究振興局学術研究助成課 電話：03-6734-4092 http://www.jsps.go.jp/j-grantsinaid/ 日本学術振興会研究事業部研究助成企画課 電話：03-3263-0964
	科学技術振興機構	未来社会創造事業	社会・産業ニーズを踏まえ，経済・社会的にインパクトのあるターゲット（ハイインパクト）を明確に見据えた技術的にチャレンジングな目標（ハイリスク）を設定し，民間投資を誘発しつつ，戦略的創造研究推進事業や科学研究費助成事業等から創出された多様な研究成果を活用して，実用化が可能かどうかを見極められる段階（概念実証：POC）を目指した研究開発を実施。	国公私立大学，国公立試験研究機関，企業，国立研究開発法人等の個人研究者，グループ研究者等	【探索加速型】 研究費：4,500万円程度（1チームあたり）（予定） 研究期間：3年程度（予定） 【大規模プロジェクト型】 研究費：30億円～45億円程度（1プロジェクトあたり）（予定） 研究期間：10年程度（予定）	2019年度分 2019年5月以降募集開始予定	http://www.jst.go.jp/mirai/jp/ 国立研究開発法人科学技術振興機構 未来創造研究開発推進部 Tel：03-6272-4004 FAX：03-6268-9412
		戦略的創造研究推進事業	社会的・経済的ニーズ等を踏まえ，トップダウンで定めた方針の下，組織の枠を超えた時限的な研究体制（バーチャル・ネットワーク型研究所）を構築し，我が国の重要課題の達成に貢献する新技術の創出に向けた研究開発を推進する。	【新技術シーズ創出】 国公私立大学，国公立試験研究機関，企業，国立研究開発法人等の個人研究者，グループ研究者等	【CREST（チーム型研究）】 研究費：1億5,000万円～5億円程度（1チームあたり） 研究期間：5年半 【さきがけ（個人型研究）】 研究費：3,000万円～4,000万円程度（1人あたり） 研究期間：3年半	2019年度分 2019年4月9日～6月4日 2019年度分 2019年4月9日～5月28日	【CREST】 https://www.jst.go.jp/kisoken/crest/ 科学技術振興機構戦略研究推進部 電話：03-3512-3531 【さきがけ】 https://www.jst.go.jp/kisoken/presto/ 科学技術振興機構戦略研究推進部 電話：03-3512-3525

府省名	配分機関	制度名	制度の概要	募集対象	1件当たりの研究費額及び研究開発期間	申請書の受付期間	ホームページと問い合わせ先
（続く）	（続く）	（続く）	（続く）	（続く）	【ACT-X（個人型研究）】 研究費：数百万円程度（1人あたり） 研究期間：2年半 ※評価の高い課題は加速フェーズとして追加支援（1年程度）	2019年度分 2019年4月9日～5月28日	【ACT-X】 https://www.jst.go.jp/kisoken/act-x/index.html 科学技術振興機構戦略研究推進部 電話：03-6380-9130
					【ERATO（総括実施型）】 研究費：総額12億円程度を上限（1プロジェクトあたり） 研究期間：5年程度	2019年度分 推薦公募	【ERATO】 https://www.jst.go.jp/erato/ 科学技術振興機構研究プロジェクト推進部 電話：03-3512-3528
					【ACCEL（イノベーション指向のマネジメントによる先端研究の加速・深化プログラム）】 研究費：研究課題毎に内容吟味し決定。課題・進捗に応じて年間最大10億円程度も可能とする柔軟な運用 研究期間：5年以内	2019年度分 公募予定なし	【ACCEL】 https://www.jst.go.jp/kisoken/accel/ 科学技術振興機構戦略研究推進部 電話：03-6380-9130
				【ALCA（先端的低炭素化技術開発）】 国公私立大学，国公立試験研究機関，企業，独立行政法人等の個人研究者，グループ研究者等	（技術領域） 研究費：1,000万円～4,000万円程度／年（1課題あたり） 研究期間：2年～10年 （特別重点技術領域） 研究費：3,000万円～5億円程度／年（1チームあたり） 研究期間：2年～10年	2019年度分 公募予定なし	http://www.jst.go.jp/alca/ 科学技術振興機構 未来創造研究開発推進部低炭素研究推進グループ 電話：03-3512-3543
				【社会技術研究開発】 国公私立大学，国公立試験研究機関，企業，独立行政法人等の個人研究者，グループ研究者等	（人と情報のエコシステム） 研究費：750万円程度／年（12ヶ月）（予定） 研究期間：3年（予定） （科学技術イノベーション政策のための科学研究開発プログラム） 研究費：500万円程度／年（12ヶ月）（予定） 研究期間：3年半（予定） （SDGsの達成に向けた共創的研究開発プログラム） 研究費：数百万円～2,300万円程度／年（12ヶ月）（予定） 研究期間：2～3年（予定）	2019年度分 2019年4月～7月（予定） 2019年度 2019年4月～5月（予定） 2019年度 2019年5月～7月（予定）	https://www.jst.go.jp/ristex/ 科学技術振興機構社会技術研究開発センター企画運営室 電話：03-5214-0132
	日本医療研究開発機構	戦略的創造研究推進事業	社会的・経済的ニーズ等を踏まえ，トップダウンで定めた方針の下，組織の枠を超えた時限的な研究体制（バーチャル・ネットワーク型研究所）を構築し，我が国の重要課題の達成に貢献する新技術の創出に向けた研究開発を推進する。	【革新的先端研究開発支援事業】 国公私立大学，国公立試験研究機関，企業，国立研究開発法人等の個人研究者，グループ研究者等	【AMED-CREST（ユニットタイプ）】 研究費：1億5,000万円～5億円程度（1チームあたり） 研究期間：5年半 【PRIME（ソロタイプ）】 研究費：3,000万円～4,000万円程度（1人あたり） 研究期間：3年半 【LEAP（インキュベートタイプ）】 研究費：数千万円～3億円程度／年 研究期間：最大5年	2019年度分 2019年4月9日～5月28日 2019年度分 2019年4月9日～5月28日 戦略的創造研究推進事業等において公募で選ばれた課題から更に抽出	https://www.amed.go.jp/koubo/04/02/0402B_00007.html 日本医療研究開発機構基盤研究事業部研究企画課 電話：03-6870-2224

府省名	配分機関	制度名	制度の概要	募集対象	1件当たりの研究費額及び研究開発期間	申請書の受付期間	ホームページと問い合わせ先
（続く）	科学技術振興機構	研究成果展開事業	大学等と企業との連携を通じて大学等の研究成果の実用化を促進し，イノベーションを創出するため，特定企業と特定大学（研究者）による知的財産を活用した研究開発，複数の大学等研究者と産業界によるプラットフォームを活用した研究開発を推進する。	【研究成果最適展開支援プログラム（A-STEP）】			
				国公私立大学，国公立試験研究機関，独立行政法人等の個人研究者，または民間企業と左記の研究者との共同申請	（ステージⅠ）※特定のテーマのもとで研究開発を推進 研究費：～5,000万円程度／年 研究開発期間：1～6年	2019年度分 公募予定なし	https://www.jst.go.jp/a-step/ 科学技術振興機構 産学連携展開部 テーマ型研究グループ 電話：03-3238-7682
					（機能検証フェーズ） 研究費：（試験研究タイプ）上限額300万円（間接経費含む） （実証研究タイプ）上限額1,000万円（間接経費含む）	2019年度分 【試験研究タイプ第1回】 2019年3月14日～5月14日 【試験研究タイプ第2回及び実証研究タイプ】 2019年5月23日～7月23日	https://www.jst.go.jp/mp/ 科学技術振興機構 産学連携展開部 地域イノベーショングループ 電話：03-6272-4732
					（産学共同フェーズ） 研究費：2,000万円～5億円 研究開発期間：2年～6年 ※企業に一部費用負担を求める支援タイプです。	2019年度分 2019年3月11日～5月13日	科学技術振興機構 産学連携展開部 研究支援グループ 電話：03-5214-8994
					（企業主導フェーズ） 研究費： （NexTEP-Aタイプ）～15億円 （NexTEP-Bタイプ）～3億円 研究開発期間： （NexTEP-Aタイプ）最長10年 （NexTEP-Bタイプ）最長5年 ※NexTEP-Aタイプは返済義務のある支援タイプ，NexTEP-Bタイプは研究開発型企業を対象に一部費用負担を求める支援タイプです。	2019年度分 【NexTEP-Aタイプ】 通年募集 【NexTEP-Bタイプ】 2019年3月11日～2019年6月10日	科学技術振興機構 産学共同開発部 事業推進グループ 電話：03-6380-8140
				【産学共創基礎基盤研究プログラム】			
				国公私立大学，国公立試験研究機関，独立行政法人等の個人研究者	研究費：3,000万円程度／年 研究期間：2年程度 （※研究終了前に実施される評価の結果，望ましいと判断した課題については，提案時の研究期間を上限に，最長5年程度まで認める場合有り）	2019年度分 公募予定なし	https://www.jst.go.jp/kyousou/ 科学技術振興機構 産学連携展開部 テーマ型研究グループ 電話：03-3238-7682
				【戦略的イノベーション創出推進プログラム】			
				国公私立大学，国公立試験研究機関，独立行政法人等の個人研究者と民間企業との共同申請	研究費：7,000万円程度／年 研究期間：最長10年	2019年度分 公募予定なし	https://www.jst.go.jp/s-innova/ 科学技術振興機構 産学連携展開部 テーマ型研究グループ 電話：03-3238-7682
				【大学発新産業創出プログラム（START）】			
				【プロジェクト支援型】 国公私立大学，国公私立高等専門学校，大学共同利用機関法人，独立行政法人（国立研究開発法人を含む）等の研究開発機関	【プロジェクト支援型】 ・研究開発費（実績平均） ：3,000万円程度／年 ・支援期間：3年以下	2019年度分 【プロジェクト支援型】 2019年3月7日～2019年6月14日正午	https://www.jst.go.jp/start/ 科学技術振興機構 産学連携展開部 START事業グループ 電話：03-5214-7054
				【事業プロモーター支援型】 民間企業等（法人格を有する機関）	【事業プロモーター支援型】 ・活動経費：1,700万円程度／年 ・支援期間：5年	【事業プロモーター支援型】 2019年2月17日～2019年3月18日正午	

府省名	配分機関	制度名	制度の概要	募集対象	1件当たりの研究費額及び 研究開発期間	申請書の受付期間	ホームページと 問い合わせ先
（続く）	（続く）	（続く）	（続く）	【SCORE】 国公私立大学，国公私立高等専門学校，大学共同利用機関法人，独立行政法人（国立研究開発法人を含む）等の研究開発機関	【SCORE】 ・研究開発費（実績平均） ：500万円程度／年 ・支援期間：単年度	【SCORE】 2019年4月10日～5月17日正午	
				【センター・オブ・イノベーション（COI）プログラム】			
				国公私立大学，国公立試験研究機関，独立行政法人等と民間企業との共同申請	研究費：1億円～10億円程度／年 研究期間：最長9年度	2019年度分 公募予定なし	https://www.jst.go.jp/coi/ 科学技術振興機構 イノベーション拠点推進部 COI グループ 電話：03-5214-7997
				【世界に誇る地域発研究開発・実証拠点（リサーチコンプレックス）推進プログラム】			
				中核機関，都道府県又は政令指定都市，及び他の法人（※）の共同申請 ※リサーチコンプレックスの基盤となる機関として本部又は研究組織が既に集積しているか，近々集積する法人。複数の大学・公的研究機関及び複数の企業であることが要件。	研究費：5～7億円程度／年度 研究期間：5年度	2019年度分 公募予定なし	https://www.jst.go.jp/rc/ 科学技術振興機構 イノベーション拠点推進部 COI グループ リサーチコンプレックス推進プログラム担当 電話：03-5214-7997
				【産学共創プラットフォーム共同研究推進プログラム】			
				【オープンイノベーション機構連携型】 幹事機関（大学）及び民間企業（異業種を含む）3社以上の連名による申請	【オープンイノベーション機構連携型】 支援規模：1億円程度／年度 支援期間：5年度	2019年度分 【オープンイノベーション機構連携型】 2019年3月25日～2019年5月23日	https://www.jst.go.jp/opera/ 科学技術振興機構 イノベーション拠点推進部 共創グループ 電話：03-6272-3816
				【共創プラットフォーム育成型】 幹事機関（大学）及び民間企業3社以上の連名による申請	【共創プラットフォーム育成型】 FSフェーズ：3,000万円程度／年度 本格実施フェーズ：1.7億円程度／年度 支援期間：6年度（FSフェーズ：2年度，本格実施フェーズ：4年度）	【共創プラットフォーム育成型】 2019年3月25日～2019年5月16日	
				【先端計測分析技術・機器開発プログラム】			
				【最先端研究基盤領域】（要素技術タイプ，機器開発タイプ） 国公私立大学，国公立試験研究機関，独立行政法人等の個人研究者と民間企業の個人研究者との共同申請	【最先端研究基盤領域】 研究費：（要素技術タイプ） 2,000万円程度／年 （機器開発タイプ） 5,000万円程度／年 研究期間：（要素技術タイプ） 4年程度 （機器開発タイプ） 6年程度	2019年度 公募予定なし	https://www.jst.go.jp/sentan/ 科学技術振興機構 産学連携展開部 先端計測グループ 電話：03-3512-3529
	日本医療研究開発機構			【医療分野研究成果展開事業】			
				【研究成果最適展開支援プログラム（A-STEP）】 国公私立大学，国公立試験研究機関，独立行政法人	【研究成果最適展開支援プログラム（A-STEP）】 （起業挑戦ステージ／産学共同促進ステージ／実用化挑戦ステージ） 研究費：総額4,500万円程度～20億円程度	2019年度分 公募予定なし	https://www.amed.go.jp/program/list/02/02/index.html 日本医療研究開発機構 産学連携部産学連携課 電話：03-6870-2214

府省名	配分機関	制度名	制度の概要	募集対象	1件当たりの研究費額及び研究開発期間	申請書の受付期間	ホームページと問い合わせ先
（続く）	（続く）	（続く）	（続く）	等の個人研究者と民間企業との共同申請，もしくは国公私立大学，国公立試験研究機関，独立行政法人等の個人研究者と起業家との共同申請等	研究開発期間：3年程度～5年程度 ※返済義務のある支援タイプ，企業に一部費用負担を求める支援タイプも有り	（続く）	（続く）
				【戦略的イノベーション創出推進プログラム】 国公私立大学，国公立試験研究機関，独立行政法人等の個人研究者と民間	【戦略的イノベーション創出推進プログラム】 研究費：7,000万円程度／年 研究期間：最長10年		
				【先端計測分析技術・機器開発プログラム】 （要素技術開発タイプ，先端機器開発タイプ）企業と大学・独立行政法人等，かつ医師（臨床医）が参画した体制での共同申請	【先端計測分析技術・機器開発プログラム】 研究費：（要素技術開発タイプ）2,000万円程度／年（直接経費） （先端機器開発タイプ）5,000万円程度／年（直接経費） 研究期間：（要素技術開発タイプ）2年8ヶ月以内 （先端機器開発タイプ）3年8ヶ月以内	2019年度分 2019年2月1日～3月26日	http://www.amed.go.jp/program/list/02/01/ 日本医療研究開発機構 産学連携部医療機器研究課 電話：03-6870-2213
				【産学連携医療イノベーション創出プログラム】 国公私立大学，国公立試験研究機関，独立行政法人等と民間企業又は起業家との共同申請	【産学連携医療イノベーション創出プログラム】 研究費：（基本スキーム）上限3,800万円／年（間接経費を除く） （セットアップスキーム）上限1,500万円／年（間接経費を除く） 研究期間：（基本スキーム）原則3年以内 （セットアップスキーム）原則2年以内	2019年度分 2019年2月6日～3月28日	https://www.amed.go.jp/program/list/02/02/004.html 日本医療研究開発機構 産学連携部産学連携課 電話：03-6870-2214
	科学技術振興機構	国際科学技術共同研究推進事業	我が国の優れた科学技術と政府開発援助（ODA）との連携により，アジア・アフリカ等の開発途上国と，環境・エネルギー分野，防災分野，感染症分野，生物資源分野の地球規模の課題の解決につながる国際共同研究を推進する。 また，省庁間合意に基づくイコールパートナーシップ（対等な協力関係）の下，欧米等先進諸国との最先端分野の共同研究や，成長するアジア諸国との共同研究を戦略的に推進する。さらに，アフリカにおいて発展の阻害要因となっている「顧みられない熱帯病（NTDs）」の対策のための国際共同研究をアフリカ諸国と推進する。	【地球規模課題対応国際科学技術協力プログラム（SATREPS）】 国公私立大学，国公立試験研究機関，独立行政法人等の個人研究者等	研究費：3,500万円程度／年 研究期間：3年～5年	2019年度分 2018年9月11日～11月12日	http://www.jst.go.jp/global/index.html 科学技術振興機構 国際部SATREPSグループ 電話：03-5214-8085
				【戦略的国際共同研究プログラム（SICORP）】 国公私立大学，国公立試験研究機関，企業，独立行政法人等の個人研究者等	研究費：500万円～1億円／年 研究期間：1年～5年	2019年度分 ※国によって異なる（詳細はホームページを参照のこと）	http://www.jst.go.jp/inter/index.html 科学技術振興機構 国際部 事業実施グループ 電話：03-5214-7375
	日本医療研究開発機構			【医療分野国際科学技術共同研究開発推進事業のうち，地球規模課題対応国際科学技術協力プログラム（SATREPS），戦略的国際共同研究プログラム（SICORP）及びアフリカにおける顧みられない熱帯病（NTDs）対策のための国際共同研究プログラム】 【地球規模課題対応国際科学技術協力プログラム（SATREPS）】 国公私立大学，国公立試験研究機関，独立行政法人等の個人研究者等	【地球規模課題対応国際科学技術協力プログラム（SATREPS）】 研究費：3,500万円程度／年 研究期間：3年～5年	【地球規模課題対応国際科学技術協力プログラム（SATREPS）】 2019年度分 2018年9月11日～11月12日	国立研究開発法人日本医療研究開発機構（AMED）国際事業部国際連携研究課 電話：03-6870-2215 【地球規模課題対応国際科学技術協力プログラム（SATREPS）】 http://www.amed.go.jp/program/list/03/01/035.html

府省名	配分機関	制度名	制度の概要	募集対象	1件当たりの研究費額及び研究開発期間	申請書の受付期間	ホームページと問い合わせ先
（続く）	（続く）	（続く）	（続く）	【戦略的国際共同研究プログラム（SICORP）】 国公私立大学，国公立試験研究機関，企業，独立行政法人等の個人研究者等 【アフリカにおける顧みられない熱帯病（NTDs）対策のための国際共同研究プログラム】 国公私立大学，国公立試験研究機関，企業，独立行政法人等の個人研究者等	【戦略的国際共同研究プログラム（SICORP）】 研究費：500万～1億円程度／年 研究期間：1～5年 【アフリカにおける顧みられない熱帯病（NTDs）対策のための国際共同研究プログラム】 研究費：4,000万円上限／年 研究期間：原則5年	【戦略的国際共同研究プログラム（SICORP）】 2019年度分 ※国によって異なる（詳細はホームページを参照のこと） 【アフリカにおける顧みられない熱帯病（NTDs）対策のための国際共同研究プログラム】 2019年度分 公募予定なし	【戦略的国際共同研究プログラム（SICORP）】 http://www.amed.go.jp/program/list/03/01/037.html 【アフリカにおける顧みられない熱帯病（NTDs）対策のための国際共同研究プログラム】 http://www.amed.go.jp/program/list/03/01/042.html
厚生労働省	厚生労働省	厚生労働科学研究費補助金	独創的又は先駆的な研究や社会的要請の強い諸問題について，競争的な研究環境の形成を行いつつ，厚生労働科学研究の振興を促し，もって国民の保健医療，福祉，生活衛生，労働安全衛生等に関し，行政施策の科学的な推進を確保し，技術水準の向上を図る。	厚生労働省の施設等機関，地方公共団体試験研究機関，大学等，民間研究所，独立行政法人等に所属する研究者	研究期間：原則1～3年（上限5年）	公募研究事業【一次募集】 2018年12月21日～2019年1月29日 公募研究事業【二次募集】 2019年3月29日～5月10日	厚生労働省大臣官房厚生科学課 電話：03-5253-1111（内線3809）
	日本医療研究開発機構	医療研究開発推進事業費補助金	医療分野の研究開発における基礎的な研究開発から実用化のための研究開発までの一貫した研究開発の推進及びその成果の円滑な実用化並びに医療分野の研究開発が円滑かつ効果的に行われるための環境の整備に資する研究開発の推進を行う。	大学，研究開発法人，その他の研究機関	研究期間：原則1～3年（上限5年）	研究事業によって異なる	http://www.amed.go.jp/ 日本医療研究開発機構 ※問い合わせ先はホームページ参照
		保健衛生医療調査等推進事業費補助金	保健衛生対策の推進を図るため，医療分野の研究開発における基礎的な研究開発から実用化のための研究開発までの一貫した研究開発の推進及びその成果の円滑な実用化並びに医療分野の研究開発が円滑かつ効果的に行われるための環境の整備に資する研究開発の推進を行う。	大学，研究開発法人，その他の研究機関	研究期間：原則1～3年（上限5年）	研究事業によって異なる	http://www.amed.go.jp/ 日本医療研究開発機構 ※問い合わせ先はホームページ参照

（次ページに続く）

府省名	配分機関	制度名	制度の概要	募集対象	1件当たりの研究費額及び研究開発期間	申請書の受付期間	ホームページと問い合わせ先
農林水産省	農業・食品産業技術総合研究機構 生物系特定産業技術研究支援センター	イノベーション創出強化研究推進事業	農林水産・食品分野におけるイノベーションを創出するため，様々な分野の多様な知識・技術等を結集した研究開発を重点的に推進する提案公募型研究を実施する。 本事業では，研究開発段階ごとに基礎段階の研究開発を「基礎研究ステージ」，応用段階の研究開発を「応用研究ステージ」，実用化段階の研究開発を「開発研究ステージ」として，研究課題を提案公募方式により公募し，基礎段階から実用化段階までの研究開発を継ぎ目なく推進する。	【基礎研究ステージ】 単独の研究機関又は研究グループ 【応用研究ステージ】 研究グループ 【開発研究ステージ】 2つ以上のセクター（※）の研究機関等から構成される研究グループ ※研究機関等の分類 ・セクターⅠ：都道府県，市町村，公立試験研究機関及び地方独立行政法人 ・セクターⅡ：大学及び大学共同利用機関 ・セクターⅢ：国立研究開発法人，独立行政法人，特殊法人及び認可法人 ・セクターⅣ：民間企業，公益・一般法人，NPO法人，協同組合及び農林漁業者	【基礎研究ステージ】 ○研究委託費： 1課題当たり3,000万円／年以内（「知」の集積と活用の場からの提案の場合，5,000万円／年以内） ○研究実施期間：3年以内 【応用研究ステージ】 ○研究委託費： 1課題当たり3,000万円／年以内（「知」の集積と活用の場からの提案の場合，5,000万円／年以内） ○研究実施期間：3年以内 【開発研究ステージ】 ○研究委託費： 1課題当たり3,000万円／年以内（「知」の集積と活用の場からの提案の場合，15,000万円／年以内） ○研究実施期間： 3年以内（「知」の集積と活用の場からの提案の場合，5年以内）	2019年度分 2019年1月15日～2月15日	http://www.naro.affrc.go.jp/brain/innovation/index.html 国立研究開発法人 農業・食品産業技術総合研究機構 生物系特定産業技術研究支援センター 新技術開発部イノベーション創出課 電話：044-276-8995
経済産業省	経済産業省	戦略的基盤技術高度化・連携支援事業（戦略的基盤技術高度化支援事業）	中小企業のものづくり基盤技術の高度化に関する法律に基づくデザイン開発，精密加工，立体造形等の特定ものづくり基盤技術（12分野）の向上につながる研究開発，その試作等の取組を支援する。	法の認定等を受けたものづくり中小企業・小規模事業者を含む共同体	○補助金額 補助事業あたり 単年度4,500万円以下 2年度の合計で，7,500万円以下 3年度の合計で，9,750万円以下 （定額補助率となる者については補助金総額の1／3以下であること） ○補助率 中小企業者等の補助対象経費：2/3以内 大学・公設試等の補助対象経費：定額（初年度1,500万円以下） 実施期間：最長3年	2019年度分 2019年1月28日～4月24日	中小企業庁経営支援部技術・経営革新課 電話：03-3501-1816 https://www.chusho.meti.go.jp/keiei/sapoin/2019/190128mono.htm http://www.hkd.meti.go.jp/ 北海道経済産業局地域経済部産業技術課 電話：011-709-5441 http://www.tohoku.meti.go.jp/ 東北経済産業局地域経済部産業技術課 電話：022-221-4897 http://www.kanto.meti.go.jp/ 関東経済産業局産業部製造産業課 電話：048-600-0307 http://www.chubu.meti.go.jp/ 中部経済産業局地域経済部産業技術課 電話：052-951-2774

府省名	配分機関	制度名	制度の概要	募集対象	1件当たりの研究費額及び研究開発期間	申請書の受付期間	ホームページと問い合わせ先
(続く)	(続く)	(続く)	(続く)	(続く)	(続く)	(続く)	http://www.kansai.meti.go.jp/ 近畿経済産業局地域経済部産業技術課 電話：06-6966-6017 http://www.chugoku.meti.go.jp/ 中国経済産業局地域経済部産業技術連携課 電話：082-224-5680 http://www.shikoku.meti.go.jp/ 四国経済産業局地域経済部産業技術課 電話：087-811-8518 http://www.kyushu.meti.go.jp/ 九州経済産業局地域経済部産業技術課 電話：092-482-5464 http://ogb.go.jp/keisan 沖縄総合事務局経済産業部地域経済課 電話：098-866-1730
国土交通省	国土交通省	建設技術研究開発助成制度	建設分野の技術革新を推進していくため，国土交通省の所掌する建設技術の高度化および国際競争力の強化，国土交通省が実施する研究開発の一層の推進等に資する技術研究開発への助成を行う。「政策課題解決型技術開発公募（一般タイプ）について研究開発課題の技術研究開発に補助を行う。	【政策課題解決型技術開発公募（一般タイプ）】 ・大学等の研究機関に所属する研究者 ・研究を目的とする特例民法法人，一般社団法人，一般財団法人，公益社団法人，公益財団法人または当該法人に所属する研究者 ・日本に登記されている民間企業等または当該法人に所属する研究者	○政策課題解決型技術開発公募（一般タイプ）【新規課題】 1課題あたり総額2,000万円（年度上限額1,000万円）まで，交付可能期間最大2年間 ○政策課題解決型技術開発公募（一般タイプ）【H30年度採択の継続課題】 1課題あたり総額2,000万円（年度上限額1,000万円）まで，交付可能期間最大2年間	2019年度分 (継続課題) 2019年3月4日～3月25日 (新規課題) 2019年4月12日～5月20日	http://www.mlit.go.jp/tec/gijutu/kaihatu/josei.html 国土交通省大臣官房技術調査課 電話：03-5253-8111 (内線22348，22345)
		交通運輸技術開発推進制度	国土交通省の政策課題の解決に資する研究開発テーマについて研究実施主体から研究課題の公募を行い，提案された中から有望性の高い課題に対して研究を委託し，交通運輸に関する研究を推進する。	大学，独立行政法人，日本に登記されている民間企業等の機関に所属する研究者	【委託限度額】 初年度の上限2,000万円 ※多年度の研究計画を策定する場合には，総額6,000万円を上限 【研究開発期間】 多年度の研究計画を策定する場合の計画期間は3年以内	2019年度分 2019年3月4日～4月12日	http://www.mlit.go.jp/sogoseisaku/safety/sosei_safety_tk2_000007.html 国土交通省総合政策局技術政策課 電話：03-5253-8111 (内線25634)

（次ページに続く）

府省名	配分機関	制度名	制度の概要	募集対象	1件当たりの研究費額及び研究開発期間	申請書の受付期間	ホームページと問い合わせ先
環境省	環境再生保全機構	環境研究総合推進費	地球温暖化の防止，循環型社会の実現，自然環境との共生，環境リスク管理等による安全の確保など，持続可能な社会構築のための環境政策の推進にとって不可欠な科学的知見の集積及び技術開発を促進するための事業（平成23年度より「循環型社会形成推進科学研究費補助金」と統合）。	研究参画者は，国内の研究機関等に所属する研究者とする。なお，研究機関等とは以下のいずれかに該当するものとする。 ア．国立試験研究機関 イ．独立行政法人 ウ．大学（国公私立問わず。），高等専門学校 エ．地方公共団体 オ．特例民法法人又は一般社団・財団法人若しくは公益社団・財団法人 カ．民間企業 キ．その他の団体（日本の法人格を有しているもの。）	環境研究総合推進費［委託費］ ・戦略的研究開発領域（トップダウン型）：3億円以下，5年 ・環境問題対応型研究領域（ボトムアップ型）：4千万円以内，3年以内 ・革新型研究開発領域（若手枠）：6百万円以内，3年以内 ・課題調査型研究領域：1千万円以内，1年 環境研究総合推進費［補助金］ ・次世代事業：2億円以内（補助率1/2），3年以内 ※戦略的研究開発領域の研究期間は，原則として5年間だが，より早期に研究成果が求められる戦略研究プロジェクト等については，5年間以内で適切な研究期間を設定する場合がある。	2019年度分 2019年10月～11月予定	http://www.erca.go.jp/suishinhi/ http://www.env.go.jp/policy/kenkyu/index.html http://www.env.go.jp/recycle/waste_tech/kagaku/index.html 独立行政法人環境再生保全機構 TEL：03-3237-6600（内線6614） 環境省大臣官房総合政策課環境研究技術室 TEL：03-3581-3351（内線6245）
	原子力規制庁	放射線安全規制研究戦略的推進事業費	放射線安全規制研究戦略的推進事業費は，原子力規制委員会及び放射線審議会等において示された技術的課題の解決につながるような研究を推進するとともに，研究活動を通じた放射線防護分野の研究基盤の強化を図り，事業を通じて得られた成果を最新の知見の国内制度への取り入れや規制行政の改善につなげていくことを目的としている。これらの活動によって研究と行政施策が両輪となって，継続的かつ効率的・効果的に放射線源規制・放射線防護による安全確保を最新・最善のものにすることを目指す。	・研究機関に，当該研究機関の研究活動を行うことを職務に含むものとして，所属するものであること。 ・当該研究機関の研究活動に実際に従事していること。 ・大学院生等の学生でないこと。	単年度1課題当たりの研究費額：公募する研究内容等に応じて配分 研究開発期間：1課題につき最長5年	2019年度分（新規採択課題） 2019年1月10日～2月12日	原子力規制庁長官官房放射線防護グループ放射線防護企画課 電話：03-5114-2265
防衛省	防衛装備庁	安全保障技術研究推進制度	防衛分野での将来における研究開発に資することを期待し，先進的な民生技術についての基礎研究を公募・委託するもの。 なお，本制度の運営においては， ・受託者による研究成果の公表を制限することはない。 ・特定秘密を始めとする秘密を受託者に提供することはない。 ・研究成果を特定秘密を始めとする秘密に指定することはない。 ・プログラムオフィサーが研究内容に介入することはない。	すべての研究実施者は，研究を実施する能力のある以下の①から③のいずれかの機関に所属していることが必要。 ① 大学，高等専門学校又は大学共同利用機関 ② 独立行政法人（国立研究開発法人を含む），特殊法人又は地方独立行政法人 ③ 民間企業，研究を主な目的とする公益社団法人，公益財団法人，一般社団法人，一般財団法人等	研究費規模： 提案に際して，1課題あたり研究費の上限を以下から選択 タイプS：5年間当たり，最大20億円（10億円，5億円，1億円程度の規模でも応募可能） タイプA：年間当たり，最大3,900万円（2千万円，1千万円，数百万円程度の規模でも応募可能） タイプC：年間当たり，最大1,300万円（数百万円程度の規模でも応募可能） 研究期間： タイプS 2019年12月頃～2024年3月（最大5か年度） タイプA及びC 2019年10月頃～2022年3月（1か年度，2か年度でも可）	2019年度分 2019年3月22日～5月31日正午	https://www.mod.go.jp/atla/funding.html 防衛装備庁技術戦略部技術振興官付 TEL：03-3268-3111（内線28513,28514）

（筆者注）平成31（2019）年4月現在。更新情報に留意すること。
　　　　一部のURLの通信プロトコル（http）の表記を「https」に変えているところがある。
（出典）内閣府ホームページ「平成31年度競争的資金制度一覧」
　　　　（https://www8.cao.go.jp/cstp/compefund/kyoukin31_seido_ichiran.pdf）

2. 科研費の研究種目別・審査区分別の採択率

表 2　特別推進研究（新規分）

審査区分	研究課題数			研究経費	
	応募件 (A)	採択件 (B)	採択率 (B/A)	直接経費（研究費） (C)	1 採択課題当たり平均配分額（直接） (C/B)
人文社会系	11	1	9.1%	73,000,000	73,000,000
理工系	73	8	11.0%	826,700,000	103,337,500
生物系	21	3	14.3%	223,800,000	74,600,000
合　計（平成 30 年度）	**105**	**12**	**11.4%**	**1,123,500,000**	**93,625,000**
合　計（令和元年度速報値）	**106**	**12**	**11.3%**		

（出典）科研費ホームページ（独立行政法人日本学術振興会）より作成，平成 30 年度採択率（合計以外）は筆者計算。
https://www.jsps.go.jp/j-grantsinaid/27_kdata/data/3-1-2/3-1-2_h30.pdf
https://www.jsps.go.jp/j-grantsinaid/27_kdata/data/2019sokuhou.pdf

表 3　新学術領域研究（研究領域提案型）（計画研究）（新規分）

審査区分	研究課題数			研究経費	
	応募件 (A)	採択件 (B)	採択率 (B/A)	直接経費（研究費） (C)	1 採択課題当たり平均配分額（直接） (C/B)
人文・社会系	69	7	10.1%	203,300,000	29,042,857
理工系	669	56	8.4%	1,611,000,000	28,767,857
生物系	382	27	7.1%	732,900,000	27,144,444
複合領域	**616**	**64**	10.4%	**1,557,300,000**	**24,332,813**
合　計（平成 30 年度）	1,736	154	8.9%	4,104,500,000	26,652,597

（出典）科研費ホームページ（独立行政法人日本学術振興会）より作成，採択率は筆者計算。
https://www.jsps.go.jp/j-grantsinaid/27_kdata/data/3-1-2/3-1-2_h30.pdf

表 4　新学術領域研究（研究領域提案型）（公募研究）（新規分）

審査区分	研究課題数			研究経費	
	応募件 (A)	採択件 (B)	採択率 (B/A)	直接経費（研究費） (C)	1 採択課題当たり平均配分額（直接） (C/B)
人文・社会系	75	32	42.7%	57,400,000	1,793,750
理工系	1,749	397	22.7%	905,100,000	2,279,849
生物系	1,394	192	13.8%	692,200,000	3,605,208
複合領域	1,204	236	19.6%	624,300,000	2,645,339
合　計（平成 30 年度）	**4,422**	**857**	**19.4%**	**2,279,000,000**	**2,659,277**
合　計（令和元年度）	**3,522**	**809**	**23.0%**		

（出典）科研費ホームページ（独立行政法人日本学術振興会）より作成，平成 30 年度採択率（合計以外）は筆者計算。
https://www.jsps.go.jp/j-grantsinaid/27_kdata/data/3-1-2/3-1-2_h30.pdf
https://www.jsps.go.jp/j-grantsinaid/27_kdata/data/2019sokuhou.pdf

表5　基盤研究（S）（新規分）

大区分	研究課題数			研究経費	
	応　募 件 （A）	採　択 件 （B）	採択率 （B/A）	直接経費 （研究費） （C）	1採択課題 当たり平均 配分額（直接） （C/B）
A	52	6	11.5%	164,000,000	27,333,333
B	134	15	11.2%	698,400,000	46,560,000
C	80	9	11.3%	347,300,000	38,588,889
D	120	13	10.8%	715,400,000	55,030,769
E	60	7	11.7%	262,500,000	37,500,000
F	34	4	11.8%	164,600,000	41,150,000
G	71	7	9.9%	343,500,000	49,071,429
H	20	3	15.0%	104,500,000	34,833,333
I	66	8	12.1%	259,900,000	32,487,500
J	42	4	9.5%	114,700,000	28,675,000
K	25	4	16.0%	105,000,000	26,250,000
合計	704	80	11.4%	3,279,800,000	40,997,500

（出典）科研費ホームページ（独立行政法人日本学術振興会）より作成，採択率は筆者計算。
https://www.jsps.go.jp/j-grantsinaid/27_kdata/data/3-1-2/3-1-2_h30.pdf

表6　基盤研究（A）（新規分）

中区分	研究課題数			研究経費	
	応募件（A）	採択件（B）	採択率（B/A）	直接経費（研究費）（C）	1採択課題当たり平均配分額（直接）（C/B）
01：思想，芸術およびその関連分野	27	9	33.3％	60,100,000	6,677,778
02：文学，言語学およびその関連分野	24	7	29.2％	64,600,000	9,228,571
03：歴史学，考古学，博物館学およびその関連分野	59	17	28.8％	146,900,000	8,641,176
04：地理学，文化人類学，民俗学およびその関連分野	36	11	30.6％	113,800,000	10,345,455
05：法学およびその関連分野	30	9	30.0％	61,200,000	6,800,000
06：政治学およびその関連分野	31	9	29.0％	71,300,000	7,922,222
07：経済学，経営学およびその関連分野	50	16	32.0％	129,600,000	8,100,000
08：社会学およびその関連分野	31	9	29.0％	56,700,000	6,300,000
09：教育学およびその関連分野	37	9	24.3％	86,800,000	9,644,444
10：心理学およびその関連分野	20	5	25.0％	54,700,000	10,940,000
11：代数学，幾何学およびその関連分野	7	2	28.6％	10,900,000	5,450,000
12：解析学，応用数学およびその関連分野	14	4	28.6％	27,100,000	6,775,000
13：物性物理学およびその関連分野	64	14	21.9％	221,500,000	15,821,429
14：プラズマ学およびその関連分野	29	6	20.7％	95,700,000	15,950,000
15：素粒子，原子核，宇宙物理学およびその関連分野	96	24	25.0％	351,700,000	14,654,167
16：天文学およびその関連分野	35	9	25.7％	106,900,000	11,877,778
17：地球惑星科学およびその関連分野	100	22	22.0％	327,900,000	14,904,545
18：材料力学，生産工学，設計工学およびその関連分野	30	7	23.3％	120,000,000	17,142,857
19：流体工学，熱工学およびその関連分野	19	4	21.1％	64,000,000	16,000,000
20：機械力学，ロボティクスおよびその関連分野	23	6	26.1％	61,300,000	10,216,667
21：電気電子工学およびその関連分野	100	24	24.0％	267,800,000	11,158,333
22：土木工学およびその関連分野	50	12	24.0％	155,700,000	12,975,000
23：建築学およびその関連分野	34	8	23.5％	121,900,000	15,237,500
24：航空宇宙工学，船舶海洋工学およびその関連分野	38	9	23.7％	143,200,000	15,911,111
25：社会システム工学，安全工学，防災工学およびその関連分野	41	11	26.8％	129,800,000	11,800,000
26：材料工学およびその関連分野	97	22	22.7％	340,100,000	15,459,091
27：化学工学およびその関連分野	32	7	21.9％	88,100,000	12,585,714
28：ナノマイクロ科学およびその関連分野	60	14	23.3％	226,200,000	16,157,143
29：応用物理物性およびその関連分野	47	10	21.3％	159,200,000	15,920,000
30：応用物理工学およびその関連分野	35	8	22.9％	81,300,000	10,162,500
31：原子力工学，地球資源工学，エネルギー学およびその関連分野	26	6	23.1％	71,900,000	11,983,333

表 6　基盤研究（A）（新規分）（続き）

中区分	研究課題数			研究経費	
	応募件（A）	採択件（B）	採択率（B/A）	直接経費（研究費）（C）	1 採択課題当たり平均配分額（直接）（C/B）
32：物理化学，機能物性化学およびその関連分野	43	10	23.3%	137,000,000	13,700,000
33：有機化学およびその関連分野	28	6	21.4%	80,100,000	13,350,000
34：無機・錯体化学，分析化学およびその関連分野	18	4	22.2%	66,300,000	16,575,000
35：高分子，有機材料およびその関連分野	32	7	21.9%	75,700,000	10,814,286
36：無機材料化学，エネルギー関連化学およびその関連分野	34	8	23.5%	98,800,000	12,350,000
37：生体分子化学およびその関連分野	29	6	20.7%	80,700,000	13,450,000
38：農芸化学およびその関連分野	36	9	25.0%	99,800,000	11,088,889
39：生産環境農学およびその関連分野	31	8	25.8%	96,000,000	12,000,000
40：森林圏科学，水圏応用科学およびその関連分野	38	9	23.7%	115,200,000	12,800,000
41：社会経済農学，農業工学およびその関連分野	25	6	24.0%	97,300,000	16,216,667
42：獣医学，畜産学およびその関連分野	28	7	25.0%	80,900,000	11,557,143
43：分子レベルから細胞レベルの生物学およびその関連分野	71	18	25.4%	211,200,000	11,733,333
44：細胞レベルから個体レベルの生物学およびその関連分野	41	10	24.4%	112,200,000	11,220,000
45：個体レベルから集団レベルの生物学と人類学およびその関連分野	30	8	26.7%	88,100,000	11,012,500
46：神経科学およびその関連分野	22	5	22.7%	73,700,000	14,740,000
47：薬学およびその関連分野	12	3	25.0%	43,400,000	14,466,667
48：生体の構造と機能およびその関連分野	18	4	22.2%	42,900,000	10,725,000
49：病理病態学，感染・免疫学およびその関連分野	26	6	23.1%	80,000,000	13,333,333
50：腫瘍学およびその関連分野	24	6	25.0%	57,200,000	9,533,333
51：ブレインサイエンスおよびその関連分野	14	3	21.4%	38,500,000	12,833,333
52：内科学一般およびその関連分野	30	7	23.3%	90,000,000	12,857,143
53：器官システム内科学およびその関連分野	20	5	25.0%	64,600,000	12,920,000
54：生体情報内科学およびその関連分野	21	5	23.8%	64,900,000	12,980,000
55：恒常性維持器官の外科学およびその関連分野	20	5	25.0%	66,300,000	13,260,000
56：生体機能および感覚に関する外科学およびその関連分野	23	5	21.7%	63,500,000	12,700,000
57：口腔科学およびその関連分野	15	3	20.0%	51,000,000	17,000,000
58：社会医学，看護学およびその関連分野	40	11	27.5%	100,600,000	9,145,455
59：スポーツ科学，体育，健康科学およびその関連分野	36	9	25.0%	102,800,000	11,422,222

表6　基盤研究（A）（新規分）（続き）

中区分	研究課題数			研究経費	
	応　募 件 (A)	採　択 件 (B)	採択率 (B/A)	直接経費 （研究費） (C)	1採択課題 当たり平均 配分額（直接） (C/B)
60：情報科学，情報工学およびその関連分野	45	13	28.9%	115,700,000	8,900,000
61：人間情報学およびその関連分野	74	20	27.0%	206,200,000	10,310,000
62：応用情報学およびその関連分野	25	7	28.0%	90,000,000	12,857,143
63：環境解析評価およびその関連分野	67	16	23.9%	202,000,000	12,625,000
64：環境保全対策およびその関連分野	48	12	25.0%	132,200,000	11,016,667
90：人間医工学およびその関連分野	68	14	20.6%	167,400,000	11,957,143
合　計（平成30年度）	2,454	605	24.7%	7,310,100,000	12,082,810
合　計（令和元年度）	2,412	605	25.1%		

（出典）科研費ホームページ（独立行政法人日本学術振興会）より作成，平成30年度採択率（合計以外）は筆者計算。
https://www.jsps.go.jp/j-grantsinaid/27_kdata/data/3-1-2/3-1-2_h30.pdf
https://www.jsps.go.jp/j-grantsinaid/27_kdata/data/2019sokuhou.pdf

表7　基盤研究（B）（新規分）

小区分	研究課題数			研究経費	
	応　募 件 (A)	採　択 件 (B)	採択率 (B/A)	直接経費 （研究費） (C)	1採択課題 当たり平均 配分額（直接） (C/B)
01010：哲学および倫理学関連	26	8	30.8%	25,000,000	3,125,000
01020：中国哲学，印度哲学および仏教学関連	10	3	30.0%	10,500,000	3,500,000
01030：宗教学関連	17	5	29.4%	20,100,000	4,020,000
01040：思想史関連	13	4	30.8%	11,000,000	2,750,000
01050：美学および芸術論関連	24	7	29.2%	17,900,000	2,557,143
01060：美術史関連	21	6	28.6%	21,600,000	3,600,000
01070：芸術実践論関連	25	7	28.0%	26,900,000	3,842,857
01080：科学社会学および科学技術史関連	9	2	22.2%	5,100,000	2,550,000
02010：日本文学関連	18	6	33.3%	18,600,000	3,100,000
02020：中国文学関連	9	3	33.3%	10,100,000	3,366,667
02030：英文学および英語圏文学関連	9	3	33.3%	9,600,000	3,200,000
02040：ヨーロッパ文学関連	9	2	22.2%	8,400,000	4,200,000
02050：文学一般関連	14	4	28.6%	12,400,000	3,100,000
02060：言語学関連	38	12	31.6%	42,000,000	3,500,000
02070：日本語学関連	8	2	25.0%	14,500,000	7,250,000
02080：英語学関連	3	1	33.3%	3,400,000	3,400,000
02090：日本語教育関連	20	6	30.0%	19,900,000	3,316,667
02100：外国語教育関連	52	15	28.8%	73,100,000	4,873,333
03010：史学一般関連	34	11	32.4%	38,300,000	3,481,818

表7　基盤研究（B）（新規分）（続き）

小区分	研究課題数			研究経費	
	応募件（A）	採択件（B）	採択率（B/A）	直接経費（研究費）（C）	1採択課題当たり平均配分額(直接)（C/B）
03020：日本史関連	33	10	30.3%	33,400,000	3,340,000
03030：アジア史およびアフリカ史関連	31	9	29.0%	32,200,000	3,577,778
03040：ヨーロッパ史およびアメリカ史関連	20	6	30.0%	28,900,000	4,816,667
03050：考古学関連	64	20	31.3%	75,200,000	3,760,000
03060：文化財科学関連	30	7	23.3%	31,400,000	4,485,714
03070：博物館学関連	10	2	20.0%	10,500,000	5,250,000
04010：地理学関連	30	8	26.7%	38,800,000	4,850,000
04020：人文地理学関連	20	6	30.0%	20,000,000	3,333,333
04030：文化人類学および民俗学関連	44	14	31.8%	45,800,000	3,271,429
05010：基礎法学関連	13	4	30.8%	15,000,000	3,750,000
05020：公法学関連	12	4	33.3%	12,300,000	3,075,000
05030：国際法学関連	8	2	25.0%	6,300,000	3,150,000
05040：社会法学関連	2	0	0.0%	0	0
05050：刑事法学関連	14	4	28.6%	11,900,000	2,975,000
05060：民事法学関連	14	4	28.6%	18,800,000	4,700,000
05070：新領域法学関連	15	4	26.7%	14,200,000	3,550,000
06010：政治学関連	32	10	31.3%	33,100,000	3,310,000
06020：国際関係論関連	26	8	30.8%	34,000,000	4,250,000
07010：理論経済学関連	13	4	30.8%	13,500,000	3,375,000
07020：経済学説および経済思想関連	4	1	25.0%	3,100,000	3,100,000
07030：経済統計関連	9	3	33.3%	9,300,000	3,100,000
07040：経済政策関連	76	22	28.9%	100,000,000	4,545,455
07050：公共経済および労働経済関連	30	11	36.7%	31,900,000	2,900,000
07060：金融およびファイナンス関連	17	4	23.5%	19,400,000	4,850,000
07070：経済史関連	19	6	31.6%	17,700,000	2,950,000
07080：経営学関連	69	22	31.9%	69,600,000	3,163,636
07090：商学関連	24	8	33.3%	28,300,000	3,537,500
07100：会計学関連	23	6	26.1%	28,200,000	4,700,000
08010：社会学関連	72	25	34.7%	73,200,000	2,928,000
08020：社会福祉学関連	54	19	35.2%	60,700,000	3,194,737
08030：家政学および生活科学関連	40	9	22.5%	56,000,000	6,222,222
09010：教育学関連	48	14	29.2%	47,700,000	3,407,143
09020：教育社会学関連	28	8	28.6%	35,200,000	4,400,000
09030：子ども学および保育学関連	35	11	31.4%	39,500,000	3,590,909
09040：教科教育学および初等中等教育学関連	72	22	30.6%	86,300,000	3,922,727
09050：高等教育学関連	33	10	30.3%	34,200,000	3,420,000
09060：特別支援教育関連	31	9	29.0%	48,200,000	5,355,556

表7　基盤研究（B）（新規分）（続き）

小区分	研究課題数			研究経費	
	応　募 件 (A)	採　択 件 (B)	採択率 (B/A)	直接経費（研究費） (C)	1採択課題当たり平均配分額(直接) (C/B)
09070：教育工学関連	76	21	27.6%	97,800,000	4,657,143
09080：科学教育関連	46	12	26.1%	47,300,000	3,941,667
10010：社会心理学関連	18	5	27.8%	16,800,000	3,360,000
10020：教育心理学関連	20	5	25.0%	19,600,000	3,920,000
10030：臨床心理学関連	35	10	28.6%	36,000,000	3,600,000
10040：実験心理学関連	37	10	27.0%	44,600,000	4,460,000
11010：代数学関連	21	8	38.1%	20,200,000	2,525,000
11020：幾何学関連	17	6	35.3%	13,700,000	2,283,333
12010：基礎解析学関連	12	5	41.7%	11,000,000	2,200,000
12020：数理解析学関連	22	7	31.8%	19,900,000	2,842,857
12030：数学基礎関連	6	2	33.3%	6,100,000	3,050,000
12040：応用数学および統計数学関連	15	5	33.3%	16,300,000	3,260,000
13010：数理物理および物性基礎関連	16	4	25.0%	17,600,000	4,400,000
13020：半導体，光物性および原子物理関連	66	14	21.2%	95,100,000	6,792,857
13030：磁性，超伝導および強相関系関連	109	26	23.9%	164,000,000	6,307,692
13040：生物物理，化学物理およびソフトマターの物理関連	37	9	24.3%	49,300,000	5,477,778
14010：プラズマ科学関連	16	3	18.8%	22,700,000	7,566,667
14020：核融合学関連	36	9	25.0%	52,600,000	5,844,444
14030：プラズマ応用科学関連	21	4	19.0%	26,300,000	6,575,000
15010：素粒子，原子核，宇宙線および宇宙物理に関連する理論	27	9	33.3%	28,500,000	3,166,667
15020：素粒子，原子核，宇宙線および宇宙物理に関連する実験	113	27	23.9%	152,200,000	5,637,037
16010：天文学関連	63	17	27.0%	74,500,000	4,382,353
17010：宇宙惑星科学関連	58	13	22.4%	78,300,000	6,023,077
17020：大気水圏科学関連	49	12	24.5%	56,200,000	4,683,333
17030：地球人間圏科学関連	34	8	23.5%	41,600,000	5,200,000
17040：固体地球科学関連	101	27	26.7%	193,300,000	7,159,259
17050：地球生命科学関連	40	9	22.5%	49,300,000	5,477,778
18010：材料力学および機械材料関連	66	14	21.2%	98,800,000	7,057,143
18020：加工学および生産工学関連	42	9	21.4%	56,900,000	6,322,222
18030：設計工学関連	13	3	23.1%	16,900,000	5,633,333
18040：機械要素およびトライボロジー関連	28	6	21.4%	35,800,000	5,966,667
19010：流体工学関連	57	13	22.8%	88,400,000	6,800,000
19020：熱工学関連	64	14	21.9%	92,600,000	6,614,286
20010：機械力学およびメカトロニクス関連	38	9	23.7%	52,000,000	5,777,778

表7　基盤研究（B）（新規分）（続き）

小区分	研究課題数			研究経費	
	応　募件 (A)	採　択件 (B)	採択率 (B/A)	直接経費（研究費） (C)	1採択課題当たり平均配分額（直接） (C/B)
20020：ロボティクスおよび知能機械システム関連	68	17	25.0％	104,300,000	6,135,294
21010：電力工学関連	72	18	25.0％	127,000,000	7,055,556
21020：通信工学関連	54	14	25.9％	55,500,000	3,964,286
21030：計測工学関連	45	10	22.2％	72,000,000	7,200,000
21040：制御およびシステム工学関連	25	7	28.0％	28,700,000	4,100,000
21050：電気電子材料工学関連	90	20	22.2％	122,700,000	6,135,000
21060：電子デバイスおよび電子機器関連	80	21	26.3％	123,300,000	5,871,429
22010：土木材料，施工および建設マネジメント関連	37	9	24.3％	60,800,000	6,755,556
22020：構造工学および地震工学関連	48	13	27.1％	66,300,000	5,100,000
22030：地盤工学関連	38	9	23.7％	48,400,000	5,377,778
22040：水工学関連	46	13	28.3％	65,700,000	5,053,846
22050：土木計画学および交通工学関連	54	14	25.9％	67,000,000	4,785,714
22060：土木環境システム関連	52	13	25.0％	81,000,000	6,230,769
23010：建築構造および材料関連	55	14	25.5％	69,200,000	4,942,857
23020：建築環境および建築設備関連	46	10	21.7％	68,500,000	6,850,000
23030：建築計画および都市計画関連	43	12	27.9％	47,200,000	3,933,333
23040：建築史および意匠関連	19	6	31.6％	22,500,000	3,750,000
24010：航空宇宙工学関連	52	12	23.1％	71,700,000	5,975,000
24020：船舶海洋工学関連	84	21	25.0％	111,300,000	5,300,000
25010：社会システム工学関連	45	12	26.7％	51,700,000	4,308,333
25020：安全工学関連	34	8	23.5％	46,400,000	5,800,000
25030：防災工学関連	67	18	26.9％	83,800,000	4,655,556
26010：金属材料物性関連	31	8	25.8％	51,500,000	6,437,500
26020：無機材料および物性関連	79	18	22.8％	119,000,000	6,611,111
26030：複合材料および界面関連	46	11	23.9％	63,700,000	5,790,909
26040：構造材料および機能材料関連	63	14	22.2％	95,900,000	6,850,000
26050：材料加工および組織制御関連	77	17	22.1％	108,800,000	6,400,000
26060：金属生産および資源生産関連	28	6	21.4％	46,200,000	7,700,000
27010：移動現象および単位操作関連	35	7	20.0％	53,300,000	7,614,286
27020：反応工学およびプロセスシステム工学関連	41	9	22.0％	63,500,000	7,055,556
27030：触媒プロセスおよび資源化学プロセス関連	50	11	22.0％	74,900,000	6,809,091
27040：バイオ機能応用およびバイオプロセス工学関連	45	13	28.9％	74,800,000	5,753,846
28010：ナノ構造化学関連	30	6	20.0％	47,900,000	7,983,333

表7 基盤研究（B）（新規分）（続き）

小区分	研究課題数			研究経費	
	応募件（A）	採択件（B）	採択率（B/A）	直接経費（研究費）（C）	1採択課題当たり平均配分額(直接)（C/B）
28020：ナノ構造物理関連	43	10	23.3%	69,200,000	6,920,000
28030：ナノ材料科学関連	73	16	21.9%	109,400,000	6,837,500
28040：ナノバイオサイエンス関連	20	4	20.0%	24,500,000	6,125,000
28050：ナノマイクロシステム関連	40	10	25.0%	55,000,000	5,500,000
29010：応用物性関連	62	14	22.6%	98,900,000	7,064,286
29020：薄膜および表面界面物性関連	77	17	22.1%	137,500,000	8,088,235
29030：応用物理一般関連	18	5	27.8%	28,000,000	5,600,000
30010：結晶工学関連	31	7	22.6%	45,100,000	6,442,857
30020：光工学および光量子科学関連	58	16	27.6%	102,800,000	6,425,000
31010：原子力工学関連	64	15	23.4%	87,400,000	5,826,667
31020：地球資源工学およびエネルギー学関連	34	7	20.6%	46,200,000	6,600,000
32010：基礎物理化学関連	74	17	23.0%	112,700,000	6,629,412
32020：機能物性化学関連	50	11	22.0%	74,700,000	6,790,909
33010：構造有機化学および物理有機化学関連	49	11	22.4%	57,200,000	5,200,000
33020：有機合成化学関連	73	17	23.3%	96,600,000	5,682,353
34010：無機・錯体化学関連	47	11	23.4%	62,200,000	5,654,545
34020：分析化学関連	57	13	22.8%	83,500,000	6,423,077
34030：グリーンサステイナブルケミストリーおよび環境化学関連	26	6	23.1%	32,800,000	5,466,667
35010：高分子化学関連	34	7	20.6%	52,700,000	7,528,571
35020：高分子材料関連	75	17	22.7%	108,700,000	6,394,118
35030：有機機能材料関連	53	12	22.6%	86,300,000	7,191,667
36010：無機物質および無機材料化学関連	55	13	23.6%	75,700,000	5,823,077
36020：エネルギー関連化学	61	14	23.0%	76,000,000	5,428,571
37010：生体関連化学	51	13	25.5%	72,300,000	5,561,538
37020：生物分子化学関連	31	8	25.8%	37,100,000	4,637,500
37030：ケミカルバイオロジー関連	41	10	24.4%	58,900,000	5,890,000
38010：植物栄養学および土壌学関連	25	6	24.0%	29,800,000	4,966,667
38020：応用微生物学関連	68	16	23.5%	100,400,000	6,275,000
38030：応用生物化学関連	33	8	24.2%	49,200,000	6,150,000
38040：生物有機化学関連	26	7	26.9%	45,400,000	6,485,714
38050：食品科学関連	58	14	24.1%	79,600,000	5,685,714
38060：応用分子細胞生物学関連	36	9	25.0%	49,500,000	5,500,000
39010：遺伝育種科学関連	54	14	25.9%	74,300,000	5,307,143
39020：作物生産科学関連	31	7	22.6%	40,000,000	5,714,286
39030：園芸科学関連	38	9	23.7%	47,000,000	5,222,222

表７　基盤研究（B）（新規分）（続き）

小区分	研究課題数			研究経費	
	応　募 件 （A）	採　択 件 （B）	採択率 （B/A）	直接経費 （研究費） （C）	1採択課題 当たり平均 配分額(直接) （C/B）
39040：植物保護科学関連	43	10	23.3%	51,600,000	5,160,000
39050：昆虫科学関連	28	7	25.0%	40,100,000	5,728,571
39060：生物資源保全学関連	26	8	30.8%	36,000,000	4,500,000
39070：ランドスケープ科学関連	11	3	27.3%	15,000,000	5,000,000
40010：森林科学関連	83	21	25.3%	112,200,000	5,342,857
40020：木質科学関連	43	10	23.3%	58,800,000	5,880,000
40030：水圏生産科学関連	43	11	25.6%	62,900,000	5,718,182
40040：水圏生命科学関連	48	12	25.0%	60,700,000	5,058,333
41010：食料農業経済関連	18	5	27.8%	30,600,000	6,120,000
41020：農業社会構造関連	20	6	30.0%	27,100,000	4,516,667
41030：地域環境工学および農村計画学関連	26	7	26.9%	48,300,000	6,900,000
41040：農業環境工学および農業情報工学関連	40	9	22.5%	59,700,000	6,633,333
41050：環境農学関連	34	10	29.4%	47,900,000	4,790,000
42010：動物生産科学関連	46	11	23.9%	61,600,000	5,600,000
42020：獣医学関連	87	22	25.3%	104,200,000	4,736,364
42030：動物生命科学関連	29	7	24.1%	35,400,000	5,057,143
42040：実験動物学関連	38	9	23.7%	44,800,000	4,977,778
43010：分子生物学関連	49	13	26.5%	61,100,000	4,700,000
43020：構造生物化学関連	58	16	27.6%	91,300,000	5,706,250
43030：機能生物化学関連	41	10	24.4%	51,500,000	5,150,000
43040：生物物理学関連	48	11	22.9%	65,100,000	5,918,182
43050：ゲノム生物学関連	30	8	26.7%	35,300,000	4,412,500
43060：システムゲノム科学関連	28	7	25.0%	32,000,000	4,571,429
44010：細胞生物学関連	46	11	23.9%	57,900,000	5,263,636
44020：発生生物学関連	41	10	24.4%	43,400,000	4,340,000
44030：植物分子および生理科学関連	62	17	27.4%	84,500,000	4,970,588
44040：形態および構造関連	19	4	21.1%	22,300,000	5,575,000
44050：動物生理化学，生理学および行動学関連	26	7	26.9%	37,200,000	5,314,286
45010：遺伝学関連	12	3	25.0%	12,600,000	4,200,000
45020：進化生物学関連	26	6	23.1%	29,100,000	4,850,000
45030：多様性生物学および分類学関連	35	10	28.6%	48,700,000	4,870,000
45040：生態学および環境学関連	45	12	26.7%	67,300,000	5,608,333
45050：自然人類学関連	16	4	25.0%	20,100,000	5,025,000
45060：応用人類学関連	10	2	20.0%	7,100,000	3,550,000
46010：神経科学一般関連	52	13	25.0%	70,200,000	5,400,000
46020：神経形態学関連	21	6	28.6%	27,000,000	4,500,000

表7　基盤研究（B）（新規分）（続き）

小区分	研究課題数			研究経費	
	応　募 件 （A）	採　択 件 （B）	採択率 （B/A）	直接経費 （研究費） （C）	1採択課題当たり平均配分額(直接) （C/B）
46030：神経機能学関連	37	10	27.0%	52,800,000	5,280,000
47010：薬系化学および創薬科学関連	44	11	25.0%	56,700,000	5,154,545
47020：薬系分析および物理化学関連	25	6	24.0%	30,200,000	5,033,333
47030：薬系衛生および生物化学関連	41	10	24.4%	47,800,000	4,780,000
47040：薬理学関連	21	5	23.8%	26,100,000	5,220,000
47050：環境および天然医薬資源学関連	15	3	20.0%	14,200,000	4,733,333
47060：医療薬学関連	27	8	29.6%	36,500,000	4,562,500
48010：解剖学関連	16	3	18.8%	15,900,000	5,300,000
48020：生理学関連	28	6	21.4%	37,200,000	6,200,000
48030：薬理学関連	25	6	24.0%	33,400,000	5,566,667
48040：医化学関連	58	14	24.1%	71,200,000	5,085,714
49010：病態医化学関連	33	8	24.2%	41,700,000	5,212,500
49020：人体病理学関連	24	7	29.2%	33,600,000	4,800,000
49030：実験病理学関連	52	13	25.0%	62,800,000	4,830,769
49040：寄生虫学関連	15	3	20.0%	16,800,000	5,600,000
49050：細菌学関連	32	8	25.0%	41,500,000	5,187,500
49060：ウイルス学関連	32	8	25.0%	40,200,000	5,025,000
49070：免疫学関連	28	7	25.0%	33,800,000	4,828,571
50010：腫瘍生物学関連	46	12	26.1%	60,500,000	5,041,667
50020：腫瘍診断および治療学関連	76	19	25.0%	97,900,000	5,152,632
51010：基盤脳科学関連	16	3	18.8%	15,800,000	5,266,667
51020：認知脳科学関連	25	6	24.0%	30,300,000	5,050,000
51030：病態神経科学関連	42	11	26.2%	59,200,000	5,381,818
52010：内科学一般関連	44	12	27.3%	49,500,000	4,125,000
52020：神経内科学関連	31	8	25.8%	34,200,000	4,275,000
52030：精神神経科学関連	42	11	26.2%	54,300,000	4,936,364
52040：放射線科学関連	77	20	26.0%	93,000,000	4,650,000
52050：胎児医学および小児成育学関連	43	11	25.6%	58,300,000	5,300,000
53010：消化器内科学関連	57	14	24.6%	70,600,000	5,042,857
53020：循環器内科学関連	54	14	25.9%	68,500,000	4,892,857
53030：呼吸器内科学関連	24	6	25.0%	28,800,000	4,800,000
53040：腎臓内科学関連	28	7	25.0%	37,700,000	5,385,714
53050：皮膚科学関連	23	5	21.7%	28,300,000	5,660,000
54010：血液および腫瘍内科学関連	46	12	26.1%	58,900,000	4,908,333
54020：膠原病およびアレルギー内科学関連	23	5	21.7%	26,100,000	5,220,000
54030：感染症内科学関連	24	7	29.2%	32,900,000	4,700,000
54040：代謝および内分泌学関連	34	8	23.5%	37,200,000	4,650,000

表７　基盤研究（B）（新規分）（続き）

小区分	研究課題数			研究経費	
	応募件（A）	採択件（B）	採択率（B/A）	直接経費（研究費）（C）	1採択課題当たり平均配分額(直接)（C/B）
55010：外科学一般および小児外科学関連	41	10	24.4%	57,000,000	5,700,000
55020：消化器外科学関連	40	10	25.0%	52,600,000	5,260,000
55030：心臓血管外科学関連	21	5	23.8%	22,700,000	4,540,000
55040：呼吸器外科学関連	21	5	23.8%	25,300,000	5,060,000
55050：麻酔科学関連	21	5	23.8%	24,200,000	4,840,000
55060：救急医学関連	29	7	24.1%	35,100,000	5,014,286
56010：脳神経外科学関連	36	9	25.0%	43,300,000	4,811,111
56020：整形外科学関連	63	17	27.0%	77,300,000	4,547,059
56030：泌尿器科学関連	26	6	23.1%	28,800,000	4,800,000
56040：産婦人科学関連	35	8	22.9%	39,500,000	4,937,500
56050：耳鼻咽喉科学関連	27	6	22.2%	32,700,000	5,450,000
56060：眼科学関連	24	6	25.0%	29,100,000	4,850,000
56070：形成外科学関連	19	4	21.1%	23,100,000	5,775,000
57010：常態系口腔科学関連	22	5	22.7%	28,300,000	5,660,000
57020：病態系口腔科学関連	26	6	23.1%	28,500,000	4,750,000
57030：保存治療系歯学関連	26	6	23.1%	32,800,000	5,466,667
57040：口腔再生医学および歯科医用工学関連	27	7	25.9%	47,600,000	6,800,000
57050：補綴系歯学関連	35	8	22.9%	46,500,000	5,812,500
57060：外科系歯学関連	50	13	26.0%	71,700,000	5,515,385
57070：成長および発育系歯学関連	17	4	23.5%	19,700,000	4,925,000
57080：社会系歯学関連	26	6	23.1%	28,600,000	4,766,667
58010：医療管理学および医療系社会学関連	53	16	30.2%	58,900,000	3,681,250
58020：衛生学および公衆衛生学分野関連：実験系を含む	45	12	26.7%	55,900,000	4,658,333
58030：衛生学および公衆衛生学分野関連：実験系を含まない	61	17	27.9%	86,400,000	5,082,353
58040：法医学関連	18	4	22.2%	18,800,000	4,700,000
58050：基礎看護学関連	45	12	26.7%	47,900,000	3,991,667
58060：臨床看護学関連	40	13	32.5%	45,200,000	3,476,923
58070：生涯発達看護学関連	32	10	31.3%	35,400,000	3,540,000
58080：高齢者看護学および地域看護学関連	64	20	31.3%	85,700,000	4,285,000
59010：リハビリテーション科学関連	77	20	26.0%	123,700,000	6,185,000
59020：スポーツ科学関連	81	22	27.2%	104,500,000	4,750,000
59030：体育および身体教育学関連	24	6	25.0%	34,900,000	5,816,667
59040：栄養学および健康科学関連	112	30	26.8%	146,600,000	4,886,667
60010：情報学基礎論関連	13	4	30.8%	11,700,000	2,925,000
60020：数理情報学関連	8	2	25.0%	9,300,000	4,650,000

表7　基盤研究（B）（新規分）（続き）

小区分	研究課題数			研究経費	
	応　募 件 （A）	採　択 件 （B）	採択率 （B/A）	直接経費 （研究費） （C）	1採択課題 当たり平均 配分額（直接） （C/B）
60030：統計科学関連	16	5	31.3%	19,300,000	3,860,000
60040：計算機システム関連	25	6	24.0%	27,500,000	4,583,333
60050：ソフトウェア関連	31	9	29.0%	34,600,000	3,844,444
60060：情報ネットワーク関連	42	11	26.2%	46,800,000	4,254,545
60070：情報セキュリティ関連	16	4	25.0%	18,800,000	4,700,000
60080：データベース関連	16	4	25.0%	19,000,000	4,750,000
60090：高性能計算関連	15	4	26.7%	23,000,000	5,750,000
60100：計算科学関連	14	3	21.4%	10,600,000	3,533,333
61010：知覚情報処理関連	63	17	27.0%	89,700,000	5,276,471
61020：ヒューマンインタフェースおよびインタラクション関連	55	14	25.5%	64,000,000	4,571,429
61030：知能情報学関連	64	18	28.1%	83,600,000	4,644,444
61040：ソフトコンピューティング関連	26	7	26.9%	34,000,000	4,857,143
61050：知能ロボティクス関連	29	7	24.1%	37,500,000	5,357,143
61060：感性情報学関連	33	9	27.3%	46,700,000	5,188,889
62010：生命，健康および医療情報学関連	44	12	27.3%	55,100,000	4,591,667
62020：ウェブ情報学およびサービス情報学関連	23	6	26.1%	23,300,000	3,883,333
62030：学習支援システム関連	17	4	23.5%	18,000,000	4,500,000
62040：エンタテインメントおよびゲーム情報学関連	10	3	30.0%	10,200,000	3,400,000
63010：環境動態解析関連	86	21	24.4%	131,100,000	6,242,857
63020：放射線影響関連	36	8	22.2%	43,300,000	5,412,500
63030：化学物質影響関連	20	4	20.0%	21,000,000	5,250,000
63040：環境影響評価関連	24	6	25.0%	29,200,000	4,866,667
64010：環境負荷およびリスク評価管理関連	25	6	24.0%	41,800,000	6,966,667
64020：環境負荷低減技術および保全修復技術関連	37	8	21.6%	52,000,000	6,500,000
64030：環境材料およびリサイクル技術関連	20	4	20.0%	26,500,000	6,625,000
64040：自然共生システム関連	35	9	25.7%	47,500,000	5,277,778
64050：循環型社会システム関連	24	6	25.0%	36,100,000	6,016,667
64060：環境政策および環境配慮型社会関連	40	12	30.0%	41,800,000	3,483,333
80010：地域研究関連	70	22	31.4%	76,200,000	3,463,636
80020：観光学関連	25	8	32.0%	23,300,000	2,912,500
80030：ジェンダー関連	7	2	28.6%	5,000,000	2,500,000
80040：量子ビーム科学関連	66	14	21.2%	101,400,000	7,242,857
90010：デザイン学関連	40	11	27.5%	52,400,000	4,763,636
90020：図書館情報学および人文社会情報学関連	32	9	28.1%	31,200,000	3,466,667

表7　基盤研究（B）（新規分）（続き）

小区分	研究課題数			研究経費	
	応　募 件 （A）	採　択 件 （B）	採択率 （B/A）	直接経費 （研究費） （C）	1採択課題 当たり平均 配分額（直接） （C/B）
90030：認知科学関連	30	8	26.7%	43,900,000	5,487,500
90110：生体医工学関連	85	20	23.5%	104,500,000	5,225,000
90120：生体材料学関連	63	16	25.4%	85,400,000	5,337,500
90130：医用システム関連	45	11	24.4%	57,800,000	5,254,545
90140：医療技術評価学関連	11	2	18.2%	12,600,000	6,300,000
90150：医療福祉工学関連	38	9	23.7%	44,700,000	4,966,667
合　計（平成30年度）	11,577	2,965	25.6%	15,170,200,000	5,116,425
合　計（令和元年度）	11,396	3,327	29.2%		

（出典）科研費ホームページ（独立行政法人日本学術振興会）より作成，平成30年度採択率（合計以外）は筆者計算。
https://www.jsps.go.jp/j-grantsinaid/27_kdata/data/3-1-2/3-1-2_h30.pdf
https://www.jsps.go.jp/j-grantsinaid/27_kdata/data/2019sokuhou.pdf

表8　基盤研究（C）（新規分）

小区分	研究課題数			研究経費	
	応　募 件 （A）	採　択 件 （B）	採択率 （B/A）	直接経費 （研究費） （C）	1採択課題 当たり平均 配分額（直接） （C/B）
01010：哲学および倫理学関連	160	52	32.5%	40,200,000	773,077
01020：中国哲学，印度哲学および仏教学関連	74	22	29.7%	21,500,000	977,273
01030：宗教学関連	66	19	28.8%	18,400,000	968,421
01040：思想史関連	78	24	30.8%	20,700,000	862,500
01050：美学および芸術論関連	135	41	30.4%	34,900,000	851,220
01060：美術史関連	152	44	28.9%	46,100,000	1,047,727
01070：芸術実践論関連	162	47	29.0%	49,400,000	1,051,064
01080：科学社会学および科学技術史関連	72	22	30.6%	23,200,000	1,054,545
02010：日本文学関連	221	72	32.6%	65,400,000	908,333
02020：中国文学関連	62	21	33.9%	17,900,000	852,381
02030：英文学および英語圏文学関連	238	77	32.4%	66,900,000	868,831
02040：ヨーロッパ文学関連	164	53	32.3%	46,300,000	873,585
02050：文学一般関連	79	24	30.4%	22,800,000	950,000
02060：言語学関連	267	83	31.1%	85,300,000	1,027,711
02070：日本語学関連	98	33	33.7%	26,900,000	815,152
02080：英語学関連	120	43	35.8%	32,600,000	758,140
02090：日本語教育関連	175	54	30.9%	54,600,000	1,011,111
02100：外国語教育関連	546	173	31.7%	177,800,000	1,027,746

表8　基盤研究（C）（新規分）（続き）

小区分	研究課題数			研究経費	
	応募件（A）	採択件（B）	採択率（B/A）	直接経費（研究費）（C）	1採択課題当たり平均配分額(直接)（C/B）
03010：史学一般関連	51	15	29.4%	16,400,000	1,093,333
03020：日本史関連	202	63	31.2%	59,300,000	941,270
03030：アジア史およびアフリカ史関連	122	37	30.3%	33,800,000	913,514
03040：ヨーロッパ史およびアメリカ史関連	124	37	29.8%	35,100,000	948,649
03050：考古学関連	107	30	28.0%	33,000,000	1,100,000
03060：文化財科学関連	53	15	28.3%	21,500,000	1,433,333
03070：博物館学関連	55	16	29.1%	18,800,000	1,175,000
04010：地理学関連	45	13	28.9%	21,100,000	1,623,077
04020：人文地理学関連	104	31	29.8%	28,300,000	912,903
04030：文化人類学および民俗学関連	158	45	28.5%	43,800,000	973,333
05010：基礎法学関連	86	26	30.2%	24,200,000	930,769
05020：公法学関連	121	39	32.2%	31,200,000	800,000
05030：国際法学関連	65	19	29.2%	19,300,000	1,015,789
05040：社会法学関連	46	16	34.8%	14,800,000	925,000
05050：刑事法学関連	63	19	30.2%	17,700,000	931,579
05060：民事法学関連	164	54	32.9%	47,900,000	887,037
05070：新領域法学関連	82	25	30.5%	20,900,000	836,000
06010：政治学関連	174	53	30.5%	55,200,000	1,041,509
06020：国際関係論関連	133	42	31.6%	38,100,000	907,143
07010：理論経済学関連	91	27	29.7%	24,400,000	903,704
07020：経済学説および経済思想関連	36	11	30.6%	9,800,000	890,909
07030：経済統計関連	63	20	31.7%	21,100,000	1,055,000
07040：経済政策関連	284	84	29.6%	86,600,000	1,030,952
07050：公共経済および労働経済関連	115	34	29.6%	34,200,000	1,005,882
07060：金融およびファイナンス関連	140	41	29.3%	44,000,000	1,073,171
07070：経済史関連	93	27	29.0%	26,800,000	992,593
07080：経営学関連	424	126	29.7%	126,300,000	1,002,381
07090：商学関連	123	35	28.5%	34,600,000	988,571
07100：会計学関連	167	51	30.5%	51,500,000	1,009,804
08010：社会学関連	334	102	30.5%	101,000,000	990,196
08020：社会福祉学関連	418	126	30.1%	115,800,000	919,048
08030：家政学および生活科学関連	303	85	28.1%	113,700,000	1,337,647
09010：教育学関連	367	112	30.5%	107,900,000	963,393
09020：教育社会学関連	169	50	29.6%	42,900,000	858,000
09030：子ども学および保育学関連	287	86	30.0%	97,000,000	1,127,907
09040：教科教育学および初等中等教育学関連	585	176	30.1%	178,600,000	1,014,773

表8　基盤研究（C）（新規分）（続き）

小区分	研究課題数			研究経費	
	応　募 件 （A）	採　択 件 （B）	採択率 （B/A）	直接経費 （研究費） （C）	1採択課題 当たり平均 配分額（直接） （C/B）
09050：高等教育学関連	178	52	29.2%	58,400,000	1,123,077
09060：特別支援教育関連	215	64	29.8%	71,000,000	1,109,375
09070：教育工学関連	400	120	30.0%	147,800,000	1,231,667
09080：科学教育関連	245	69	28.2%	78,200,000	1,133,333
10010：社会心理学関連	103	31	30.1%	34,200,000	1,103,226
10020：教育心理学関連	187	57	30.5%	57,500,000	1,008,772
10030：臨床心理学関連	276	82	29.7%	90,500,000	1,103,659
10040：実験心理学関連	108	30	27.8%	41,000,000	1,366,667
11010：代数学関連	217	67	30.9%	58,300,000	870,149
11020：幾何学関連	165	50	30.3%	41,400,000	828,000
12010：基礎解析学関連	125	36	28.8%	30,100,000	836,111
12020：数理解析学関連	125	37	29.6%	32,400,000	875,676
12030：数学基礎関連	60	18	30.0%	15,800,000	877,778
12040：応用数学および統計数学関連	116	35	30.2%	40,000,000	1,142,857
13010：数理物理および物性基礎関連	123	35	28.5%	39,100,000	1,117,143
13020：半導体，光物性および原子物理関連	100	27	27.0%	40,400,000	1,496,296
13030：磁性，超伝導および強相関系関連	185	51	27.6%	77,300,000	1,515,686
13040：生物物理，化学物理およびソフトマターの物理関連	76	20	26.3%	27,400,000	1,370,000
14010：プラズマ科学関連	26	6	23.1%	7,800,000	1,300,000
14020：核融合学関連	58	16	27.6%	20,900,000	1,306,250
14030：プラズマ応用科学関連	35	9	25.7%	14,500,000	1,611,111
15010：素粒子，原子核，宇宙線および宇宙物理に関連する理論	200	58	29.0%	59,700,000	1,029,310
15020：素粒子，原子核，宇宙線および宇宙物理に関連する実験	99	26	26.3%	40,200,000	1,546,154
16010：天文学関連	98	28	28.6%	32,200,000	1,150,000
17010：宇宙惑星科学関連	66	17	25.8%	24,500,000	1,441,176
17020：大気水圏科学関連	81	21	25.9%	28,900,000	1,376,190
17030：地球人間圏科学関連	63	16	25.4%	24,200,000	1,512,500
17040：固体地球科学関連	173	46	26.6%	63,700,000	1,384,783
17050：地球生命科学関連	54	14	25.9%	19,400,000	1,385,714
18010：材料力学および機械材料関連	126	34	27.0%	51,900,000	1,526,471
18020：加工学および生産工学関連	118	31	26.3%	45,700,000	1,474,194
18030：設計工学関連	25	6	24.0%	9,700,000	1,616,667
18040：機械要素およびトライボロジー関連	73	19	26.0%	28,200,000	1,484,211
19010：流体工学関連	162	43	26.5%	65,800,000	1,530,233
19020：熱工学関連	148	39	26.4%	58,000,000	1,487,179

表8　基盤研究（C）（新規分）（続き）

小区分	研究課題数			研究経費	
	応　募 件 (A)	採　択 件 (B)	採択率 (B/A)	直接経費 (研究費) (C)	1採択課題 当たり平均 配分額(直接) (C/B)
20010：機械力学およびメカトロニクス関連	134	36	26.9%	51,100,000	1,419,444
20020：ロボティクスおよび知能機械システム関連	139	37	26.6%	49,800,000	1,345,946
21010：電力工学関連	170	46	27.1%	72,400,000	1,573,913
21020：通信工学関連	134	36	26.9%	44,300,000	1,230,556
21030：計測工学関連	122	33	27.0%	45,500,000	1,378,788
21040：制御およびシステム工学関連	112	32	28.6%	39,000,000	1,218,750
21050：電気電子材料工学関連	123	32	26.0%	49,400,000	1,543,750
21060：電子デバイスおよび電子機器関連	159	42	26.4%	58,000,000	1,380,952
22010：土木材料，施工および建設マネジメント関連	76	20	26.3%	34,600,000	1,730,000
22020：構造工学および地震工学関連	90	24	26.7%	32,600,000	1,358,333
22030：地盤工学関連	68	19	27.9%	25,400,000	1,336,842
22040：水工学関連	74	19	25.7%	29,600,000	1,557,895
22050：土木計画学および交通工学関連	90	24	26.7%	30,700,000	1,279,167
22060：土木環境システム関連	67	18	26.9%	27,100,000	1,505,556
23010：建築構造および材料関連	121	32	26.4%	44,700,000	1,396,875
23020：建築環境および建築設備関連	83	22	26.5%	37,500,000	1,704,545
23030：建築計画および都市計画関連	195	55	28.2%	59,700,000	1,085,455
23040：建築史および意匠関連	85	24	28.2%	20,200,000	841,667
24010：航空宇宙工学関連	79	21	26.6%	30,500,000	1,452,381
24020：船舶海洋工学関連	85	23	27.1%	33,200,000	1,443,478
25010：社会システム工学関連	108	32	29.6%	37,000,000	1,156,250
25020：安全工学関連	71	19	26.8%	27,900,000	1,468,421
25030：防災工学関連	104	28	26.9%	40,300,000	1,439,286
26010：金属材料物性関連	39	10	25.6%	18,600,000	1,860,000
26020：無機材料および物性関連	118	31	26.3%	51,200,000	1,651,613
26030：複合材料および界面関連	92	25	27.2%	38,300,000	1,532,000
26040：構造材料および機能材料関連	76	20	26.3%	31,500,000	1,575,000
26050：材料加工および組織制御関連	118	31	26.3%	47,600,000	1,535,484
26060：金属生産および資源生産関連	31	9	29.0%	11,800,000	1,311,111
27010：移動現象および単位操作関連	60	17	28.3%	25,600,000	1,505,882
27020：反応工学およびプロセスシステム工学関連	41	11	26.8%	16,700,000	1,518,182
27030：触媒プロセスおよび資源化学プロセス関連	42	11	26.2%	16,200,000	1,472,727
27040：バイオ機能応用およびバイオプロセス工学関連	76	19	25.0%	26,000,000	1,368,421

表8　基盤研究（C）（新規分）（続き）

小区分	研究課題数			研究経費	
	応　募 件 （A）	採　択 件 （B）	採択率 （B/A）	直接経費 （研究費） （C）	1採択課題 当たり平均 配分額（直接） （C/B）
28010：ナノ構造化学関連	39	11	28.2%	18,400,000	1,672,727
28020：ナノ構造物理関連	29	7	24.1%	10,900,000	1,557,143
28030：ナノ材料科学関連	99	26	26.3%	41,900,000	1,611,538
28040：ナノバイオサイエンス関連	21	5	23.8%	6,600,000	1,320,000
28050：ナノマイクロシステム関連	38	10	26.3%	12,700,000	1,270,000
29010：応用物性関連	48	12	25.0%	19,200,000	1,600,000
29020：薄膜および表面界面物性関連	71	18	25.4%	24,700,000	1,372,222
29030：応用物理一般関連	19	4	21.1%	5,800,000	1,450,000
30010：結晶工学関連	47	12	25.5%	18,400,000	1,533,333
30020：光工学および光量子科学関連	94	24	25.5%	34,700,000	1,445,833
31010：原子力工学関連	66	18	27.3%	29,600,000	1,644,444
31020：地球資源工学およびエネルギー学関連	52	13	25.0%	19,800,000	1,523,077
32010：基礎物理化学関連	127	32	25.2%	56,600,000	1,768,750
32020：機能物性化学関連	62	16	25.8%	23,100,000	1,443,750
33010：構造有機化学および物理有機化学関連	104	27	26.0%	40,500,000	1,500,000
33020：有機合成化学関連	152	40	26.3%	57,200,000	1,430,000
34010：無機・錯体化学関連	93	26	28.0%	40,700,000	1,565,385
34020：分析化学関連	133	35	26.3%	54,700,000	1,562,857
34030：グリーンサステイナブルケミストリーおよび環境化学関連	56	14	25.0%	24,700,000	1,764,286
35010：高分子化学関連	63	16	25.4%	24,900,000	1,556,250
35020：高分子材料関連	100	26	26.0%	37,800,000	1,453,846
35030：有機機能材料関連	60	15	25.0%	22,900,000	1,526,667
36010：無機物質および無機材料化学関連	70	19	27.1%	31,300,000	1,647,368
36020：エネルギー関連化学	92	24	26.1%	35,800,000	1,491,667
37010：生体関連化学	71	18	25.4%	25,500,000	1,416,667
37020：生物分子化学関連	69	18	26.1%	26,500,000	1,472,222
37030：ケミカルバイオロジー関連	77	20	26.0%	25,700,000	1,285,000
38010：植物栄養学および土壌学関連	58	15	25.9%	19,200,000	1,280,000
38020：応用微生物学関連	170	45	26.5%	63,100,000	1,402,222
38030：応用生物化学関連	82	21	25.6%	28,400,000	1,352,381
38040：生物有機化学関連	85	22	25.9%	28,400,000	1,290,909
38050：食品科学関連	289	75	26.0%	99,400,000	1,325,333
38060：応用分子細胞生物学関連	72	19	26.4%	23,900,000	1,257,895
39010：遺伝育種科学関連	93	24	25.8%	34,100,000	1,420,833
39020：作物生産科学関連	79	21	26.6%	28,800,000	1,371,429

表８　基盤研究（C）（新規分）（続き）

小区分	研究課題数			研究経費	
	応募件（A）	採択件（B）	採択率（B/A）	直接経費（研究費）（C）	１採択課題当たり平均配分額（直接）（C/B）
39030：園芸科学関連	117	31	26.5%	40,600,000	1,309,677
39040：植物保護科学関連	99	27	27.3%	37,000,000	1,370,370
39050：昆虫科学関連	66	16	24.2%	19,100,000	1,193,750
39060：生物資源保全学関連	65	17	26.2%	22,700,000	1,335,294
39070：ランドスケープ科学関連	62	17	27.4%	15,600,000	917,647
40010：森林科学関連	152	40	26.3%	63,800,000	1,595,000
40020：木質科学関連	71	17	23.9%	28,500,000	1,676,471
40030：水圏生産科学関連	135	36	26.7%	50,200,000	1,394,444
40040：水圏生命科学関連	112	29	25.9%	40,700,000	1,403,448
41010：食料農業経済関連	65	19	29.2%	18,900,000	994,737
41020：農業社会構造関連	59	17	28.8%	15,200,000	894,118
41030：地域環境工学および農村計画学関連	73	20	27.4%	31,400,000	1,570,000
41040：農業環境工学および農業情報工学関連	84	22	26.2%	33,500,000	1,522,727
41050：環境農学関連	61	16	26.2%	21,900,000	1,368,750
42010：動物生産科学関連	110	30	27.3%	37,100,000	1,236,667
42020：獣医学関連	181	48	26.5%	61,800,000	1,287,500
42030：動物生命科学関連	49	12	24.5%	14,700,000	1,225,000
42040：実験動物学関連	103	27	26.2%	35,000,000	1,296,296
43010：分子生物学関連	90	23	25.6%	29,300,000	1,273,913
43020：構造生物化学関連	117	31	26.5%	42,900,000	1,383,871
43030：機能生物化学関連	167	42	25.1%	51,700,000	1,230,952
43040：生物物理学関連	116	30	25.9%	45,300,000	1,510,000
43050：ゲノム生物学関連	67	17	25.4%	22,100,000	1,300,000
43060：システムゲノム科学関連	28	7	25.0%	9,000,000	1,285,714
44010：細胞生物学関連	150	39	26.0%	51,900,000	1,330,769
44020：発生生物学関連	129	34	26.4%	45,600,000	1,341,176
44030：植物分子および生理科学関連	130	33	25.4%	46,700,000	1,415,152
44040：形態および構造関連	78	20	25.6%	25,800,000	1,290,000
44050：動物生理化学，生理学および行動学関連	84	22	26.2%	32,200,000	1,463,636
45010：遺伝学関連	38	9	23.7%	12,000,000	1,333,333
45020：進化生物学関連	68	18	26.5%	24,600,000	1,366,667
45030：多様性生物学および分類学関連	109	29	26.6%	38,500,000	1,327,586
45040：生態学および環境学関連	133	36	27.1%	49,000,000	1,361,111
45050：自然人類学関連	25	6	24.0%	8,300,000	1,383,333
45060：応用人類学関連	39	10	25.6%	14,700,000	1,470,000
46010：神経科学一般関連	163	43	26.4%	61,500,000	1,430,233

表 8　基盤研究（C）（新規分）（続き）

小区分	研究課題数			研究経費	
	応　募 件 (A)	採　択 件 (B)	採択率 (B/A)	直接経費 (研究費) (C)	1 採択課題 当たり平均 配分額(直接) (C/B)
46020：神経形態学関連	61	15	24.6%	18,900,000	1,260,000
46030：神経機能学関連	114	30	26.3%	41,400,000	1,380,000
47010：薬系化学および創薬科学関連	169	47	27.8%	60,900,000	1,295,745
47020：薬系分析および物理化学関連	111	31	27.9%	40,200,000	1,296,774
47030：薬系衛生および生物化学関連	223	58	26.0%	71,300,000	1,229,310
47040：薬理学関連	136	34	25.0%	42,800,000	1,258,824
47050：環境および天然医薬資源学関連	110	28	25.5%	35,300,000	1,260,714
47060：医療薬学関連	258	71	27.5%	89,900,000	1,266,197
48010：解剖学関連	133	36	27.1%	47,400,000	1,316,667
48020：生理学関連	137	36	26.3%	51,300,000	1,425,000
48030：薬理学関連	99	25	25.3%	31,700,000	1,268,000
48040：医化学関連	142	36	25.4%	45,300,000	1,258,333
49010：病態医化学関連	131	34	26.0%	46,000,000	1,352,941
49020：人体病理学関連	215	57	26.5%	76,700,000	1,345,614
49030：実験病理学関連	176	46	26.1%	59,300,000	1,289,130
49040：寄生虫学関連	57	15	26.3%	19,600,000	1,306,667
49050：細菌学関連	140	37	26.4%	49,600,000	1,340,541
49060：ウイルス学関連	104	27	26.0%	35,400,000	1,311,111
49070：免疫学関連	113	29	25.7%	37,600,000	1,296,552
50010：腫瘍生物学関連	245	65	26.5%	81,600,000	1,255,385
50020：腫瘍診断および治療学関連	339	89	26.3%	109,500,000	1,230,337
51010：基盤脳科学関連	25	6	24.0%	10,400,000	1,733,333
51020：認知脳科学関連	38	10	26.3%	14,100,000	1,410,000
51030：病態神経科学関連	175	45	25.7%	59,000,000	1,311,111
52010：内科学一般関連	305	84	27.5%	107,800,000	1,283,333
52020：神経内科学関連	202	55	27.2%	73,800,000	1,341,818
52030：精神神経科学関連	281	76	27.0%	101,500,000	1,335,526
52040：放射線科学関連	570	160	28.1%	222,300,000	1,389,375
52050：胎児医学および小児成育学関連	430	115	26.7%	153,700,000	1,336,522
53010：消化器内科学関連	464	126	27.2%	167,800,000	1,331,746
53020：循環器内科学関連	395	107	27.1%	139,900,000	1,307,477
53030：呼吸器内科学関連	250	68	27.2%	84,300,000	1,239,706
53040：腎臓内科学関連	231	62	26.8%	82,400,000	1,329,032
53050：皮膚科学関連	208	54	26.0%	73,300,000	1,357,407
54010：血液および腫瘍内科学関連	245	67	27.3%	82,500,000	1,231,343
54020：膠原病およびアレルギー内科学関連	159	43	27.0%	55,200,000	1,283,721
54030：感染症内科学関連	147	39	26.5%	51,100,000	1,310,256

表8　基盤研究（C）（新規分）（続き）

小区分	研究課題数			研究経費	
	応募件 (A)	採択件 (B)	採択率 (B/A)	直接経費（研究費） (C)	1採択課題当たり平均配分額（直接） (C/B)
54040：代謝および内分泌学関連	275	73	26.5%	92,700,000	1,269,863
55010：外科学一般および小児外科学関連	283	76	26.9%	94,700,000	1,246,053
55020：消化器外科学関連	427	112	26.2%	143,700,000	1,283,036
55030：心臓血管外科学関連	183	50	27.3%	66,600,000	1,332,000
55040：呼吸器外科学関連	125	34	27.2%	42,600,000	1,252,941
55050：麻酔科学関連	260	72	27.7%	98,500,000	1,368,056
55060：救急医学関連	190	52	27.4%	70,300,000	1,351,923
56010：脳神経外科学関連	301	83	27.6%	111,500,000	1,343,373
56020：整形外科学関連	412	113	27.4%	142,800,000	1,263,717
56030：泌尿器科学関連	320	87	27.2%	117,200,000	1,347,126
56040：産婦人科学関連	351	95	27.1%	119,900,000	1,262,105
56050：耳鼻咽喉科学関連	310	84	27.1%	114,600,000	1,364,286
56060：眼科学関連	291	79	27.1%	101,800,000	1,288,608
56070：形成外科学関連	113	30	26.5%	39,900,000	1,330,000
57010：常態系口腔科学関連	119	30	25.2%	38,700,000	1,290,000
57020：病態系口腔科学関連	133	36	27.1%	46,700,000	1,297,222
57030：保存治療系歯学関連	182	48	26.4%	60,500,000	1,260,417
57040：口腔再生医学および歯科医用工学関連	122	33	27.0%	43,800,000	1,327,273
57050：補綴系歯学関連	239	66	27.6%	93,000,000	1,409,091
57060：外科系歯学関連	417	111	26.6%	140,100,000	1,262,162
57070：成長および発育系歯学関連	171	46	26.9%	63,000,000	1,369,565
57080：社会系歯学関連	220	62	28.2%	84,300,000	1,359,677
58010：医療管理学および医療系社会学関連	305	88	28.9%	115,900,000	1,317,045
58020：衛生学および公衆衛生学分野関連：実験系を含む	153	40	26.1%	57,000,000	1,425,000
58030：衛生学および公衆衛生学分野関連：実験系を含まない	204	55	27.0%	68,100,000	1,238,182
58040：法医学関連	83	22	26.5%	27,600,000	1,254,545
58050：基礎看護学関連	424	127	30.0%	144,500,000	1,137,795
58060：臨床看護学関連	354	110	31.1%	108,000,000	981,818
58070：生涯発達看護学関連	413	122	29.5%	123,400,000	1,011,475
58080：高齢者看護学および地域看護学関連	584	169	28.9%	190,100,000	1,124,852
59010：リハビリテーション科学関連	502	142	28.3%	202,600,000	1,426,761
59020：スポーツ科学関連	396	111	28.0%	150,400,000	1,354,955
59030：体育および身体教育学関連	209	65	31.1%	90,100,000	1,386,154
59040：栄養学および健康科学関連	585	164	28.0%	220,600,000	1,345,122
60010：情報学基礎論関連	89	26	29.2%	26,200,000	1,007,692

表8　基盤研究（C）（新規分）（続き）

小区分	研究課題数			研究経費	
	応募件 (A)	採択件 (B)	採択率 (B/A)	直接経費 (研究費) (C)	1採択課題当たり平均配分額(直接) (C/B)
60020：数理情報学関連	39	12	30.8%	11,000,000	916,667
60030：統計科学関連	76	22	28.9%	21,100,000	959,091
60040：計算機システム関連	81	24	29.6%	28,400,000	1,183,333
60050：ソフトウェア関連	73	20	27.4%	25,500,000	1,275,000
60060：情報ネットワーク関連	128	35	27.3%	40,300,000	1,151,429
60070：情報セキュリティ関連	71	23	32.4%	27,900,000	1,213,043
60080：データベース関連	41	11	26.8%	11,900,000	1,081,818
60090：高性能計算関連	43	11	25.6%	14,600,000	1,327,273
60100：計算科学関連	46	13	28.3%	18,100,000	1,392,308
61010：知覚情報処理関連	158	42	26.6%	59,500,000	1,416,667
61020：ヒューマンインタフェースおよびインタラクション関連	118	32	27.1%	46,200,000	1,443,750
61030：知能情報学関連	137	38	27.7%	46,700,000	1,228,947
61040：ソフトコンピューティング関連	115	31	27.0%	36,600,000	1,180,645
61050：知能ロボティクス関連	33	8	24.2%	11,500,000	1,437,500
61060：感性情報学関連	80	21	26.3%	31,400,000	1,495,238
62010：生命，健康および医療情報学関連	102	28	27.5%	39,700,000	1,417,857
62020：ウェブ情報学およびサービス情報学関連	56	15	26.8%	17,500,000	1,166,667
62030：学習支援システム関連	129	37	28.7%	46,200,000	1,248,649
62040：エンタテインメントおよびゲーム情報学関連	43	13	30.2%	15,500,000	1,192,308
63010：環境動態解析関連	101	26	25.7%	39,700,000	1,526,923
63020：放射線影響関連	68	17	25.0%	22,200,000	1,305,882
63030：化学物質影響関連	38	9	23.7%	12,500,000	1,388,889
63040：環境影響評価関連	46	12	26.1%	15,700,000	1,308,333
64010：環境負荷およびリスク評価管理関連	56	14	25.0%	18,300,000	1,307,143
64020：環境負荷低減技術および保全修復技術関連	58	15	25.9%	22,500,000	1,500,000
64030：環境材料およびリサイクル技術関連	73	20	27.4%	24,900,000	1,245,000
64040：自然共生システム関連	48	12	25.0%	15,200,000	1,266,667
64050：循環型社会システム関連	37	10	27.0%	14,900,000	1,490,000
64060：環境政策および環境配慮型社会関連	87	26	29.9%	21,800,000	838,462
80010：地域研究関連	221	65	29.4%	64,800,000	996,923
80020：観光学関連	186	54	29.0%	59,000,000	1,092,593
80030：ジェンダー関連	75	24	32.0%	23,900,000	995,833
80040：量子ビーム科学関連	117	31	26.5%	49,300,000	1,590,323
90010：デザイン学関連	121	34	28.1%	42,900,000	1,261,765

表8　基盤研究（C）（新規分）（続き）

小区分	研究課題数			研究経費	
	応　募 件 (A)	採　択 件 (B)	採択率 (B/A)	直接経費 (研究費) (C)	1採択課題 当たり平均 配分額(直接) (C/B)
90020：図書館情報学および人文社会情報学関連	89	27	30.3%	28,700,000	1,062,963
90030：認知科学関連	65	18	27.7%	27,100,000	1,505,556
90110：生体医工学関連	179	49	27.4%	67,600,000	1,379,592
90120：生体材料学関連	76	21	27.6%	23,400,000	1,114,286
90130：医用システム関連	120	32	26.7%	42,200,000	1,318,750
90140：医療技術評価学関連	47	13	27.7%	18,400,000	1,415,385
90150：医療福祉工学関連	138	36	26.1%	55,400,000	1,538,889
合　計（平成30年度）	43,587	12,175	27.9%	15,004,500,000	1,232,402
合　計（令和元年度）	45,758	12,918	28.2%		

（出典）科研費ホームページ（独立行政法人日本学術振興会）より作成，平成30年度採択率（合計以外）は筆者計算。
https://www.jsps.go.jp/j-grantsinaid/27_kdata/data/3-1-2/3-1-2_h30.pdf
https://www.jsps.go.jp/j-grantsinaid/27_kdata/data/2019sokuhou.pdf

表9　若手研究（新規分）

小区分	研究課題数			研究経費	
	応　募 件 (A)	採　択 件 (B)	採択率 (B/A)	直接経費 (研究費) (C)	1採択課題 当たり平均 配分額(直接) (C/B)
01010：哲学および倫理学関連	61	21	34.4%	16,000,000	761,905
01020：中国哲学，印度哲学および仏教学関連	25	8	32.0%	7,400,000	925,000
01030：宗教学関連	27	8	29.6%	6,400,000	800,000
01040：思想史関連	28	10	35.7%	7,500,000	750,000
01050：美学および芸術論関連	40	13	32.5%	10,900,000	838,462
01060：美術史関連	57	19	33.3%	17,800,000	936,842
01070：芸術実践論関連	55	17	30.9%	18,500,000	1,088,235
01080：科学社会学および科学技術史関連	20	6	30.0%	3,900,000	650,000
02010：日本文学関連	87	30	34.5%	24,900,000	830,000
02020：中国文学関連	18	7	38.9%	5,100,000	728,571
02030：英文学および英語圏文学関連	60	23	38.3%	16,800,000	730,435
02040：ヨーロッパ文学関連	29	11	37.9%	8,700,000	790,909
02050：文学一般関連	21	7	33.3%	3,700,000	528,571
02060：言語学関連	112	40	35.7%	32,100,000	802,500
02070：日本語学関連	32	12	37.5%	10,300,000	858,333
02080：英語学関連	27	9	33.3%	8,200,000	911,111

表９　若手研究（新規分）（続き）

小区分	研究課題数			研究経費	
	応　募　件（A）	採　択　件（B）	採択率（B/A）	直接経費（研究費）（C）	１採択課題当たり平均配分額（直接）（C/B）
02090：日本語教育関連	60	21	35.0％	19,200,000	914,286
02100：外国語教育関連	131	47	35.9％	42,000,000	893,617
03010：史学一般関連	26	8	30.8％	7,000,000	875,000
03020：日本史関連	74	25	33.8％	22,700,000	908,000
03030：アジア史およびアフリカ史関連	48	15	31.3％	13,300,000	886,667
03040：ヨーロッパ史およびアメリカ史関連	45	15	33.3％	13,800,000	920,000
03050：考古学関連	44	14	31.8％	14,000,000	1,000,000
03060：文化財科学関連	30	9	30.0％	10,600,000	1,177,778
03070：博物館学関連	7	2	28.6％	2,200,000	1,100,000
04010：地理学関連	22	6	27.3％	9,100,000	1,516,667
04020：人文地理学関連	36	11	30.6％	10,100,000	918,182
04030：文化人類学および民俗学関連	71	23	32.4％	20,100,000	873,913
05010：基礎法学関連	25	8	32.0％	7,000,000	875,000
05020：公法学関連	55	20	36.4％	14,900,000	745,000
05030：国際法学関連	26	8	30.8％	8,200,000	1,025,000
05040：社会法学関連	15	6	40.0％	4,300,000	716,667
05050：刑事法学関連	41	14	34.1％	10,300,000	735,714
05060：民事法学関連	59	22	37.3％	18,100,000	822,727
05070：新領域法学関連	19	6	31.6％	4,900,000	816,667
06010：政治学関連	66	23	34.8％	23,500,000	1,021,739
06020：国際関係論関連	55	18	32.7％	16,400,000	911,111
07010：理論経済学関連	42	13	31.0％	13,800,000	1,061,538
07020：経済学説および経済思想関連	11	3	27.3％	1,900,000	633,333
07030：経済統計関連	18	5	27.8％	4,800,000	960,000
07040：経済政策関連	94	31	33.0％	35,300,000	1,138,710
07050：公共経済および労働経済関連	59	20	33.9％	17,600,000	880,000
07060：金融およびファイナンス関連	35	11	31.4％	13,900,000	1,263,636
07070：経済史関連	30	10	33.3％	9,000,000	900,000
07080：経営学関連	135	44	32.6％	38,900,000	884,091
07090：商学関連	40	13	32.5％	12,700,000	976,923
07100：会計学関連	75	28	37.3％	24,000,000	857,143
08010：社会学関連	143	47	32.9％	38,500,000	819,149
08020：社会福祉学関連	158	56	35.4％	46,600,000	832,143
08030：家政学および生活科学関連	78	26	33.3％	33,200,000	1,276,923
09010：教育学関連	123	39	31.7％	31,100,000	797,436
09020：教育社会学関連	60	19	31.7％	16,100,000	847,368
09030：子ども学および保育学関連	118	41	34.7％	49,400,000	1,204,878

表9 若手研究（新規分）（続き）

小区分	研究課題数			研究経費	
	応募件（A）	採択件（B）	採択率（B/A）	直接経費（研究費）（C）	1採択課題当たり平均配分額(直接）（C/B）
09040：教科教育学および初等中等教育学関連	128	45	35.2%	41,000,000	911,111
09050：高等教育学関連	46	16	34.8%	14,000,000	875,000
09060：特別支援教育関連	87	29	33.3%	30,800,000	1,062,069
09070：教育工学関連	64	21	32.8%	25,400,000	1,209,524
09080：科学教育関連	36	11	30.6%	10,200,000	927,273
10010：社会心理学関連	79	25	31.6%	28,200,000	1,128,000
10020：教育心理学関連	64	22	34.4%	24,900,000	1,131,818
10030：臨床心理学関連	160	52	32.5%	56,100,000	1,078,846
10040：実験心理学関連	55	16	29.1%	22,400,000	1,400,000
11010：代数学関連	66	21	31.8%	19,400,000	923,810
11020：幾何学関連	59	19	32.2%	14,500,000	763,158
12010：基礎解析学関連	45	14	31.1%	12,000,000	857,143
12020：数理解析学関連	39	13	33.3%	11,100,000	853,846
12030：数学基礎関連	14	4	28.6%	3,300,000	825,000
12040：応用数学および統計数学関連	38	12	31.6%	11,000,000	916,667
13010：数理物理および物性基礎関連	42	12	28.6%	12,900,000	1,075,000
13020：半導体，光物性および原子物理関連	43	12	27.9%	22,800,000	1,900,000
13030：磁性，超伝導および強相関系関連	83	25	30.1%	48,700,000	1,948,000
13040：生物物理，化学物理およびソフトマターの物理関連	33	9	27.3%	14,800,000	1,644,444
14010：プラズマ科学関連	6	1	16.7%	1,500,000	1,500,000
14020：核融合学関連	28	8	28.6%	10,500,000	1,312,500
14030：プラズマ応用科学関連	9	2	22.2%	2,800,000	1,400,000
15010：素粒子，原子核，宇宙線および宇宙物理に関連する理論	56	19	33.9%	17,000,000	894,737
15020：素粒子，原子核，宇宙線および宇宙物理に関連する実験	80	23	28.8%	40,300,000	1,752,174
16010：天文学関連	73	23	31.5%	27,800,000	1,208,696
17010：宇宙惑星科学関連	44	13	29.5%	17,600,000	1,353,846
17020：大気水圏科学関連	25	7	28.0%	6,900,000	985,714
17030：地球人間圏科学関連	28	8	28.6%	11,900,000	1,487,500
17040：固体地球科学関連	63	19	30.2%	27,800,000	1,463,158
17050：地球生命科学関連	26	7	26.9%	11,700,000	1,671,429
18010：材料力学および機械材料関連	50	14	28.0%	22,600,000	1,614,286
18020：加工学および生産工学関連	30	8	26.7%	14,900,000	1,862,500
18030：設計工学関連	6	1	16.7%	2,500,000	2,500,000
18040：機械要素およびトライボロジー関連	20	5	25.0%	8,200,000	1,640,000

表9　若手研究（新規分）（続き）

小区分	研究課題数			研究経費	
	応募件 (A)	採択件 (B)	採択率 (B/A)	直接経費（研究費） (C)	1採択課題当たり平均配分額（直接） (C/B)
19010：流体工学関連	48	14	29.2%	24,400,000	1,742,857
19020：熱工学関連	55	17	30.9%	34,200,000	2,011,765
20010：機械力学およびメカトロニクス関連	28	8	28.6%	15,000,000	1,875,000
20020：ロボティクスおよび知能機械システム関連	52	16	30.8%	24,200,000	1,512,500
21010：電力工学関連	57	17	29.8%	29,000,000	1,705,882
21020：通信工学関連	32	10	31.3%	14,000,000	1,400,000
21030：計測工学関連	38	11	28.9%	16,300,000	1,481,818
21040：制御およびシステム工学関連	34	10	29.4%	12,500,000	1,250,000
21050：電気電子材料工学関連	46	13	28.3%	23,000,000	1,769,231
21060：電子デバイスおよび電子機器関連	46	13	28.3%	21,300,000	1,638,462
22010：土木材料，施工および建設マネジメント関連	26	7	26.9%	13,300,000	1,900,000
22020：構造工学および地震工学関連	27	8	29.6%	13,300,000	1,662,500
22030：地盤工学関連	30	9	30.0%	15,100,000	1,677,778
22040：水工学関連	37	11	29.7%	16,100,000	1,463,636
22050：土木計画学および交通工学関連	39	11	28.2%	13,700,000	1,245,455
22060：土木環境システム関連	31	9	29.0%	12,000,000	1,333,333
23010：建築構造および材料関連	47	14	29.8%	18,900,000	1,350,000
23020：建築環境および建築設備関連	24	7	29.2%	11,200,000	1,600,000
23030：建築計画および都市計画関連	69	22	31.9%	21,800,000	990,909
23040：建築史および意匠関連	40	12	30.0%	14,500,000	1,208,333
24010：航空宇宙工学関連	50	14	28.0%	20,300,000	1,450,000
24020：船舶海洋工学関連	52	15	28.8%	19,700,000	1,313,333
25010：社会システム工学関連	32	9	28.1%	11,800,000	1,311,111
25020：安全工学関連	28	8	28.6%	10,500,000	1,312,500
25030：防災工学関連	45	14	31.1%	16,100,000	1,150,000
26010：金属材料物性関連	28	8	28.6%	13,300,000	1,662,500
26020：無機材料および物性関連	45	13	28.9%	24,100,000	1,853,846
26030：複合材料および界面関連	41	12	29.3%	18,000,000	1,500,000
26040：構造材料および機能材料関連	34	10	29.4%	16,700,000	1,670,000
26050：材料加工および組織制御関連	49	14	28.6%	24,400,000	1,742,857
26060：金属生産および資源生産関連	13	3	23.1%	3,800,000	1,266,667
27010：移動現象および単位操作関連	28	8	28.6%	15,800,000	1,975,000
27020：反応工学およびプロセスシステム工学関連	14	4	28.6%	8,000,000	2,000,000
27030：触媒プロセスおよび資源化学プロセス関連	29	8	27.6%	13,500,000	1,687,500

表9　若手研究（新規分）（続き）

小区分	研究課題数			研究経費	
	応募件 (A)	採択件 (B)	採択率 (B/A)	直接経費（研究費）(C)	1採択課題当たり平均配分額(直接) (C/B)
27040：バイオ機能応用およびバイオプロセス工学関連	39	11	28.2%	17,800,000	1,618,182
28010：ナノ構造化学関連	27	7	25.9%	14,900,000	2,128,571
28020：ナノ構造物理関連	21	6	28.6%	11,600,000	1,933,333
28030：ナノ材料科学関連	48	14	29.2%	23,800,000	1,700,000
28040：ナノバイオサイエンス関連	16	4	25.0%	6,600,000	1,650,000
28050：ナノマイクロシステム関連	34	9	26.5%	13,800,000	1,533,333
29010：応用物性関連	35	10	28.6%	17,800,000	1,780,000
29020：薄膜および表面界面物性関連	42	12	28.6%	21,400,000	1,783,333
29030：応用物理一般関連	9	2	22.2%	3,200,000	1,600,000
30010：結晶工学関連	30	8	26.7%	13,100,000	1,637,500
30020：光工学および光量子科学関連	51	15	29.4%	26,400,000	1,760,000
31010：原子力工学関連	29	8	27.6%	11,900,000	1,487,500
31020：地球資源工学およびエネルギー学関連	28	8	28.6%	12,500,000	1,562,500
32010：基礎物理化学関連	46	13	28.3%	24,700,000	1,900,000
32020：機能物性化学関連	40	11	27.5%	18,600,000	1,690,909
33010：構造有機化学および物理有機化学関連	34	9	26.5%	17,000,000	1,888,889
33020：有機合成化学関連	89	26	29.2%	42,800,000	1,646,154
34010：無機・錯体化学関連	55	15	27.3%	25,400,000	1,693,333
34020：分析化学関連	44	14	31.8%	25,200,000	1,800,000
34030：グリーンサステイナブルケミストリーおよび環境化学関連	26	7	26.9%	8,900,000	1,271,429
35010：高分子化学関連	39	11	28.2%	19,500,000	1,772,727
35020：高分子材料関連	54	15	27.8%	23,400,000	1,560,000
35030：有機機能材料関連	34	9	26.5%	13,500,000	1,500,000
36010：無機物質および無機材料化学関連	24	6	25.0%	10,800,000	1,800,000
36020：エネルギー関連化学	74	21	28.4%	39,700,000	1,890,476
37010：生体関連化学	38	12	31.6%	17,800,000	1,483,333
37020：生物分子化学関連	28	8	28.6%	11,100,000	1,387,500
37030：ケミカルバイオロジー関連	46	14	30.4%	19,400,000	1,385,714
38010：植物栄養学および土壌学関連	15	4	26.7%	5,300,000	1,325,000
38020：応用微生物学関連	54	16	29.6%	22,800,000	1,425,000
38030：応用生物化学関連	43	12	27.9%	19,300,000	1,608,333
38040：生物有機化学関連	21	6	28.6%	9,800,000	1,633,333
38050：食品科学関連	107	30	28.0%	42,100,000	1,403,333
38060：応用分子細胞生物学関連	41	11	26.8%	17,300,000	1,572,727

表9　若手研究（新規分）（続き）

小区分	研究課題数			研究経費	
	応募件 (A)	採択件 (B)	採択率 (B/A)	直接経費（研究費） (C)	1採択課題当たり平均配分額（直接） (C/B)
39010：遺伝育種科学関連	27	7	25.9%	8,300,000	1,185,714
39020：作物生産科学関連	17	5	29.4%	7,100,000	1,420,000
39030：園芸科学関連	31	9	29.0%	12,100,000	1,344,444
39040：植物保護科学関連	26	7	26.9%	10,800,000	1,542,857
39050：昆虫科学関連	27	8	29.6%	12,400,000	1,550,000
39060：生物資源保全学関連	22	6	27.3%	7,100,000	1,183,333
39070：ランドスケープ科学関連	11	3	27.3%	2,700,000	900,000
40010：森林科学関連	38	10	26.3%	14,200,000	1,420,000
40020：木質科学関連	28	8	28.6%	11,000,000	1,375,000
40030：水圏生産科学関連	46	13	28.3%	20,700,000	1,592,308
40040：水圏生命科学関連	27	8	29.6%	10,700,000	1,337,500
41010：食料農業経済関連	27	9	33.3%	8,900,000	988,889
41020：農業社会構造関連	20	7	35.0%	6,800,000	971,429
41030：地域環境工学および農村計画学関連	26	8	30.8%	11,200,000	1,400,000
41040：農業環境工学および農業情報工学関連	21	6	28.6%	9,800,000	1,633,333
41050：環境農学関連	22	6	27.3%	8,000,000	1,333,333
42010：動物生産科学関連	39	11	28.2%	14,500,000	1,318,182
42020：獣医学関連	94	27	28.7%	35,500,000	1,314,815
42030：動物生命科学関連	26	6	23.1%	7,700,000	1,283,333
42040：実験動物学関連	44	13	29.5%	18,500,000	1,423,077
43010：分子生物学関連	47	13	27.7%	20,800,000	1,600,000
43020：構造生物化学関連	42	12	28.6%	18,900,000	1,575,000
43030：機能生物化学関連	48	13	27.1%	22,400,000	1,723,077
43040：生物物理学関連	49	14	28.6%	24,800,000	1,771,429
43050：ゲノム生物学関連	40	11	27.5%	16,900,000	1,536,364
43060：システムゲノム科学関連	25	7	28.0%	10,600,000	1,514,286
44010：細胞生物学関連	66	19	28.8%	25,100,000	1,321,053
44020：発生生物学関連	62	17	27.4%	25,100,000	1,476,471
44030：植物分子および生理科学関連	45	13	28.9%	20,900,000	1,607,692
44040：形態および構造関連	28	8	28.6%	12,200,000	1,525,000
44050：動物生理化学，生理学および行動学関連	34	10	29.4%	15,100,000	1,510,000
45010：遺伝学関連	17	5	29.4%	9,000,000	1,800,000
45020：進化生物学関連	43	12	27.9%	18,800,000	1,566,667
45030：多様性生物学および分類学関連	44	12	27.3%	17,900,000	1,491,667
45040：生態学および環境学関連	60	17	28.3%	26,600,000	1,564,706
45050：自然人類学関連	12	3	25.0%	3,100,000	1,033,333

表9　若手研究（新規分）（続き）

小区分	研究課題数			研究経費	
	応募件(A)	採択件(B)	採択率(B/A)	直接経費(研究費)(C)	1採択課題当たり平均配分額(直接)(C/B)
45060：応用人類学関連	14	5	35.7%	8,300,000	1,660,000
46010：神経科学一般関連	77	22	28.6%	31,100,000	1,413,636
46020：神経形態学関連	42	12	28.6%	16,400,000	1,366,667
46030：神経機能学関連	57	16	28.1%	29,500,000	1,843,750
47010：薬系化学および創薬科学関連	71	20	28.2%	31,200,000	1,560,000
47020：薬系分析および物理化学関連	39	12	30.8%	19,000,000	1,583,333
47030：薬系衛生および生物化学関連	74	22	29.7%	32,900,000	1,495,455
47040：薬理学関連	56	17	30.4%	26,000,000	1,529,412
47050：環境および天然医薬資源学関連	40	13	32.5%	20,300,000	1,561,538
47060：医療薬学関連	160	53	33.1%	71,700,000	1,352,830
48010：解剖学関連	43	12	27.9%	18,200,000	1,516,667
48020：生理学関連	53	16	30.2%	26,600,000	1,662,500
48030：薬理学関連	43	12	27.9%	18,000,000	1,500,000
48040：医化学関連	66	19	28.8%	26,800,000	1,410,526
49010：病態医化学関連	65	19	29.2%	26,400,000	1,389,474
49020：人体病理学関連	120	36	30.0%	53,500,000	1,486,111
49030：実験病理学関連	79	23	29.1%	31,600,000	1,373,913
49040：寄生虫学関連	26	7	26.9%	9,200,000	1,314,286
49050：細菌学関連	70	21	30.0%	30,900,000	1,471,429
49060：ウイルス学関連	52	15	28.8%	21,300,000	1,420,000
49070：免疫学関連	84	25	29.8%	37,800,000	1,512,000
50010：腫瘍生物学関連	199	58	29.1%	84,800,000	1,462,069
50020：腫瘍診断および治療学関連	247	76	30.8%	106,800,000	1,405,263
51010：基盤脳科学関連	23	7	30.4%	9,600,000	1,371,429
51020：認知脳科学関連	40	12	30.0%	16,900,000	1,408,333
51030：病態神経科学関連	92	27	29.3%	36,500,000	1,351,852
52010：内科学一般関連	169	54	32.0%	69,700,000	1,290,741
52020：神経内科学関連	121	38	31.4%	52,800,000	1,389,474
52030：精神神経科学関連	199	60	30.2%	94,700,000	1,578,333
52040：放射線科学関連	390	122	31.3%	177,000,000	1,450,820
52050：胎児医学および小児成育学関連	273	82	30.0%	112,200,000	1,368,293
53010：消化器内科学関連	312	95	30.4%	129,600,000	1,364,211
53020：循環器内科学関連	268	78	29.1%	114,600,000	1,469,231
53030：呼吸器内科学関連	186	56	30.1%	79,300,000	1,416,071
53040：腎臓内科学関連	157	48	30.6%	69,300,000	1,443,750
53050：皮膚科学関連	192	58	30.2%	88,200,000	1,520,690
54010：血液および腫瘍内科学関連	198	60	30.3%	84,800,000	1,413,333
54020：膠原病およびアレルギー内科学関連	114	35	30.7%	46,500,000	1,328,571

表9　若手研究（新規分）（続き）

小区分	研究課題数			研究経費	
	応募件（A）	採択件（B）	採択率（B/A）	直接経費（研究費）（C）	1採択課題当たり平均配分額（直接）（C/B）
54030：感染症内科学関連	70	21	30.0%	30,800,000	1,466,667
54040：代謝および内分泌学関連	203	60	29.6%	78,800,000	1,313,333
55010：外科学一般および小児外科学関連	151	44	29.1%	60,800,000	1,381,818
55020：消化器外科学関連	280	85	30.4%	115,400,000	1,357,647
55030：心臓血管外科学関連	98	30	30.6%	38,100,000	1,270,000
55040：呼吸器外科学関連	80	25	31.3%	32,700,000	1,308,000
55050：麻酔科学関連	224	70	31.3%	100,600,000	1,437,143
55060：救急医学関連	153	46	30.1%	63,400,000	1,378,261
56010：脳神経外科学関連	177	54	30.5%	80,800,000	1,496,296
56020：整形外科学関連	251	77	30.7%	108,200,000	1,405,195
56030：泌尿器科学関連	236	71	30.1%	96,600,000	1,360,563
56040：産婦人科学関連	240	74	30.8%	104,400,000	1,410,811
56050：耳鼻咽喉科学関連	281	89	31.7%	117,800,000	1,323,596
56060：眼科学関連	193	58	30.1%	74,700,000	1,287,931
56070：形成外科学関連	121	38	31.4%	55,500,000	1,460,526
57010：常態系口腔科学関連	39	11	28.2%	17,000,000	1,545,455
57020：病態系口腔科学関連	54	16	29.6%	21,600,000	1,350,000
57030：保存治療系歯学関連	138	43	31.2%	59,400,000	1,381,395
57040：口腔再生医学および歯科医用工学関連	85	26	30.6%	33,900,000	1,303,846
57050：補綴系歯学関連	179	55	30.7%	74,700,000	1,358,182
57060：外科系歯学関連	256	78	30.5%	107,200,000	1,374,359
57070：成長および発育系歯学関連	126	36	28.6%	50,100,000	1,391,667
57080：社会系歯学関連	100	32	32.0%	43,800,000	1,368,750
58010：医療管理学および医療系社会学関連	119	40	33.6%	45,200,000	1,130,000
58020：衛生学および公衆衛生学分野関連：実験系を含む	70	20	28.6%	25,700,000	1,285,000
58030：衛生学および公衆衛生学分野関連：実験系を含まない	142	43	30.3%	60,900,000	1,416,279
58040：法医学関連	47	14	29.8%	20,300,000	1,450,000
58050：基礎看護学関連	160	55	34.4%	66,600,000	1,210,909
58060：臨床看護学関連	194	67	34.5%	76,000,000	1,134,328
58070：生涯発達看護学関連	143	51	35.7%	55,700,000	1,092,157
58080：高齢者看護学および地域看護学関連	199	67	33.7%	58,800,000	877,612
59010：リハビリテーション科学関連	378	120	31.7%	187,500,000	1,562,500
59020：スポーツ科学関連	317	100	31.5%	155,100,000	1,551,000
59030：体育および身体教育学関連	98	32	32.7%	55,400,000	1,731,250
59040：栄養学および健康科学関連	255	81	31.8%	113,700,000	1,403,704
60010：情報学基礎論関連	23	7	30.4%	8,300,000	1,185,714

表 9　若手研究（新規分）（続き）

小区分	研究課題数			研究経費	
	応募件 (A)	採択件 (B)	採択率 (B/A)	直接経費（研究費） (C)	1 採択課題当たり平均配分額(直接) (C/B)
60020：数理情報学関連	12	3	25.0%	3,700,000	1,233,333
60030：統計科学関連	36	12	33.3%	11,500,000	958,333
60040：計算機システム関連	23	7	30.4%	10,400,000	1,485,714
60050：ソフトウェア関連	25	7	28.0%	6,800,000	971,429
60060：情報ネットワーク関連	48	13	27.1%	17,200,000	1,323,077
60070：情報セキュリティ関連	31	9	29.0%	9,600,000	1,066,667
60080：データベース関連	8	2	25.0%	3,200,000	1,600,000
60090：高性能計算関連	15	4	26.7%	4,100,000	1,025,000
60100：計算科学関連	17	4	23.5%	5,500,000	1,375,000
61010：知覚情報処理関連	62	18	29.0%	28,800,000	1,600,000
61020：ヒューマンインタフェースおよびインタラクション関連	50	15	30.0%	21,600,000	1,440,000
61030：知能情報学関連	69	21	30.4%	25,600,000	1,219,048
61040：ソフトコンピューティング関連	27	8	29.6%	10,500,000	1,312,500
61050：知能ロボティクス関連	27	8	29.6%	10,000,000	1,250,000
61060：感性情報学関連	25	7	28.0%	9,300,000	1,328,571
62010：生命，健康および医療情報学関連	51	15	29.4%	20,600,000	1,373,333
62020：ウェブ情報学およびサービス情報学関連	17	5	29.4%	6,400,000	1,280,000
62030：学習支援システム関連	27	8	29.6%	11,200,000	1,400,000
62040：エンタテインメントおよびゲーム情報学関連	14	4	28.6%	5,500,000	1,375,000
63010：環境動態解析関連	53	15	28.3%	23,300,000	1,553,333
63020：放射線影響関連	32	9	28.1%	11,500,000	1,277,778
63030：化学物質影響関連	10	2	20.0%	3,300,000	1,650,000
63040：環境影響評価関連	15	4	26.7%	5,900,000	1,475,000
64010：環境負荷およびリスク評価管理関連	24	7	29.2%	13,000,000	1,857,143
64020：環境負荷低減技術および保全修復技術関連	16	4	25.0%	6,300,000	1,575,000
64030：環境材料およびリサイクル技術関連	17	5	29.4%	9,500,000	1,900,000
64040：自然共生システム関連	23	7	30.4%	9,800,000	1,400,000
64050：循環型社会システム関連	15	4	26.7%	5,000,000	1,250,000
64060：環境政策および環境配慮型社会関連	34	10	29.4%	10,900,000	1,090,000
80010：地域研究関連	97	31	32.0%	27,700,000	893,548
80020：観光学関連	52	17	32.7%	14,600,000	858,824
80030：ジェンダー関連	36	12	33.3%	8,200,000	683,333
80040：量子ビーム科学関連	37	10	27.0%	17,300,000	1,730,000
90010：デザイン学関連	43	13	30.2%	15,300,000	1,176,923

表 9　若手研究（新規分）（続き）

小区分	研究課題数			研究経費	
	応募件（A）	採択件（B）	採択率（B/A）	直接経費（研究費）（C）	1 採択課題当たり平均配分額(直接)（C/B）
90020：図書館情報学および人文社会情報学関連	45	14	31.1%	17,000,000	1,214,286
90030：認知科学関連	42	12	28.6%	15,800,000	1,316,667
90110：生体医工学関連	86	26	30.2%	39,800,000	1,530,769
90120：生体材料学関連	55	17	30.9%	24,700,000	1,452,941
90130：医用システム関連	60	18	30.0%	26,700,000	1,483,333
90140：医療技術評価学関連	26	8	30.8%	12,000,000	1,500,000
90150：医療福祉工学関連	42	12	28.6%	19,100,000	1,591,667
合　計（平成 30 年度）	20,369	6,256	30.7%	8,273,100,000	1,322,426
合　計（令和元年度）	19,590	7,831	40.0%		

（出典）科研費ホームページ（独立行政法人日本学術振興会）より作成．平成 30 年度採択率（合計以外）は筆者計算。
https://www.jsps.go.jp/j-grantsinaid/27_kdata/data/3-1-2/3-1-2_h30.pdf
https://www.jsps.go.jp/j-grantsinaid/27_kdata/data/2019sokuhou.pdf

表 10　研究活動スタート支援（新規分）

審査区分	研究課題数			研究経費	
	応募件（A）	採択件（B）	採択率（B/A）	直接経費（研究費）（C）	1 採択課題当たり平均配分額(直接)（C/B）
0101：思想，芸術およびその関連分野	72	21	29.2%	21,700,000	1,033,333
0102：文学，言語学およびその関連分野	136	39	28.7%	35,500,000	910,256
0103：歴史学，考古学，博物館学およびその関連分野	77	20	26.0%	19,100,000	955,000
0104：地理学，文化人類学，民俗学およびその関連分野	42	11	26.2%	12,200,000	1,109,091
0105：法学およびその関連分野	62	17	27.4%	16,400,000	964,706
0106：政治学およびその関連分野	50	13	26.0%	11,900,000	915,385
0107：経済学，経営学およびその関連分野	136	37	27.2%	36,100,000	975,676
0108：社会学およびその関連分野	103	28	27.2%	27,300,000	975,000
0109：教育学およびその関連分野	221	61	27.6%	60,600,000	993,443
0110：心理学およびその関連分野	92	26	28.3%	24,500,000	942,308
0201：代数学，幾何学，解析学，応用数学およびその関連分野	48	11	22.9%	11,700,000	1,063,636
0202：物性物理学，プラズマ学，原子力工学，地球資源工学，エネルギー学およびその関連分野	84	20	23.8%	23,000,000	1,150,000

表 10　研究活動スタート支援（新規分）（続き）

審査区分	研究課題数			研究経費	
	応募件 (A)	採択件 (B)	採択率 (B/A)	直接経費（研究費） (C)	1採択課題当たり平均配分額(直接) (C/B)
0203：素粒子，原子核，宇宙物理学およびその関連分野	34	8	23.5%	9,100,000	1,137,500
0204：天文学，地球惑星科学およびその関連分野	59	14	23.7%	15,900,000	1,135,714
0301：材料力学，生産工学，設計工学，流体工学，熱工学，機械力学，ロボティクス，航空宇宙工学，船舶海洋工学およびその関連分野	90	22	24.4%	25,900,000	1,177,273
0302：電気電子工学およびその関連分野	51	12	23.5%	14,300,000	1,191,667
0303：土木工学，社会システム工学，安全工学，防災工学およびその関連分野	55	13	23.6%	14,800,000	1,138,462
0304：建築学およびその関連分野	37	9	24.3%	9,000,000	1,000,000
0401：材料工学，化学工学およびその関連分野	47	11	23.4%	13,000,000	1,181,818
0402：ナノマイクロ科学，応用物理物性，応用物理工学およびその関連分野	40	9	22.5%	10,700,000	1,188,889
0403：人間医工学およびその関連分野	47	12	25.5%	14,200,000	1,183,333
0501：物理化学，機能物性化学，有機化学，高分子，有機材料，生体分子化学およびその関連分野	83	20	24.1%	23,300,000	1,165,000
0502：無機・錯体化学，分析化学，無機材料化学，エネルギー関連化学およびその関連分野	37	8	21.6%	9,600,000	1,200,000
0601：農芸化学およびその関連分野	47	11	23.4%	13,200,000	1,200,000
0602：生産環境農学およびその関連分野	34	8	23.5%	9,400,000	1,175,000
0603：森林圏科学，水圏応用科学およびその関連分野	36	8	22.2%	9,600,000	1,200,000
0604：社会経済農学，農業工学およびその関連分野	21	5	23.8%	5,600,000	1,120,000
0605：獣医学，畜産学およびその関連分野	45	11	24.4%	13,000,000	1,181,818
0701：分子レベルから細胞レベルの生物学およびその関連分野	97	23	23.7%	27,600,000	1,200,000
0702：細胞レベルから個体レベルの生物学およびその関連分野	49	13	26.5%	15,600,000	1,200,000
0703：個体レベルから集団レベルの生物学と人類学およびその関連分野	25	6	24.0%	6,800,000	1,133,333
0704：神経科学，ブレインサイエンスおよびその関連分野	67	16	23.9%	18,200,000	1,137,500
0801：薬学およびその関連分野	94	23	24.5%	27,300,000	1,186,957
0802：生体の構造と機能およびその関連分野	60	15	25.0%	18,000,000	1,200,000

表 10　研究活動スタート支援（新規分）（続き）

審査区分	研究課題数			研究経費	
	応　募 件 （A）	採　択 件 （B）	採択率 （B/A）	直接経費 （研究費） （C）	1採択課題 当たり平均 配分額(直接) （C/B）
0803：病理病態学，感染・免疫学およびその関連分野	77	19	24.7%	22,700,000	1,194,737
0901：腫瘍学およびその関連分野	156	37	23.7%	43,800,000	1,183,784
0902：内科学一般およびその関連分野	123	30	24.4%	35,600,000	1,186,667
0903：器官システム内科学およびその関連分野	36	8	22.2%	9,200,000	1,150,000
0904：生体情報内科学およびその関連分野	31	7	22.6%	8,200,000	1,171,429
0905：恒常性維持器官の外科学およびその関連分野	49	12	24.5%	13,500,000	1,125,000
0906：生体機能および感覚に関する外科学およびその関連分野	83	21	25.3%	24,500,000	1,166,667
0907：口腔科学およびその関連分野	273	68	24.9%	78,900,000	1,160,294
0908：社会医学，看護学およびその関連分野	268	73	27.2%	73,800,000	1,010,959
0909：スポーツ科学，体育，健康科学およびその関連分野	178	46	25.8%	50,800,000	1,104,348
1001：情報科学，情報工学およびその関連分野	74	17	23.0%	19,500,000	1,147,059
1002：人間情報学，応用情報学およびその関連分野	74	19	25.7%	21,700,000	1,142,105
1101：環境解析評価，環境保全対策およびその関連分野	49	12	24.5%	14,300,000	1,191,667
合　計	3,749	950	25.3%	1,040,600,000	1,095,368

（出典）科研費ホームページ（独立行政法人日本学術振興会）より作成，採択率は筆者計算。
https://www.jsps.go.jp/j-grantsinaid/27_kdata/data/3-1-2/3-1-2_h30.pdf

表 11　挑戦的研究（開拓）（新規分）

中区分	研究課題数			研究経費	
	応　募 件 （A）	採　択 件 （B）	採択率 （B/A）	直接経費 （研究費） （C）	1採択課題 当たり平均 配分額(直接) （C/B）
01：思想，芸術およびその関連分野	11	2	18.2%	7,200,000	3,600,000
02：文学，言語学およびその関連分野	9	1	11.1%	6,700,000	6,700,000
03：歴史学，考古学，博物館学およびその関連分野	18	2	11.1%	9,100,000	4,550,000
04：地理学，文化人類学，民俗学およびその関連分野	15	2	13.3%	11,500,000	5,750,000
05：法学およびその関連分野	4	1	25.0%	5,000,000	5,000,000

表 11　挑戦的研究（開拓）（新規分）（続き）

中区分	研究課題数			研究経費	
	応　募 件 (A)	採　択 件 (B)	採択率 (B/A)	直接経費 (研究費) (C)	1採択課題 当たり平均 配分額(直接) (C/B)
06：政治学およびその関連分野	5	1	20.0%	6,000,000	6,000,000
07：経済学，経営学およびその関連分野	18	2	11.1%	8,800,000	4,400,000
08：社会学およびその関連分野	14	3	21.4%	10,200,000	3,400,000
09：教育学およびその関連分野	33	2	6.1%	6,800,000	3,400,000
10：心理学およびその関連分野	4	1	25.0%	6,200,000	6,200,000
11：代数学，幾何学およびその関連分野	2	1	50.0%	5,000,000	5,000,000
12：解析学，応用数学およびその関連分野	5	2	40.0%	5,400,000	2,700,000
13：物性物理学およびその関連分野	16	1	6.3%	14,400,000	14,400,000
14：プラズマ学およびその関連分野	14	0	0.0%	0	0
15：素粒子，原子核，宇宙物理学およびその関連分野	18	2	11.1%	18,100,000	9,050,000
16：天文学およびその関連分野	8	1	12.5%	7,500,000	7,500,000
17：地球惑星科学およびその関連分野	22	1	4.5%	6,700,000	6,700,000
18：材料力学，生産工学，設計工学およびその関連分野	19	0	0.0%	0	0
19：流体工学，熱工学およびその関連分野	9	1	11.1%	9,000,000	9,000,000
20：機械力学，ロボティクスおよびその関連分野	2	0	0.0%	0	0
21：電気電子工学およびその関連分野	30	2	6.7%	21,500,000	10,750,000
22：土木工学およびその関連分野	18	2	11.1%	13,600,000	6,800,000
23：建築学およびその関連分野	14	1	7.1%	8,100,000	8,100,000
24：航空宇宙工学，船舶海洋工学およびその関連分野	4	1	25.0%	8,700,000	8,700,000
25：社会システム工学，安全工学，防災工学およびその関連分野	10	0	0.0%	0	0
26：材料工学およびその関連分野	23	3	13.0%	20,900,000	6,966,667
27：化学工学およびその関連分野	13	1	7.7%	8,200,000	8,200,000
28：ナノマイクロ科学およびその関連分野	26	2	7.7%	16,300,000	8,150,000
29：応用物理物性およびその関連分野	15	2	13.3%	8,200,000	4,100,000
30：応用物理工学およびその関連分野	9	1	11.1%	17,500,000	17,500,000
31：原子力工学，地球資源工学，エネルギー学およびその関連分野	7	1	14.3%	5,200,000	5,200,000
32：物理化学，機能物性化学およびその関連分野	8	1	12.5%	12,800,000	12,800,000
33：有機化学およびその関連分野	5	1	20.0%	6,600,000	6,600,000
34：無機・錯体化学，分析化学およびその関連分野	4	1	25.0%	5,000,000	5,000,000
35：高分子，有機材料およびその関連分野	9	1	11.1%	7,000,000	7,000,000

表11　挑戦的研究（開拓）（新規分）（続き）

中区分	研究課題数			研究経費	
	応募件 (A)	採択件 (B)	採択率 (B/A)	直接経費（研究費） (C)	1採択課題当たり平均配分額(直接) (C/B)
36：無機材料化学，エネルギー関連化学およびその関連分野	12	0	0.0%	0	0
37：生体分子化学およびその関連分野	11	1	9.1%	7,000,000	7,000,000
38：農芸化学およびその関連分野	19	2	10.5%	18,000,000	9,000,000
39：生産環境農学およびその関連分野	10	1	10.0%	14,600,000	14,600,000
40：森林圏科学，水圏応用科学およびその関連分野	6	1	16.7%	5,400,000	5,400,000
41：社会経済農学，農業工学およびその関連分野	13	1	7.7%	11,700,000	11,700,000
42：獣医学，畜産学およびその関連分野	7	1	14.3%	11,800,000	11,800,000
43：分子レベルから細胞レベルの生物学およびその関連分野	23	2	8.7%	14,200,000	7,100,000
44：細胞レベルから個体レベルの生物学およびその関連分野	16	2	12.5%	20,200,000	10,100,000
45：個体レベルから集団レベルの生物学と人類学およびその関連分野	17	1	5.9%	6,900,000	6,900,000
46：神経科学およびその関連分野	7	0	0.0%	0	0
47：薬学およびその関連分野	6	1	16.7%	6,000,000	6,000,000
48：生体の構造と機能およびその関連分野	5	1	20.0%	6,500,000	6,500,000
49：病理病態学，感染・免疫学およびその関連分野	10	2	20.0%	16,100,000	8,050,000
50：腫瘍学およびその関連分野	15	2	13.3%	18,600,000	9,300,000
51：ブレインサイエンスおよびその関連分野	4	1	25.0%	8,000,000	8,000,000
52：内科学一般およびその関連分野	13	1	7.7%	6,600,000	6,600,000
53：器官システム内科学およびその関連分野	3	1	33.3%	6,600,000	6,600,000
54：生体情報内科学およびその関連分野	4	0	0.0%	0	0
55：恒常性維持器官の外科学およびその関連分野	14	2	14.3%	14,000,000	7,000,000
56：生体機能および感覚に関する外科学およびその関連分野	13	1	7.7%	3,500,000	3,500,000
57：口腔科学およびその関連分野	12	2	16.7%	11,900,000	5,950,000
58：社会医学，看護学およびその関連分野	18	1	5.6%	9,600,000	9,600,000
59：スポーツ科学，体育，健康科学およびその関連分野	18	1	5.6%	12,000,000	12,000,000
60：情報科学，情報工学およびその関連分野	11	2	18.2%	16,300,000	8,150,000
61：人間情報学およびその関連分野	15	2	13.3%	18,800,000	9,400,000
62：応用情報学およびその関連分野	9	0	0.0%	0	0

表 11　挑戦的研究（開拓）（新規分）（続き）

中区分	研究課題数			研究経費	
	応募件 (A)	採択件 (B)	採択率 (B/A)	直接経費（研究費） (C)	1採択課題当たり平均配分額(直接) (C/B)
63：環境解析評価およびその関連分野	13	1	7.7%	7,900,000	7,900,000
64：環境保全対策およびその関連分野	15	1	6.7%	5,300,000	5,300,000
90：人間医工学およびその関連分野	43	2	4.7%	14,800,000	7,400,000
合　計	823	82	10.0%	595,500,000	7,262,195

（出典）科研費ホームページ（独立行政法人日本学術振興会）より作成，採択率は筆者計算。
https://www.jsps.go.jp/j-grantsinaid/27_kdata/data/3-1-2/3-1-2_h30.pdf

表 12　挑戦的研究（萌芽）（新規分）

中区分	研究課題数			研究経費	
	応募件 (A)	採択件 (B)	採択率 (B/A)	直接経費（研究費） (C)	1採択課題当たり平均配分額(直接) (C/B)
01：思想，芸術およびその関連分野	160	22	13.8%	43,800,000	1,990,909
02：文学，言語学およびその関連分野	172	25	14.5%	43,300,000	1,732,000
03：歴史学，考古学，博物館学およびその関連分野	108	13	12.0%	22,300,000	1,715,385
04：地理学，文化人類学，民俗学およびその関連分野	112	14	12.5%	24,600,000	1,757,143
05：法学およびその関連分野	56	7	12.5%	10,800,000	1,542,857
06：政治学およびその関連分野	46	5	10.9%	7,500,000	1,500,000
07：経済学，経営学およびその関連分野	209	26	12.4%	42,600,000	1,638,462
08：社会学およびその関連分野	192	26	13.5%	42,700,000	1,642,308
09：教育学およびその関連分野	532	71	13.3%	129,100,000	1,818,310
10：心理学およびその関連分野	163	21	12.9%	43,200,000	2,057,143
11：代数学，幾何学およびその関連分野	42	6	14.3%	9,100,000	1,516,667
12：解析学，応用数学およびその関連分野	66	9	13.6%	14,900,000	1,655,556
13：物性物理学およびその関連分野	180	22	12.2%	54,900,000	2,495,455
14：プラズマ学およびその関連分野	89	10	11.2%	27,300,000	2,730,000
15：素粒子，原子核，宇宙物理学およびその関連分野	113	14	12.4%	34,600,000	2,471,429
16：天文学およびその関連分野	25	3	12.0%	8,000,000	2,666,667
17：地球惑星科学およびその関連分野	173	21	12.1%	49,700,000	2,366,667
18：材料力学，生産工学，設計工学およびその関連分野	156	18	11.5%	48,200,000	2,677,778
19：流体工学，熱工学およびその関連分野	107	13	12.1%	39,900,000	3,069,231

表 12　挑戦的研究（萌芽）（新規分）（続き）

中区分	研究課題数			研究経費	
	応　募 件 (A)	採　択 件 (B)	採択率 (B/A)	直接経費 (研究費) (C)	1採択課題 当たり平均 配分額(直接) (C/B)
20：機械力学，ロボティクスおよびその関連分野	101	11	10.9%	26,300,000	2,390,909
21：電気電子工学およびその関連分野	253	30	11.9%	86,500,000	2,883,333
22：土木工学およびその関連分野	181	20	11.0%	44,200,000	2,210,000
23：建築学およびその関連分野	107	13	12.1%	30,500,000	2,346,154
24：航空宇宙工学，船舶海洋工学およびその関連分野	79	9	11.4%	20,800,000	2,311,111
25：社会システム工学，安全工学，防災工学およびその関連分野	118	13	11.0%	34,200,000	2,630,769
26：材料工学およびその関連分野	326	36	11.0%	91,800,000	2,550,000
27：化学工学およびその関連分野	155	18	11.6%	44,700,000	2,483,333
28：ナノマイクロ科学およびその関連分野	227	27	11.9%	70,200,000	2,600,000
29：応用物理物性およびその関連分野	131	15	11.5%	41,500,000	2,766,667
30：応用物理工学およびその関連分野	89	10	11.2%	30,800,000	3,080,000
31：原子力工学，地球資源工学，エネルギー学およびその関連分野	85	10	11.8%	23,100,000	2,310,000
32：物理化学，機能物性化学およびその関連分野	132	16	12.1%	39,100,000	2,443,750
33：有機化学およびその関連分野	149	18	12.1%	44,300,000	2,461,111
34：無機・錯体化学，分析化学およびその関連分野	126	15	11.9%	37,300,000	2,486,667
35：高分子，有機材料およびその関連分野	157	19	12.1%	47,900,000	2,521,053
36：無機材料化学，エネルギー関連化学およびその関連分野	143	15	10.5%	38,200,000	2,546,667
37：生体分子化学およびその関連分野	171	21	12.3%	53,100,000	2,528,571
38：農芸化学およびその関連分野	311	37	11.9%	87,800,000	2,372,973
39：生産環境農学およびその関連分野	190	23	12.1%	51,700,000	2,247,826
40：森林圏科学，水圏応用科学およびその関連分野	179	21	11.7%	48,000,000	2,285,714
41：社会経済農学，農業工学およびその関連分野	74	9	12.2%	17,800,000	1,977,778
42：獣医学，畜産学およびその関連分野	197	24	12.2%	52,100,000	2,170,833
43：分子レベルから細胞レベルの生物学およびその関連分野	307	36	11.7%	84,100,000	2,336,111
44：細胞レベルから個体レベルの生物学およびその関連分野	287	34	11.8%	82,700,000	2,432,353
45：個体レベルから集団レベルの生物学と人類学およびその関連分野	149	15	10.1%	36,600,000	2,440,000
46：神経科学およびその関連分野	129	15	11.6%	33,900,000	2,260,000
47：薬学およびその関連分野	251	30	12.0%	68,700,000	2,290,000

表 12　挑戦的研究（萌芽）（新規分）（続き）

中区分	研究課題数			研究経費	
	応　募 件 (A)	採　択 件 (B)	採択率 (B/A)	直接経費 (研究費) (C)	1採択課題 当たり平均 配分額(直接) (C/B)
48：生体の構造と機能およびその関連分野	159	18	11.3%	42,900,000	2,383,333
49：病理病態学，感染・免疫学およびその関連分野	222	26	11.7%	61,800,000	2,376,923
50：腫瘍学およびその関連分野	238	28	11.8%	63,000,000	2,250,000
51：ブレインサイエンスおよびその関連分野	86	10	11.6%	20,000,000	2,000,000
52：内科学一般およびその関連分野	229	27	11.8%	61,100,000	2,262,963
53：器官システム内科学およびその関連分野	193	24	12.4%	61,400,000	2,558,333
54：生体情報内科学およびその関連分野	132	16	12.1%	37,000,000	2,312,500
55：恒常性維持器官の外科学およびその関連分野	190	24	12.6%	56,300,000	2,345,833
56：生体機能および感覚に関する外科学およびその関連分野	268	32	11.9%	70,300,000	2,196,875
57：口腔科学およびその関連分野	273	32	11.7%	74,300,000	2,321,875
58：社会医学，看護学およびその関連分野	498	61	12.2%	129,800,000	2,127,869
59：スポーツ科学，体育，健康科学およびその関連分野	398	49	12.3%	109,100,000	2,226,531
60：情報科学，情報工学およびその関連分野	191	23	12.0%	51,400,000	2,234,783
61：人間情報学およびその関連分野	285	34	11.9%	70,200,000	2,064,706
62：応用情報学およびその関連分野	131	16	12.2%	36,100,000	2,256,250
63：環境解析評価およびその関連分野	139	17	12.2%	31,600,000	1,858,824
64：環境保全対策およびその関連分野	171	21	12.3%	51,300,000	2,442,857
90：人間医工学およびその関連分野	503	62	12.3%	144,600,000	2,332,258
合　　計	11,811	1,426	12.1%	3,236,600,000	2,269,705

（出典）科研費ホームページ（独立行政法人日本学術振興会）より作成，採択率は筆者計算。
https://www.jsps.go.jp/j-grantsinaid/27_kdata/data/3-1-2/3-1-2_h30.pdf

3. 科研費に関する主な参考書籍（出版最新順，2016 年以降）

優れた研究計画調書の作成に当たり，参考になる貴重な情報が含まれています。ぜひ，一度手に取って，ご覧ください。

科研費申請書の赤ペン添削ハンドブック 第 2 版
児島 将康（羊土社，2019 年 7 月）

できる研究者の科研費・学振申請書 採択される技術とコツ（KS 科学一般書）
科研費.com（講談社，2019 年 7 月）

科研費獲得の方法とコツ 改訂第 6 版〜実例とポイントでわかる申請書の書き方と応募戦略
児島 将康（羊土社，2018 年 8 月）

科研費改革と研究計画書の深化—新審査の要点と留意点 / 研究 PDCA/ 新調書のチェックと進化策（高等教育ハンドブック）
牛尾 則文，長澤 公洋，大澤 清二，岡野 恵子（地域科学研究会，2018 年 10 月）

採択される科研費申請ノウハウ：審査から見た申請書のポイント
岡田 益男（アグネ技術センター，2017 年 8 月）

科研費 採択される 3 要素 第 2 版：アイデア・業績・見栄え
郡 健二郎（医学書院，2017 年 7 月）

科研費採択に向けた効果的なアプローチ
塩満 典子，北川 慶子（学文社，2016 年 9 月）

科研費のしくみと研究をめぐる状況
渡邊 淳平（科学新聞社，2016 年 5 月）

著者紹介

塩満　典子（しおみつ　のりこ）

現職：国立研究開発法人宇宙航空研究開発機構（JAXA）航空技術部門事業推進部次長
略歴：1984年，東京大学理学部生物学科卒業，科学技術庁入庁。1988～1990年，人事院留学，ハーバード大学公共政策大学院（ケネディ・スクール）修士課程修了，公共政策学修士。放射線医学総合研究所企画室総括研究企画官，科学技術振興事業団国際室調査役，文部科学省宇宙政策課調査国際室長，奈良先端科学技術大学院大学教授，内閣府男女共同参画局参事官・調査課長，日本科学未来館企画室調査役，お茶の水女子大学教授・学長特別補佐，科学技術振興機構科学技術振興調整費業務室長，科学技術システム改革推進室長，宇宙航空研究開発機構国際部参事，男女共同参画推進室長，新事業促進センター参事，理化学研究所仁科加速器研究推進室長，ダイバーシティ推進室長代理（兼務）等を歴任。2018年4月より現職。
受賞：2007年，日本女性科学者の会功労賞受賞。
主著：『研究資金獲得法』（共著，丸善，2008年）
『科研費採択に向けた効率的なアプローチ』（共著，学文社，2016年）

研究資金獲得法の最前線
—科研費採択とイノベーション資金活用のフロント

2019年9月2日　第一版第一刷発行　◎検印省略

著者　塩満典子

発行所　株式会社　学　文　社
発行者　田　中　千　津　子

郵便番号　153-0064
東京都目黒区下目黒3-6-1
電　話　03(3715)1501(代)
http://www.gakubunsha.com

印刷所　新灯印刷株式会社
定価は売上カード，カバーに表示。

ISBN 978-4-7620-2927-1